novum pro

AF060825

Andreas Gatzemann

Hendrik de Man

sein Leben und Werk
aus Sicht heutiger Wertediskussionen

Bibliografische Information
der Deutschen Nationalbibliothek:

Die Deutsche Nationalbibliothek
verzeichnet diese Publikation in der
Deutschen Nationalbibliografie.
Detaillierte bibliografische Daten
sind im Internet über
http://www.d-nb.de abrufbar.

Alle Rechte der Verbreitung, auch
durch Film, Funk und Fernsehen, fotomechanische Wiedergabe, Tonträger, elektronische
Datenträger und auszugsweisen
Nachdruck, sind vorbehalten.

© 2009 novum publishing gmbh

ISBN 978-3-85022-983-8
Lektorat: Mag. Marion Hacke
Innenabbildungen: Andreas
Gatzemann

Die vom Autor zur Verfügung gestellten Abbildungen wurden in der bestmöglichen Qualität gedruckt.

Gedruckt in der Europäischen Union
auf umweltfreundlichem, chlor- und
säurefrei gebleichtem Papier.

www.novumpro.com

AUSTRIA · GERMANY · SWITZERLAND · HUNGARY

*Gewidmet all jenen mutigen Menschen,
die „gegen den Strom schwimmend",
sich für Gerechtigkeit und Humanismus einsetzen.*

*Eine Gesellschaft ist so gut oder schlecht wie die Menschen,
die in ihr leben und handeln.*

*Wenn wir die Welt verbessern wollen,
müssen wir bei uns Menschen anfangen.*

*Jeder kann seinen Beitrag dazu leisten
und sich selbst die Frage stellen,
ob (wie) er sich seinen Mitmenschen
gegenüber richtig verhält.*

Andreas Gatzemann

Inhalt

Einleitung 8

I. Zur Biografie Hendrik de Mans 13
1. Kindheit und Jugendjahre 14
2. Der marxistische Rausch 18
3. Leipziger Jahre 21
4. Bedeutende Werke Hendrik de Mans 1921–1933 – seine Kritik am Marxismus 29
    4.1 Hendrik de Mans Tätigkeit an der Akademie der Arbeit der Universität Frankfurt am Main 1924–1933 37
    4.2 Empirische Untersuchungen Hendrik de Mans zur Arbeitsfreude 40
        4.2.1 Elementar-triebhafte Motive der Arbeitsfreude . . . 56
        4.2.2 Hemmungen der Arbeitsfreude 63
    4.2.2.1 Arbeitstechnische Hemmungen der Arbeitsfreude 64
    4.2.2.2 Innerbetriebliche soziale Hemmungen der Arbeitsfreude 76
    4.2.2.3 Außerbetriebliche soziale Hemmungen der Arbeitsfreude 83
        4.2.3 Arbeit und Subjektivität 89
    4.3 Subjektivierung von Arbeit und Folgen für die Gesellschaft – eine Betrachtung aus heutiger Sicht 96
    4.4 Kritische Würdigung der betriebssoziologischen Ansätze Hendrik de Mans 100
5. Hendrik de Mans politische Tätigkeit in Belgien ab 1933 109
6. Hendrik de Man im Schweizer Exil ab 1944 119

II. Zum Begriff der „Posthistoire" – Hendrik de Mans
„Vermassung und Kulturverfall" –
eine Diagnose unserer Zeit? 123

Literaturverzeichnis 143

Anhang 153
Anlage 1: Satzung der Akademie der Arbeit in Frankfurt/a.M.
Anlage 2: Lehrplan des Zehnten Lehrganges 1930/31
Anlage 3: Teilnehmerverzeichnis einer Vorlesung Hendrik de Mans an der Akademie der Arbeit in Frankfurt/a. Main
Anlage 4: Originalfragebogen Hendrik de Mans zur empirischen Untersuchung an der Akademie der Arbeit in Frankfurt/a. Main
Anlage 5: Briefe an Hendrik de Man bezüglich der Beantwortung des Fragebogens
Anlage 6: Einladung an Hendrik de Man zu einem Vortrag der Hauptversammlung der Düsseldorfer Arbeitgebervereinigung Eisenindustrie zum Thema: Industriearbeit und Arbeitsfreude vom 22. August 1928
Anlage 7: Abdruck eines Artikels aus dem Stadt-Anzeiger Düsseldorf vom 09. Februar 1928 nach einem Vortrag Hendrik de Mans vor Arbeitgebern
Anlage 8: Hendrik de Man: Tötet die Maschine die Arbeitsfreude? Vortrag, Westdeutscher Rundfunk, 1929
Anlage 9: Hendrik de Man: Die Seele des Industriearbeiters, Vortrag, Deutsche Welle, 18. 11. 1929
Anlage 10: Hendrik de Man: Berufsdasein und Lebenswelt des Industriearbeiters, Vortrag, Deutsche Welle, 29. 11. 1930
Anlage 11: Zwiegespräch mit Werktätigen unter der Leitung von Dr. Hendrik de Man, Frankfurter Rundfunk, 09. 01. 1930/ Mensch und Maschine Südwestdeutscher Rundfunk, Januar/Februar 1930
Anlage 12: Hendrik de Man: Arbeitsfreude und Arbeitsunlust des Industriearbeiters, Vortrag 1929
Anlage 13: Pressemitteilungen über Schriften Hendrik de Mans
Anlage 14: Manifesto to the members of the POB (Parti Ouvrier Belge) 28. June 1940

Einleitung

Auch sechs Jahrzehnte nach seinem Tode gehört Hendrik de Man zu den umstrittenen europäischen Sozialisten.

Bis heute gibt es keine deutschsprachige Biografie, die Hendrik de Mans Leben und Schaffen in seinen verschiedenen Facetten beschreibt.[1]

Zeit seines Lebens ist Hendrik de Man gegen den Strom geschwommen und war gleichzeitig ein Prophet seiner Zeit. „Gegen den Strom. Memoiren eines europäischen Sozialisten"[2] lautete dann auch der deutsche Titel seiner Autobiografie, die 1953 erschien, in seinem Todesjahr.

Leider ist heute Hendrik de Man als Philosoph, Soziologe und Politiker in Deutschland und Europa nur noch wenigen bekannt, obwohl etliche seiner inspirierenden Schriften in Deutsch geschrieben und in verschiedenen deutschen Verlagen erschienen sind. Nicht nur aus diesem Grunde soll das vorliegende Buch Hendrik de Mans Lebensweg und sein wissenschaftliches Wirken aufzeigen und kritisch würdigen. Schon in den Neunzigerjahren, als ich intensiv in der Biografieforschung arbeitete, fielen mir seine empirischen Untersuchungen zur Arbeitsfreude aus dem Jahre 1927 auf. Hier stellte Hendrik de Man narrative Interviews in biografischen Darstellungen von Industriearbeitern vor, welche durch interessante soziologische und auch philosophische Sichtweisen ergänzt wurden. Die von ihm organisierten und beschriebenen narrativen Interviews waren u.a. auch für mich Grundlage meiner empirischen Untersuchungen. Die Struktur der Interviews

---

1 Ausnahmen bilden Kurzbiografien u.a. von Robert Steuckers: Hendrik de Man. Ein europäischer Nonkonformist auf der Suche nach dem Dritten Weg, Ausgabe 5–6/1985 der Schriftenreihe „Junges Forum" (Umfang 13 Seiten) und van Peski, Adriaan M.: Hendrik de Man. Ein Wille zum Sozialismus, Vorwort von Heinz-Dietrich Ortlieb, in: Hamburger Jahrbuch für Wirtschafts- und Gesellschaftspolitik, 8. Jg., Tübingen 1963, S. 183–204. Auf eine interessante Veröffentlichung in englischer Sprache sei hier verwiesen: Dodge, Peter: Beyond Marxism. The faith and works of Hendrik de Man, The Hague 1966. Peter Dodge beschreibt Hendrik de Mans Leben insbesondere als Politiker bis Anfang der Vierzigerjahre und in seinem Verhältnis zum Marxismus. Hendrik de Mans herausragende betriebs- und kultursoziologischen Werke werden nur am Rande aufgezeigt.
2 de Man, Hendrik: Gegen den Strom. Memoiren eines europäischen Sozialisten, Stuttgart 1953.

in meinen bisherigen Büchern („Schule und Gewalt", 2000, und „Die Erziehung zum neuen Menschen im Jugendwerkhof Torgau", 2008) bauen auf biografisch verwendete Methoden von de Man auf, die er immer wieder in seinen Vorlesungen auf dem ersten Lehrstuhl für Soziologie in Europa, an der Universität Frankfurt-Main, 1929–1933, diskutierte.

Vorab soll auf einige interessante Persönlichkeitsmerkmale eingegangen werden, die Pastor Adriaan M. van Peski anlässlich des 75. Geburtstags von Hendrik de Man äußerte, der ihn wohl persönlich gut gekannt haben muss.

Seine Ungeduld, so van Peski, einer der wenigen zweifelhaften Züge seines Charakters, war gepaart mit Abneigung gegen jede Art von bequemem Konformismus. War das ein Grund, weshalb Hendrik de Man als „Vorkämpfer des freiheitlichen Sozialismus" von europäischem Format völlig in Vergessenheit geraten ist? Seine Ungeduld war zum guten Teil „heiliger Zorn" über Engstirnigkeit und Eigennutz mancher seiner Zeitgenossen und Gegner, über eine Haltung, die mehr als nur sein Werk gefährdet hat. Die Ungeduld seines Herzens ließ ihn schließlich politisch scheitern. Sie ließ ihn an der parlamentarischen Form der belgischen Demokratie zweifeln und dies in einem Augenblick, als er – militanter Pazifist und Humanist – die Entscheidung des belgischen Königs gebilligt hatte und in Belgien geblieben war.[3] Eine Beteiligung an der Londoner Exilregierung, an der auch Paul-Henri Spaak von 1940 bis 1944 als Außenminister mitwirkte, lehnte Hendrik de Man entschieden ab.

So war das Missverständnis unvermeidlich. Er wurde in den Augen seiner Gegner zum Kollaborateur. Es nützte ihm nichts, dass er nicht aus Opportunismus, sondern aus Nonkonformismus gehandelt hatte; und es nützte ihm wenig, dass er bald auch mit der deutschen Besatzungsmacht in Konflikt geriet.[4]

Das Odium der Kollaboration, ob berechtigt oder unberechtigt, bedeutete in den Nachkriegsjahren international zunächst das moralische und politische Todesurteil. Ungehört blieb seine Warnung vor den totalitären Gefahren:

„Die psychologische Voraussetzung (des Totalitarismus) ist und bleibt eben jene erzwungene Gleichschaltung der Menschen, die

---
[3] Vgl. van Peski, Adriaan M.: Hendrik de Man. Ein Wille zum Sozialismus, Vorwort von Heinz-Dietrich Ortlieb, S. 183.
[4] Vgl. ebenda, S. 183.

Millionen von ihnen um das höchste Gut, die Integrität der Seele unter der Souveränität der Vernunft, gebracht hat. Es ist nicht von ungefähr, dass Integrität zugleich Ganzheit und Rechtschaffenheit bedeutet; die Menschen, die unter dem sie terrorisierenden Druck der Riesenapparate der Seelenspaltung anheimfallen, leiden an ihrer Seele einen Schaden, den kein Machtzuwachs des Staates und keine Verbesserung ihrer materiellen Lebenslage rechtfertigen oder wiedergutmachen kann."[5]

Auch viele seiner Werke wurden durch die Wissenschaft nicht rehabilitiert. Wohl manche von denen, die de Man persönlich gekannt haben, „vergaßen" ihn vielleicht in der Sorge, dass die Berufung auf ihn sie selbst kompromittieren und ihr Anliegen diskreditieren könnte, obwohl sie wussten (oder hätten wissen müssen), dass ein Mann von der „Ritterlichkeit" und Aufrichtigkeit de Mans keinerlei Talent gehabt haben konnte, einem totalitären System oder des Konformismus zu verfallen. „Gerade wir Konformisten von heute können von einem Mann etwas lernen, der wie dieser nie taktierte und doch ganz der Gegenwart zugewandt war, der nichts von einer sozialistischen Pseudoreligion hielt und doch bis zu seinem Ende für die letzten sozialistischen Ziele lebte: für Gerechtigkeit und Wahrheit."[6]

So ist es heute an der Zeit, dass Hendrik de Man und seinen Werken wieder die Stellung gegeben wird, die ihnen gebührt.

Hendrik de Man wurde am 17. November 1885 in Antwerpen geboren. Er wuchs in einem bürgerlichen Elternhaus auf, trat 1902 in die sozialistische Jugendbewegung Belgiens ein und zog im selben Jahr nach Leipzig, um als Mitarbeiter der „Leipziger Volkszeitung" in Kontakt mit vielen Größen des deutschen Sozialismus seine Vorstellungen vom Sozialismus zu entwickeln. In seiner Eigenschaft als Sekretär der Sozialistischen Jugendinternationale, die er mit Ludwig Frank und Karl Liebknecht gründete, entwickelte er von 1905 bis 1911 erste Ansätze einer Bildungstheorie. Sie führte ihn zur scharfen Kritik an der „Verbürgerlichung" der Sozialdemokratie, die einiges Aufsehen erregte.

---

5 de Man, Hendrik: Gegen den Strom. Memoiren eines europäischen Sozialisten, Stuttgart 1953, S. 261.
6 van Peski, Adriaan M.: Hendrik de Man. Ein Wille zum Sozialismus, Vorwort von Heinz-Dietrich Ortlieb, S. 184.

Nach Studien zur russischen Revolution 1917 und Aufenthalt in den USA 1920 kehrte de Man nach Belgien zurück und leitete die Arbeiterhochschule in Brüssel.

1924–1933 übernahm Hendrik de Man einen Lehrstuhl an der Frankfurter Akademie der Arbeit und verfasste sein theoretisches Werk „Kampf um die Arbeitsfreude" (Jena 1927/28). Bei seinen Erhebungen zur Arbeitsfreude bei Arbeitern und Angestellten auf der Grundlage narrativer Interviews war de Man bemüht, erstmals auch kultursoziologische Fragestellungen einzubeziehen. Die Frage nach den subjektiven Reflexionen – insbesondere die der industriellen Arbeit –, die Hendrik de Man in seinen narrativen Interviews verfolgt, beinhalten vom Ansatz her prägende Elemente einer kultursoziologischen Perspektive. Sie stützen sich insbesondere auf die Werke von Alfred und Max Weber (1864–1920), die allerdings in späteren soziologischen Erhebungen nicht weiterverfolgt wurden. Insbesondere die kultursoziologische Prägung der Untersuchungen Hendrik de Mans zur Arbeitsfreude und darauf aufbauend seine fundamentale Kritik am Marxismus bilden einen Schwerpunkt der vorliegenden Arbeit. Hendrik de Man plädierte in seiner Schrift „Die sozialistische Idee" (Jena 1933)[7] für eine Überwindung des erstarrten Marxismus. In der „marxistischen Parteikirche" mit ihrer Dogmatisierung der Marxschen Geschichtsphilosophie und dem Widerspruch zwischen marxistischer Lehre und Praxis sah de Man ein Hindernis für eine geistige Erneuerung der sozialistischen Bewegung. Diese Kritik blieb nicht ohne Folgen; er wurde von Parteien der Rechten wie der Linken bekämpft, ausgeschlachtet, gelobt und verdammt.

Werke wie z.B. „Zur Psychologie des Sozialismus" (Jena 1926) und „Die sozialistische Idee" wanderten direkt auf die Scheiterhaufen der Nationalsozialisten. Am Schluss des Werkes „Die sozialistische Idee" plädierte er nicht nur für eine Kampffront mit den Kommunisten, sondern entwickelte das Konzept eines umfassenden „Plansozialismus". Dieses Konzept wurde 1933 als „Plan der Arbeit" nach seiner zwangsweisen Rückkehr aus Deutschland von der belgischen Arbeiterpartei weitgehend akzeptiert. Mit dem „Plan der Arbeit" wurde de Man 1935 Minister für das Verkehrs- und Bildungswesen, 1936 bis 1938 Finanzminister in der Re-

---

[7] Vgl. de Man, Hendrik: Die sozialistische Idee, Jena 1933, insbesondere Vorwort S. 3–12.

gierung unter Premierminister Paul van Zeeland. Jedoch konnte Hendrik de Man nicht einmal einen Bruchteil der angestrebten Planziele verwirklichen.[8] Die Enttäuschung darüber ließ ihn zum Parteigänger eines autoritativen korporativen Sozialismus werden.

In seinen letzten Werken „Gegen den Strom. Memoiren eines europäischen Sozialisten" (Stuttgart 1953) und „Vermassung und Kulturverfall" (Bern 1951) setzte sich Hendrik de Man mit dem Begriff der „Posthistorie" kritisch auseinander und untersuchte die Erscheinungsformen einer „Kulturverfallskrise". In der Vermassung, Bürokratisierung, Entpersönlichung, Eigengesetzlichkeit und Unlenkbarkeit der riesigen Apparate in Wirtschaft und Gesellschaft, Hypertrophie der Nationalstaaten etc. sah Hendrik de Man die Ursachen für den Werteverfall. In dem Zusammenhang beklagte er den schleichenden Verlust der Freiheit im modernen interventionistischen Sozialstaat.

Auch in unserer heutigen Risikogesellschaft sind Tendenzen des Normen- und Werteverfalls in Segmenten der Gesellschaft zu beobachten. Der Werteverfall eines Teils der wirtschaftlichen Leistungsträger gefährdet das Vertrauen in die Grundlagen der Sozialen Marktwirtschaft und der westlichen Demokratie. Eine kritische Betrachtung und Diskussion zum Normen- und Werteverfall schließt die vorliegende Arbeit ab. Möge die anschließende kritische Betrachtung zum Normen- und Werteverfall in unserer globalisierten Welt zu vielen Diskussionen anregen. Das wäre sicherlich auch ein Wunsch von Hendrik de Man.

Als am 20. Juni 1953 Hendrik de Man in der Schweiz tödlich verunglückte, starb eine der interessantesten Persönlichkeiten des europäischen Sozialismus, die erhebliche Entwicklungen durchgemacht hatte, vom „radikalen Marxisten" zum autoritativen Sozialisten und Kritiker des Marxismus.

An dieser Stelle möchte ich mich beim International Institute of Social History (IISH) in Amsterdam für die gute Zusammenarbeit und die Überlassung von Dokumenten aus dem Teilnachlass von Hendrik de Man, die in der Anlage abgedruckt wurden, sehr herzlich bedanken.

Andreas Gatzemann

---

8 Vgl. Borchers, Detlef: Hendrik de Man (1885–1953) – am Rande der Soziologie, in: Kölner Zeitschrift für Soziologie und Sozialpsychologie, hrsg. von René König, Friedhelm Neidhardt und M. Rainer Lepsius, 37/1985, S. 817 f.

I.

Zur Biografie Hendrik de Mans

1. Kindheit und Jugendjahre

Hendrik de Man wurde als Sohn eines Abteilungschefs einer großen Antwerpener Reederei am 17. November 1885 in Antwerpen geboren. Auf der mütterlichen Seite herrschte der Geist einer typischen Intellektuellenfamilie, in der Literatur, Wissenschaft und Kunst gleichermaßen geschätzt wurden. Sein Großvater, Jan van Beers, von Haus aus Philologe und Gymnasiallehrer, war einer der ersten flämischen Dichter der romantischen Epoche. Das Ansehen seines Elternhauses beruhte zum Teil darauf, dass es von beiden Seiten her zu einer mit Regierungs- oder Verwaltungsfunktionen betrauten Familie gehörte. Man rechnete sie in Antwerpen zu den sogenannten „Rathausfamilien", die noch im 19. Jahrhundert die Spitzen der Lokalbehörden stellten. Der Antwerpener Lokalpatriotismus verstärkte die Neigung, die „neuen Reichen" als „Zugewanderte" mit Geringschätzung zu betrachten. Auch für den Adel empfanden van Beers wenig Respekt, denn abgesehen davon, dass der Adel besonders französiert und stockklerikal war, hielt man ihn – in den meisten Fällen nicht zu Unrecht – für eine „parasitäre Oberschicht", die nur noch vom Glanze einer verschollenen Vergangenheit zehrte.[9]

Dass man die reiche Oberschicht eher gering schätzte, als beneidete, lag im belgischen Nationalitätenproblem begründet. Die „besitzenden Klassen" in Flandern bedienten sich damals noch fast ausschließlich der französischen Sprache. Großvater van Beers aber war einer der führenden Geister der „flämischen Bewegung"[10], die dem Volksidiom seinen seit drei Jahrhunderten ver-

---

9 Vgl. de Man, Hendrik: Gegen den Strom. Memoiren eines europäischen Sozialisten, Stuttgart 1953, S. 8f.
10 „Flämische Bewegung war eine politische Bewegung in Belgien, entstanden unter den Flamen nach Gründung des belgischen Staates (1830/31), um das sprachlich-kulturelle, wirtschaftlich-soziale und politische Übergewicht der Französisch sprechenden Wallonen abzubauen. Zunächst von Literaten und Sprachforschern (u.a. Hendrik Conscience, Jan Alfred de Laet) mit dem Ziel einer kulturellen Emanzipation getragen, setzte die Flämische Bewegung bis zum Ende des 19. Jahrhunderts die Anerkennung des Niederländischen als gleichberechtigte Schul-, Amts- und Gerichtssprache im flämischen Landesteil Belgiens durch (Gesetze von 1873, 1878 und 1888). Im Ersten Weltkrieg arbeiteten die flämischen ‚Aktivisten' mit der deutschen Verwaltung in Belgien zusammen und erreichten 1916/17 vorübergehend die Flamisierung der Universität Gent

lorenen Rang als nationale Kultursprache wieder zuerkannt sehen wollte. Der Hauptgegner in diesem Nationalitätenproblem und Streit waren weniger die Wallonen als die französierte einheimische Bourgeoisie, sodass der Einsatz für die Volkssprache einem Einsatz für das Volk selber gleichkam.

Die Familie de Man fühlte sich der Arbeiterschaft und den Bauern näher verbunden als der Oberschicht, der man „kulturelle Entartung" und „Verrat" an der Sprache des Volkes vorwarf.[11] Diese Verbundenheit mit dem Volk war nicht bloß eine politische Haltung, sondern sie bestimmte auch im Alltag der Familie de Man die geistigen Interessen. Der Hang zur Volkskunde vererbte sich von Generation zu Generation, so war sein Großvater leidenschaftlicher Sammler von Märchen, Sprichwörtern und Redensarten und zu seinen Lebzeiten hatte sich ein Kreis von flämischen Schriftstellern, Malern, Bildhauern und Musikern gebildet.

Die Religion spielte in der Erziehung von Hendrik de Man überhaupt keine Rolle. Die ganze Familie gehörte zu den wenigen, die damals der katholischen Kirche nicht einmal das Zugeständnis machten, ihre Kinder taufen zu lassen. In seiner Familie war die Überlieferung lebendig, dass sie der Tradition nach „Geusen"[12] waren. Diese Benennung war im Antwerpen seiner Kinderjahre noch gebräuchlich, um Nichtkatholiken zu bezeichnen,

---

(endgültig 1930) und die Verwaltungstrennung Flanderns von Wallonien. Trotz Verfolgung der ‚Aktivisten' nach 1918 bildete sich ein neuer flämischer Nationalismus, der 1932–1938 weitere grundlegende Gesetze zur Sicherung der flämischen Sprachenrechte durchsetzte. Der 1933 gegründete Vlaams Nationaal Verbond (Flämischer Nationaler Verband), der einen ‚großniederländischen' Staat erstrebte, wurde wegen Kollaboration mit der deutschen Besatzungsmacht im Zweiten Weltkrieg 1944 verboten. Die sich in der Nachkriegszeit nur langsam neu organisierende Flämische Bewegung erhielt mit der 1954 gegründeten Volksunie eine radikale Interessenvertreterin. Seit der Wende zu den 1960er-Jahren entwickelte sie die Flämische Bewegung zu einem Motor des flämisch-wallonischen Konflikts (‚Sprachenstreit'), der nunmehr das gesamte politische Kräftefeld in seinen Bann zog und über Zwischenstufen mit der Umwandlung Belgiens in einen Bundesstaat (Verfassungsreformen von 1988 und 1993) seine Lösung finden sollte." Stichwort: Flämische Bewegung, Meyers Lexikonverlag, (Hrsg.) Bibliographisches Institut & F.A. Brockhaus AG, 2007; http://lexikon.meyers.de/index.php?title=Fl%C3%A4mische_Bewegung&oldid=161219.

11 Vgl. de Man, Hendrik: Gegen den Strom. Memoiren eines europäischen Sozialisten, S. 9f.
12 Geusen, niederländisch Geuzen, zunächst die Unterzeichner der 1566 abgefassten Bittschrift, mit der die Niederlande politische und religiöse Freiheiten von König Philipp II. von Spanien forderten, dann alle niederländischen Aufständischen; sie trugen als Abzeichen den Geusenpfennig.

und zwar bei den Gläubigen als Schimpfname, bei den anderen als mit Stolz beanspruchter „Ehrentitel". Sein Vater war überzeugter Freimaurer und vertrat deshalb eine deistische und humanistische Sittenlehre.[13]

Seinem Onkel Paul Buschmann verdankte Hendrik de Man die frühzeitige Erkenntnis, dass in der Geschichte nicht alles Fortschritt ist. Paul Buschmann – Direktor der Antwerpener Wasserwerke – war ein dogmatischer Verehrer Charles Darwins (1809–1882) und Englandschwärmer. Sein naturwissenschaftlicher Positivismus, der im Glauben an die natürliche Auslese durch das „Struggle for life" gipfelte, begründete Anschauungen, die vom Geiste britischen Individualismus und Utilitarismus durchtränkt waren. Paul Buschmann war dementsprechend leidenschaftlicher Antisozialist. Hendrik de Mans Bekenntnis zum Sozialismus deutete sein Onkel dann auch folgerichtig als Rückfall von der Wissenschaft in die „Mythenverehrung".

In seinen späteren Memoiren bekannte Hendrik de Man, dass er durch Vererbung und Erziehung vorbestimmt war, ein Rebell gegen die bestehende Ordnung, ein Antikonformist, ein Windmühlenstürmer zu werden – kurzum einer von jenen bedauerlichen Menschen, die nach dem Ausdruck Shelleys von der Leidenschaft besessen sind, die Welt zu verbessern. Die Spuren dieser frühen affektmäßigen Fixierung finden sich, drei Jahrzehnte später, in der Analyse der Motive der sozialistischen Denkweise wieder, die Hendrik de Man in seinem Buch „Die sozialistische Idee"[14] vorgenommen hat. Es ist kein Zufall, dass Hendrik de Man dessen entscheidende Kapitel „Die bürgerlichen Tugenden"[15], die „Rebellion der Natur" und die „Rebellion des Gewissens"[16] überschrieb.

Die Art der Erziehung, die er genoss, führte dazu, dass er keinen Klassendünkel kannte. De Man war ein störrischer Jüngling, rebellisch, aber selbstlos, und er verfolgte mit Aufmerksamkeit die großen Konflikte des beginnenden 20. Jahrhunderts: die Affäre Dreyfus in Frankreich und den Burenkrieg in Südafrika.

Die dramatischen Geschehnisse, die in den Gerichtsverhandlungen der Dreyfus-Affäre in den Jahren 1894–1899 ihren Gipfel-

---

13 Vgl. de Man, Hendrik: Gegen den Strom. Memoiren eines europäischen Sozialisten, S. 15.
14 Vgl. de Man, Hendrik: Die sozialistische Idee, Jena 1933.
15 Vgl. ebenda, S. 109 ff.
16 Vgl. ebenda, S. 189 ff.

punkt erreichten, regten in Belgien die öffentliche Meinung kaum weniger auf als in Frankreich. Die Prozesse um den jüdischen Offizier Alfred Dreyfus, der unschuldig an dem Landesverrat war, für den er angeklagt, verurteilt, degradiert und verbannt wurde, entzweiten auch in Belgien die Familien. Auch der Burenkrieg hielt seiner Zeit die europäische Öffentlichkeit in Spannung. In der Familie de Man fühlte man sich deshalb ganz besonders mit den Buren verbunden, zumal der Großvater van Beers mit vielen Südafrikanern in Verbindung stand. Die Familie sprach immer wieder davon, dass der Präsident Paul Krüger nach dem unglücklichen Krieg von 1881 eine Zeit lang Gast im großelterlichen Hause gewesen war.[17] Diese Ereignisse trugen dazu bei, Hendrik de Mans politisches Interesse frühzeitig zu wecken. Bereits zu diesem Zeitpunkt beschäftigte sich Hendrik de Man mit marxistischer Literatur, las Schriften von Karl Marx und Friedrich Engels.

Mit 17 Jahren meldete er sich auf einer Versammlung streikender Hafenarbeiter zu Wort. Er wurde Mitglied der „Socialistische Jonge Wacht", der Jungsozialisten von Antwerpen, und zerstörte damit die Hoffnungen von Vater de Man, seinen Sohn Offizier werden zu lassen. Der belgische Patriotismus interessierte den jungen de Man überhaupt nicht: Die Familie war vielsprachig und kosmopolitisch geprägt, las deutsche, französische, holländische und englische Zeitungen und Zeitschriften.[18] Die kosmopolitische Prägung seiner Familie sollte auch de Mans Lebensweg mitbestimmen. Bis zu einem gewissen Grade mag das auch an der Antwerpen eigenen Atmosphäre gelegen haben. Eine Hafenstadt, die fast ausschließlich vom überseeischen Handel und von fremder Schifffahrt lebte, neigte schon deshalb einem Kosmopolitismus zu.

---

17 Vgl. de Man, Hendrik: Gegen den Strom, S. 38.
18 Steuckers, Robert: Hendrik de Man. Ein europäischer Nonkonformist auf der Suche nach dem Dritten Weg, in: Junges Forum 5-6/1985.

2. Der marxistische Rausch

Hendrik de Man führte ein bewegtes Leben als sozialistischer Aktivist. Nach einem Krawall gegen das russische Konsulat wurde er 1905 von der Universität Gent verwiesen und beschloss, nach Deutschland zu emigrieren.

Hendrik de Man unterlag einem „marxistischen Rausch", wie er später offen bekannte. Der Bruch mit der Familie kam, nachdem er sich 1904/05 zum marxistischen Sozialisten entwickelt hatte. Geprägt wurden seine marxistischen Anschauungen in der ersten Etappe von einem „utopischen Halbanarchismus", der am stärksten von der Lektüre Pjotr A. Kropotkins (1842–1921) beeinflusst war. Kropotkins Buch „Gegenseitige Hilfe in der Tier- und Menschenwelt"[19] bot ihm ein höchst willkommenes Mittel, seinen Sozialismus mit der Darwinschen Entwicklungslehre in Einklang zu bringen. Die kompromisslose Haltung der Antiparlamentarier sagte Hendrik de Man mehr zu als der Glaube an einen Parlamentarismus, der „seinem Wesen nach bürgerlich war und dessen verderblicher Einfluss auf die Arbeiterbewegung im benachbarten Frankreich besonders auffiel."[20]

Sein „ethischer Sozialismus" fand eine festere Stütze in den anarchistischen Lehren, die der Person einen moralischen Imperativ auferlegten, als in dem Utilitarismus und Opportunismus der belgischen Arbeiterpartei. Erhebliche Anziehungskraft hatten für Hendrik de Man einige zeitgenössische Vertreter des Anarchismus, wie der französische Anarchist Jean Grave (1854–1939). Seine Auseinandersetzungen mit dem französischen Anarchismus hatten dennoch den Vorteil, dass er zeitig auf die der Arbeiterbewegung innewohnenden Tendenzen zur „Verbürgerlichung", zur parlamentarischen Verwässerung und zum „bürokratischen Staatssozialismus" aufmerksam wurde. Im „bürokratischen Staatssozialismus" sah Hendrik de Man später das Kardinalproblem der sozialistischen Bewegung.[21]

---

19 Vgl. Kropotkin, Peter: Gegenseitige Hilfe in der Tier- und Menschenwelt, Nachauflage 2005.
20 de Man, Hendrik: Gegen den Strom, S. 55.
21 Vgl. dazu de Man, Hendrik: Die Sozialistische Idee, S. 340 und de Man, Hendrik, zur Psychologie des Sozialismus, Jena 1926, S. 350f.

Der Marxismus galt damals in Belgien noch im Wesentlichen als eine deutsche Erscheinung. Er hatte infolgedessen in der zweiten Hälfte des 19. Jahrhunderts nur durch vereinzelte Ausstrahlungen den belgischen Sozialismus beeinflusst. Sogar in Flandern übten die französischen Ideologien, zusammen mit dem Vorbild der englischen Gewerkschaften und Genossenschaften, einen weit stärkeren Einfluss aus. Die Jahrhundertwende brachte darin insofern eine Änderung, als in Holland damals in der sozialistischen Bewegung ein marxistischer Flügel entstand, der wenigstens auf theoretischem Gebiet bald eine gewisse Bedeutung erlangte. In Holland erschienen zur damaligen Zeit mehrere Übersetzungen von Standardwerken der deutschen marxistischen Literatur, darunter Karl Kautskys (1854–1938) „Erfurter Programm"[22], eine populäre Auseinandersetzung mit der marxistischen Klassenkampflehre. Starken Eindruck machte auf Hendrik de Man die Broschüre von Wilhelm Liebknecht (1826–1900) „Kein Kompromiss, kein Wahlbündnis" aus dem Jahre 1899.

1904 wurde Hendrik de Man in das Fahrwasser des Marxismus hineingezogen. Seine Berührung mit dem Marxismus beschrieb Hendrik de Man so:

„Bei der ersten Berührung mit dem Marxismus war es mir zumute, als ob mir ein Weltbild offenbart würde, das die Lösung für alle quälenden Probleme bot. […] Ich fand mit einem Schlag einen Religionsersatz, eine Geschichtsphilosophie, eine wissenschaftliche Methode, eine soziale Ethik, eine politische Strategie, und das alles fügte sich zu einem logisch koordinierten System zusammen. Daraus ergab sich ein solches Gefühl der Sicherheit und der Kraft, dass der dadurch gesteigerte Tonus wie ein beständiger leichter Rauschzustand wirkte."[23]

Die dreifache schicksalhafte Unvermeidlichkeit der zunehmenden Proletarisierung, der Vertiefung der Wirtschaftskrise und der „Verschärfung der Klassengegensätze" verbürgte die Verwurzelung des Marxismus in der Gedankenwelt Hendrik de Mans. Der geschlossene starre Charakter des marxistischen Gedankensystems löste bei ihm eine Tendenz zum dogmatischen Fanatismus aus,

---

22 Kautsky, Karl: Das Erfurter Programm, Berlin 1891.
23 de Man, Hendrik: Gegen den Strom, S. 59.

die in seinen Anschauungen als „ethischer Sozialist" gipfelte. Er gehörte – wie er später bekennt – zu dem Typ der jungen Dogmatiker, auf den der leise Spott des österreichischen Sozialistenführers Victor Adler gemünzt war: „Marxisten sind die Glücklichsten unter den Menschen, denn es gibt nichts, das sie nicht aus wirtschaftlichen Ursachen erklären können; sie verstehen alles und sie haben immer recht."[24]

Für Hendrik de Man gab es zu dieser Zeit kein Problem in der Geschichtsdeutung, der Politik oder der Lebensführung, das sich nicht durch die Anwendung einer marxistischen allgemeinen Formel lösen ließe. So bereitete es ihm auch keine große Mühe, sein flämisches Nationalgefühl mit seinem marxistischen Internationalismus in Einklang zu bringen. Er deutete die Sprachenfrage als Teilaspekt eines sozialen Problems: Die Trennungslinie zwischen dem französischen und dem flämischen Sprachengebiet war somit weniger durch die geografische Lage als durch die „Klassenzugehörigkeit" bestimmt.[25]

Hendrik de Man und verschiedene Anhänger des „radikalen Marxismus" erblickten in der bevorstehenden Revolution in Russland Anfang des 20. Jahrhunderts eine Chance zur Durchsetzung ihrer utopischen Ideen. Die „soziale Revolution", die in Westeuropa im Wesentlichen noch ein theoretischer Begriff war, schien in Russland Wirklichkeit zu werden. Die „radikalen Marxisten" glaubten, dass der moralische Zusammenbruch des zaristischen Regimes in Russland nach dem verlorenen Krieg mit Japan in den Volksmassen eine neue Empfänglichkeit für die Parolen einer großen teils marxistisch orientierten „Intelligentsia" bildete. „Es tagt im Osten", pflegte man unter holländischen und flämischen Marxisten, einen alten niederländischen Liedertext zitierend, zu sagen. Dabei dachte man nicht nur an Russland, sondern auch an Deutschland. Auch in Deutschland schien der Tag der „sozialen Revolution" schnell näher zu rücken, teils, weil die Industrialisierung und Proletarisierung den marxistischen Sozialismus besonders gefördert hatte, teils, weil das Beispiel Russland aus größerer Nähe ansteckend wirkte. Als Hendrik de Man die Ereignisse der Reichstagswahlen von 1903 vernahm, meinte er,

---

24 Ebenda, S. 63.
25 Vgl. ebenda, S. 63 f.

„jetzt könne der Endsieg des Sozialismus in Deutschland nicht mehr fern sein."[26]

In dieser Jugendphase waren für Hendrik de Man die „Gesetzmäßigkeiten" des Marxismus nicht bloß Ideale, sondern Gebote, die auf Gewissheiten beruhten. All die Ziele, für die seit Rousseau und Marx Generationen von Menschen geschwärmt hatten – die Befreiung von aller Zwangsherrschaft, die Brüderlichkeit aller Menschen, das Selbstopfer für die Enterbten, die Vernunft im Dienste der Freiheit –, alle diese Ziele, die von der „heuchlerischen Bourgeoisie" des 19. Jahrhunderts entheiligt worden waren, erhielten eine neue Weihe im Lichtglanz der triumphierenden Wissenschaft.

Nach seiner Teilnahme an einer Studentendemonstration in Gent 1905 teilte Hendrik de Man seinem Vater den Entschluss mit, sein Studium zunächst aufzugeben und sich wirtschaftlich selbstständig zu machen. Sein Weg führte ihn nach Deutschland, weil es ihm „als das Gelobte Land des Marxismus erschien".

3. Leipziger Jahre

Die revolutionäre Stimmung erreichte einen Höhepunkt, als im Januar 1905 der „rote Blutsonntag" in St. Petersburg die Reihe der proletarischen Erhebungen eröffnete, die tatsächlich einige Monate später zur „ersten russischen Revolution" führten. Dass diese „erste russische Revolution" allerdings in einer totalitären Diktatur endete, konnte Hendrik de Man zur damaligen Zeit nicht ahnen. Bald nach seinem Eintritt in die sozialistische Jugendbewegung Belgiens (1902) zog de Man nach Leipzig, um als Mitarbeiter der „Leipziger Volkszeitung" in Kontakt mit allen Größen des deutschen Sozialismus seine Vorstellungen vom Sozialismus zu entwickeln. Obwohl die Verfasser ihre Beiträge zur Leipziger Volkszeitung meist nur mit einem Zeichen oder Anfangsbuchstaben unterschrieben, gab es unter den externen Mitarbeitern und Auslandskorrespondenten eine Reihe von glänzen-

---

26 Vgl. ebenda, S. 66.

den Namen; es seien hier nur Rosa Luxemburg(1871–1919), Karl Radek (1858–1939), der Holländer Anton Pannekoek (1873–1960), die Russen Alexander Parvus (Dr. Helphand) (1867–1924), Theodor Rotstein (1871–1953) (der spätere Sowjetgesandte in Persien) und Leo Trotzki (1879–1940) genannt.[27]

Leipzig galt für Hendrik de Man als die „Hochburg des marxistischen Radikalismus". Der Parteitag der SPD im Herbst 1905 in Jena war für ihn die Verwirklichung eines lang gehegten Traumes. In Jena traf er auf den Parteiführer August Bebel (1840–1913) und den Parteitheoretiker Karl Kautsky. In Jena lernte er auch einige Vertreter der radikalen Linken kennen, wie Karl Liebknecht (1871–1919), Rosa Luxemburg, Robert Michels (1876–1936) und Konrad Haenisch (1876–1925). Haenisch war zur damaligen Zeit Mitarbeiter in der Redaktion der „Leipziger Volkszeitung". Hendrik de Man ahnte damals nicht, dass der Jenaer Parteitag so etwas wie einen Höhepunkt in der Geschichte der deutschen Sozialdemokratie darstellte. Der Jenaer Parteitag bildete den Anfang der Abstiegsphase der SPD, die nacheinander zur Abspaltung der unabhängigen Linkssozialisten, der Spartakisten und der Kommunisten führen sollte.

Erkennbar wurde für Hendrik de Man der Gegensatz zwischen dem rechten Parteiflügel, dessen Hauptstütze die Gewerkschaftsführer bildeten, und den „radikalen Marxisten". Die Stellungnahme zur russischen Revolution bildete den Zankapfel. Rosa Luxemburg kritisierte nach der Oktoberrevolution 1917 die Tendenz der Bolschewiki zur Diktatur mit den Sätzen:

„Ohne allgemeine Wahlen, ungehemmte Presse- und Versammlungsfreiheit, freien Meinungskampf erstirbt das Leben in jeder öffentlichen Institution, wird zum Scheinleben, in der die Bürokratie allein das tätige Element bleibt. Das öffentliche Leben schläft allmählich ein, einige Dutzend Parteiführer von unerschöpflicher Energie und grenzenlosem Idealismus dirigieren und regieren, unter ihnen leitet in Wirklichkeit ein Dutzend hervorragender Köpfe, und eine Elite der Arbeiterschaft wird von Zeit zu Zeit zu Versammlungen aufgeboten, um den Reden der Führer Beifall zu klatschen, vorgelegte Resolutionen einstimmig zuzustimmen, im Grunde also eine Cliquenwirtschaft – eine Diktatur allerdings, aber nicht die Diktatur des Proletariats, sondern die Diktatur einer Handvoll Politiker,

---

27 Vgl. de Man, Hendrik: Gegen den Strom, S. 75.

d.h. Diktatur im reinen bürgerlichen Sinne, im Sinne der Jakobinerherrschaft."[28] An anderer Stelle schreib sie: „Freiheit nur für die Anhänger der Regierung, nur für Mitglieder einer Partei – mögen sie noch so zahlreich sein – ist keine Freiheit. Freiheit ist immer Freiheit des Andersdenkenden."[29]

Auf die Gewerkschaftsbürokraten wirkte das Schlagwort „Massenstreik" und die kritischen Äußerungen Rosa Luxemburgs zur russischen Diktatur wie ein rotes Tuch. Hendrik de Man pflegte eine gewisse Skepsis gegenüber der von August Bebel vertretenen parteiofiziellen Haltung. Unklar blieb ihm, wie es denn käme, dass die deutsche Sozialdemokratie trotz ihrer musterhaften Massenorganisation und ihrer gewaltigen Wahlsiege ohnmächtig war, auf die Politik Deutschlands irgendwelchen Einfluss auszuüben.

In seiner Funktion als Sekretär der Sozialistischen Jugendinternationale, die er mit Ludwig Frank (1874–1914) und Karl Liebknecht gründete, entwickelte de Man von 1905 bis 1911 erste Ansätze einer Bildungstheorie. Sie führte ihn – ähnlich wie seinen Bekannten Robert Michels – zur scharfen Kritik an der „Verbürgerlichung" und Verbürokratisierung der Sozialdemokratie, die einiges Aufsehen erregte.[30]

Ebenfalls 1911 veröffentlichte er in einer Reihe von Artikeln Gedanken einer Völkerpsychologie und wurde Leiter des belgischen Arbeiterbildungswesens. In Leipzig studierte er bei dem Historiker Karl Lamprecht (1856–1915), dem Nationalökonomen Karl Bücher (1847–1930) und dem Philosophen und Psychologen Wilhelm Wundt (1832–1920). Bei Bücher promovierte de Man mit einer Arbeit über „Das Genter Tuchgewerbe im Mittelalter". Der Hochschullehrer Wilhelm Wundt[31] und ein Englandaufent-

---

28 Luxemburg, Rosa: Gesammelte Werke, Band 4, hrsg. vom Institut für Marxismus-Leninismus beim ZK der SED, Berlin 1974, S. 362.
29 Ebenda, S. 359.
30 de Man, Hendrik und de Brouckère, Louis: „Die Eigenart der belgischen Arbeiterbewegung", in: de Man, Hendrik und de Brouckère, Louis, Die Arbeiterbewegung in Belgien, Ergänzungsheft zur „Neuen Zeit", Nr. 9, Stuttgart 1911, S. 1–28.
31 Wilhelm Wundt hatte bereits im Jahre 1879 an der Universität Leipzig mit dem „Laboratorium für experimentelle Psychologie" das erste psychologische Institut der Welt eingerichtet, eine Gründung, der alsbald weitere in Göttingen, München und Berlin folgten. Das Wundtsche Beispiel wirkte gleichermaßen schulbildend in den Vereinigten Staaten. Wundt, Wilhelm: Grundzüge der physiologischen Psychologie, Leipzig 1874.

halt inspirierten ihn zu ersten Abhandlungen einer Völkerpsychologie. Sein Interesse galt auch den Übungen unter Alfred Doren (1869–1934) über mittelalterliche Wirtschaftsgeschichte; hier erlernte Hendrik de Man insbesondere die wissenschaftlichen Arbeitsmethoden, die seine späteren Werke entscheidend prägten. Karl Bücher, der der „jüngeren Historischen Schule" zuzuordnen ist, vermittelte de Man nicht nur das „volkswirtschaftliche Denken", sondern gab ihm einen wertvollen Rat mit, auf die Straße zu gehen, sich mit den Menschen zu unterhalten, die Leute über ihre Arbeit und ihre Geschäfte zu befragen und sich ein möglichst vollständiges Bild ihrer Berufsverhältnisse zu machen.[32] Nachdem Hendrik de Man später selber Hochschullehrer geworden war, hat er stets seinen Studenten der Sozialpsychologie an der Akademie der Arbeit der Frankfurter Universität den gleichen Rat gegeben: „Geht auf die Straße. Ihr werdet dort mehr lernen als aus den Büchern, wenn ihr es nur versteht, zu sehen, zu hören, zu fragen und eure Befunde richtig zu ordnen."[33]

Am 04. August 1914 trat er sofort und freiwillig in die belgische Armee bei einem Antwerpener Infanterieregiment ein. Bittere Kriegserfahrungen an der Westfront und eine Russlandreise im Auftrage der Entente im Juni 1917 revidierten sein Sozialismusbild beträchtlich; dennoch hoffte er, dass die militärische Niederlage des Deutschen Reiches die Voraussetzung der sozialen Revolution sei.[34]

Die Kriegserklärung und der Einmarsch der deutschen Truppen in Belgien versetzten seinem Glauben einen entscheidenden Schlag. „Für mich bedeuteten, mehr als für jeden anderen, die Ereignisse im August 1914 einen völligen Zusammenbruch. Mein Glaube in den Marxismus, mein Glaube in den Internationalismus, mein Glaube in den Antimilitarismus wurde durch die Tatsachen Lügen gestraft."[35]

Nach Beendigung des 1. Weltkrieges war er begeistert über die 14 Punkte des Präsidenten Wilson für einen „Verständigungsfrieden" und war nun umso mehr enttäuscht, zu sehen, wie auf

---

32 de Man, Hendrik: Gegen den Strom, S. 79.
33 Ebenda, S. 79.
34 Vgl. ebenda, S. 118 ff.
35 de Man, Hendrik: Cavalier seul: Quarante-cinq années de socialisme européen, Geneva 1948, S. 79.

den Frieden von Versailles zugesteuert wurde. Sein Bedürfnis nach einem neuen lebendigen Glauben war zu stark, um sich mit der reformistischen Tätigkeit, wie die meisten der damaligen Führer der sozialistischen Internationale sie befürworteten, zufriedenzustellen.[36]

Die Zimmerwald-Bewegung zwang ihn, seine Ansichten über das ganze Kriegsproblem zu überprüfen. Émile Vandervelde (1866–1938), belgischer Sozialdemokrat und Minister für verschiedene Ressorts bis zu seinem Tode, bat Hendrik de Man, ihn auf einer Mission nach Russland zu begleiten. Während seines Russlandaufenthaltes wurde Leo Trotzki (1879–1940) während eines Versuches, aus den Vereinigten Staaten nach Russland zu gelangen, im kanadischen Hafen Halifax in Haft genommen. Auf die Empfehlung von Vandervelde und Hendrik de Man an den britischen Premierminister David Lloyd George (1863–1945) wurde die Freilassung von Leo Trotzki angeordnet, damit er nach Russland reisen konnte. In Petrograd sah de Man Trotzki wieder. Er war bitter enttäuscht über die Vorstellungen Leo Trotzkis und seine „russischen Gesinnungsfreunde". Nach Zusammenkünften mit Lenin und Trotzki schrieb Hendrik de Man über seine negativen Erfahrungen mit dem realen Marxismus-Leninismus als belgischer Militärattaché in Sowjetrussland:

„Der Kern der Sache ist für mein Empfinden die verschiedene Stellung zur Freiheit der Person. Die gehört in Westeuropa zu den Grundideen, die der Sozialismus von der bürgerlichen Demokratie und von der abendländischen Kulturvergangenheit überhaupt ererbt hat. In Russland und östlich davon spielt diese Erbschaft keine Rolle. [...] Auf die Gefahr hin, dass man mein Geständnis als Zeugnis geistigen Versagens deutet, gebe ich es zu: der entscheidende Grund, weshalb ich den marxistischen Weg zum Leninismus nicht zu Ende gegangen bin, war die Antipathie, die ich den Menschen, ihren Motiven und ihren Charakteren gegenüber empfand. Hier war zu viel Ressentiment, Hass, reiner Machtwille, Geringschätzung des menschlichen Eigenwertes, Zynismus, Grausamkeit. Diese Leute verließen sich zu viel auf das Einflößen von Angst und zu wenig auf den positiven Antrieb zum Aufbau einer neuen Ordnung. Vor allem war mir ihr offen verkündeter

---

36 Vgl. de Man, Jan: Hendrik de Man: Gesamt-Bibliographie, bearbeitete von Jan de Man, Villingen 1962, S. 3.

und betätigter Lehrsatz, dass der revolutionäre Zweck alle Mittel heilige, im Innersten zuwider. Diese Reaktion führte mich zu der Einsicht, die ich einige Jahre später zum Grundgedanken meiner ‚Psychologie des Sozialismus' verarbeitete, nämlich, dass nicht die in die Zukunft verlegten Endziele, sondern die in der Gegenwart angewandten Mittel den wahren Charakter einer Bewegung und ihrer Ereignisse bestimmen."[37]

Deutlicher konnte kein aufgeklärter Marxist seine Stellung zur russischen Revolution kennzeichnen. Die Sympathien der beiden belgischen Sozialisten gehörten ohne Zweifel der Regierung Alexander F. Kerenski. Es ist ihre durch und durch humanistische Vergangenheit, die sie den Zynismus und den brutalen Machtwillen der Anhänger Lenins ablehnen lässt.

Die letzten Monate des Krieges 1918 verbrachte Hendrik de Man in den USA. Den Anlass bot die Entsendung einer von der belgischen Regierung ernannten Kommission, die im Hinblick auf den industriellen Wiederaufbau nach dem Kriege die neuesten amerikanischen Methoden der Betriebsorganisation studieren sollte.[38] Die Vertretung des gewerkschaftlichen Standpunkts spielte dabei eine wichtige Rolle, weil die amerikanischen Gewerkschaften sich mit aller Kraft gegen die Einführung des Taylor-Systems und ähnlicher Formen der Rationalisierung wehrten. Im Auftrag der belgischen Regierung und seiner Partei studierte er die Arbeitsverhältnisse in den USA, namentlich in den verschiedenen Betrieben, so u.a. bei Ford in Detroit. Das Ergebnis[39] war ein Plädoyer für rationale Betriebsorganisationen auf betriebspsychologischer Grundlage in Verbund mit „partizipatorischer Demokratie".

Hendrik de Man begrüßte uneingeschränkt das Friedensprogramm des amerikanischen Präsidenten Thomas Woodrow Wilson (1856–1924) und arbeitete aktiv an seiner Propagierung. Während seines USA-Aufenthaltes hielt Hendrik de Man in einem Intelligenzklub im Staate New York einen Vortrag über die Unterschiede der Geistesverfassung zwischen Frontkämpfern und

---

37 Vgl. de Man, Hendrik: „Gegen den Strom", S. 138f. und vgl. dazu auch „Zur Psychologie des Sozialismus", S. 27f.
38 Vgl. de Man, Hendrik: Gegen den Strom, S. 141ff.
39 Vgl. de Man, Hendrik: Au Pays du Taylorisme, Brüssel 1919.

Zivilisten in Europa und in Amerika. Nach diesem umstrittenen Referat reichten militärgerichtliche Behörden eine Klage gegen Hendrik de Man ein. Ihm wurde defätistische und prodeutsche Propaganda vorgeworfen. Ein britischer Leutnant verbreitete das Gerücht, Hendrik de Man sei ein „deutscher Spion".[40]

Das USA-Statedepartment teilte daraufhin dem belgischen Gesandten mit, dass es seinen weiteren Aufenthalt in den USA für unerwünscht hielt. Er wurde des Landes verwiesen, veröffentlichte aber dennoch ein begeistertes Buch über Amerika[41], in dem er die amerikanische Gesellschaft als Lösung der Probleme des Sozialismus pries. Nach Kriegsende kehrte er ein zweites Mal nach Amerika zurück, um nach kurzer Tätigkeit als Landvermesser den Lehrstuhl von Carleton Parker, Washington, für Sozialpsychologie übernehmen zu wollen. Die Übernahme des Lehrstuhls scheiterte an seiner Teilnahme an der Streikbewegung des Jahres 1920. Unter dem Druck der amerikanischen Behörden wurde aus seiner Eintrittsvorlesung eine Abschiedsvorlesung in den USA. Es war der Abschied von Amerika überhaupt. Begeistert war Hendrik de Man in den USA über die geistige Verfassung des amerikanischen Arbeiters, namentlich von der Einstellung des amerikanischen Arbeiters zur Sozialversicherung. Euphorisch schreibt Hendrik de Man in seinen Memoiren 1953:

„Die Labilität der sozialen Verhältnisse, die großen Möglichkeiten des persönlichen Aufstiegs und die hohen Löhne hatten zur Folge, dass diese Arbeiter sich den Luxus leisten konnten, zu sagen: Unsere Gewerkschaften haben dafür zu sorgen, dass wir genug verdienen, um uns durch Sparanlagen und freie Versicherungen gegen Armut zu schützen; dann brauchen wir uns von keiner staatlichen Bürokratie dreinreden zu lassen."[42]

Die amerikanischen Arbeiter stellten mit anderen Worten – so Hendrik de Man – die Freiheit über die Sicherheit, weil es tatsächlich in den USA noch möglich wäre, sich durch freie Initiativen ein ausreichendes Maß an Sicherheit zu verschaffen. Erst die im September 1929 einsetzende Wirtschaftskrise hat diesem Zustand für Millionen von Menschen in den USA ein Ende bereitet. Hen-

---

40 Vgl. de Man, Hendrik: Gegen den Strom, S. 145.
41 Vgl. de Man, Hendrik: The Remaking of a Mind, London/New York 1919.
42 de Man, Hendrik: Gegen den Strom, S. 167.

drik de Man gelangte zu der merkwürdigen Feststellung, dass der gleiche kulturelle Vermassungs-, Verflachungs- und Verfallsprozess, der uns in Europa als Amerikanisierung entgegentritt, in Amerika als Sieg der Plutokratie über den ursprünglichen Amerikanismus, also gewissermaßen als „Entamerikanisierung" erscheint.[43]

Für Hendrik de Man blieb dennoch die USA eine Welt der gleichen Chancen und der Selbstregierung freier Menschen. Schließlich bleibt für ihn der Konflikt zwischen der lebendig gebliebenen Idee der „Selbstregierung freier Menschen" und ihrer Negation durch die gewordene Wirklichkeit.[44]

Indes war und blieb Amerika für Hendrik de Man ein Land der Freiheit, weniger anfällig für Ideologien als die meisten Länder Europas. Warum gibt es in den Vereinigten Staaten keinen Sozialismus? Werner Sombarts[45] klassische Schrift unter diesem Titel gibt die Antwort: Wegen der Mobilität, weil also Amerikaner weder eine Theorie noch kollektive Aktionen brauchen, um voranzukommen. Überdies ist die USA resistent gegen ungezügelte Herrschaft, wer immer sie für sich in Anspruch nehmen wollte. Eine Meinung, der sich wohl auch de Man angeschlossen hätte.

---

43 Vgl. ebenda, S. 171.
44 Vgl. hierzu insb. die sehr persönlich gehaltenen Erfahrungen Hendrik de Mans über die USA, in: Hendrik de Man, Gegen den Strom, S. 165 ff. und vgl. Hendrik de Man, Vermassung und Kulturverfall. Eine Diagnose unserer Zeit, 2. Aufl. München 1952, S. 12 f.
45 Vgl. Sombart, Werner: Warum gibt es in den Vereinigten Staaten keinen Sozialismus?, Tübingen 1906.

4. Bedeutende Werke Hendrik de Mans 1921–1933 – seine Kritik am Marxismus

1920 kehrte Hendrik de Man nach Belgien zurück und übernahm die Leitung der Arbeiterhochschule in Brüssel. Gleichzeitig sammelte er Stoff für eine Reihe von 18 Artikeln, die im Juni 1921 im Brüsseler Peuple unter dem Titel „Das neue Deutschland" veröffentlicht wurden. Ihr Zweck war, für die Versuche des deutschen Volkes, namentlich auf sozialem Gebiet, eine neue Ordnung zu errichten, Verständnis und Sympathie zu wecken. Dass dabei die Zukunftsaussichten der Weimarer Republik reichlich zuversichtlich eingeschätzt wurden, passte durchaus zu der Stimmung, die zu jener Zeit in Deutschland vorherrschte. Euphorisch schreibt Hendrik de Man:

„Wie so viele Sozialisten aller Länder verdanke ich Deutschland die wertvollsten Elemente meiner geistigen Bildung. Kurzum, ich bin stolz darauf, ein Weltbürger zu sein, wobei die Welt für mich alle Länder umfasst, die dazu beigetragen haben und noch dazu beitragen, das Erbgut der Menschheitskultur zu bilden. Aber auch wenn dem anders wäre, könnte ich mir kein in wirtschaftlicher wie in geistiger Hinsicht lebensfähiges Europa denken, in welchem die deutsche Nation dazu verurteilt wäre, ewig arm, geächtet und erniedrigt zu bleiben."[46]

Diese Artikel lösten in Teilen der sozialistischen Arbeiterpartei in Belgien erhebliche Proteste aus.

Ein Höhepunkt seines Eintretens für die Arbeiterbildung war die Tagung von Morlanwelz 1921, in der de Man als Präsident der Arbeiterhochschule die positiven Auswirkungen einer Betriebspsychologie und des Mitbestimmungsrechts auf den zeitgenössischen Sozialismus propagierte. Als die belgische Arbeiterpartei alle Verständigungsversuche mit den deutschen Sozialdemokraten ablehnte, trat er enttäuscht von allen Ämtern zurück und zog nach Deutschland, wo er eine Dozentur an der Frankfurter „Akademie der Arbeit" übernahm und 1926 eine literarisch sensationelle Kritik des Sozialismus veröffentlichte, mit der er erheblichen Einfluss in der jungsozialistischen Bewegung gewann.

---

[46] de Man, Hendrik: Gegen den Strom, S. 178f.

Die psychologischen Grundlagen dieses Buches[47] – der Gedanke, dass der Arbeiter nur minderwertig sei, weil er sich minderwertig fühle – suchte er durch eine Studie über die Arbeitsfreude zu erweitern.[48] Eine herausragende Rolle bei der Arbeitsfreude spielte dabei der Geltungstrieb des Menschen. Dieser Geltungstrieb ist offenbar psychoanalytischen Ursprungs und der Theorie Alfred Adlers (1870–1937) vom „Minderwertigkeitskomplex"[49] und den Ideen seines Hochschullehrers Wilhelm Wundt der „Heterogonie der Zwecke" entlehnt. Seinen Kritikern entgegnete de Man:

„Gewiss, ich bin nach wie vor überzeugt, dass das heutige Problem der Arbeiterbewegung in seinem tiefsten Grunde ein Problem der Motiverneuerung ist, und dass es gestellt werden muss – über das von Marx erkannte Problem der wirtschaftlichen Bedingungen des Sozialismus hinaus – als Problem der psychologischen Bedingungen des Sozialismus. Andererseits bin ich, vielen meiner Kritiker zum Trotz, niemals in den Psychologismus verfallen, der darin bestünde, die Verwirklichung des Sozialismus als reine Gesinnungsangelegenheit von den institutionellen, wirtschaftlichen und politischen Veränderungen loszulösen."[50]

Im Herbst 1922 siedelt de Man nach Eberstadt bei Darmstadt um, um sich dort in der Zurückgezogenheit einige Jahre lang dem Studium und der schriftstellerischen Tätigkeit zu widmen. Seine schriftstellerische Tätigkeit wurde mitbestimmt durch eine schwere Krise in seinem Privatleben; 1922 war seine erste Ehe in die Brüche gegangen. In den nachfolgenden Jahren schrieb er seine bedeutenden Bücher „Zur Psychologie des Sozialismus", „Der Kampf um die Arbeitsfreude" sowie einen großen Teil des Werkes „Die sozialistische Idee".

Mit der betriebssoziologischen Studie zur Arbeitsfreude gewann er Einfluss bei Vertretern der Industrie- und Betriebssoziologie. Die Polemik, die seine Bücher in sozialistischen Kreisen auslösten, veranlassten ihn, in mehreren Broschüren und Zeitschriftenartikeln sich mit seinen Kritikern, an deren Spitze in Deutschland Karl Kautsky stand, auseinanderzusetzen.[51] Seine Kritik richtete sich gegen große Teile der Marxschen Lehren und Prophezeiun-

---

47 Vgl. de Man, Hendrik: Zur Psychologie des Sozialismus, Jena 1926.
48 Vgl. de Man, Hendrik: Der Kampf um die Arbeitsfreude, Jena 1927.
49 Vgl. Adler, Alfred: Studienausgabe 05, Menschenkenntnis, Göttingen 1927.
50 de Man, Hendrik: Die sozialistische Idee, S. 319.
51 Vgl. u. a. de Man, Hendrik: Antwort an Kautsky, Jena 1927.

gen, die in der Praxis bisher keine Bestätigung gefunden hatten. Das „Proletariat" war offenbar anderen Wegen gefolgt, als es Marx vorausgesehen hatte. Praktisch lief seine Kritik darauf hinaus, die Grundidee des Marxismus, die immanente Verwurzelung des Sozialismus im Klassenkampf, abzulehnen.[52] Lange zweifelte de Man, ob er seine Theorie als bloße Revision der Marxschen Lehren im Sinne einer „Erweiterung" auf psychologischer Grundlage darstellen sollte oder aber als „Überwindung" des Marxismus. Seine Kritik am Marxismus formulierte de Man mit klaren Worten:

„Ich glaube nach wie vor, dass der inzwischen noch dringlicher gewordenen Erneuerung der geistigen Antriebe der sozialistischen Bewegung kein schlimmeres Hindernis entgegensteht als die marxistische Parteikirche, mit ihrer Dogmatisierung der Marxschen Geschichtsphilosophie zum vulgärsten Erwerbsrationalismus, mit ihrer Vergröberung der Marxschen Gesellschaftsdialektik zur plattesten Milieutheorie, mit ihrer Verwässerung der Marxschen Klassenstrategie zum schwächlichsten Interessenopportunismus."[53]

Seine Werke „Zur Psychologie des Sozialismus" und „Die sozialistische Idee" waren eine Abrechnung mit der bürokratischen Verknöcherung der Sozialdemokratie, mit dem – wie er es nannte – Vulgärmarxismus. In seiner Argumentation stützte er sich auch auf Quellen von Oswald Sprengler (1880–1936) und Werner Sombart (1863–1941).

Um seine Spielart des Sozialismus tiefer in der Gesellschaft zu verankern, wirkte Hendrik de Man 1926 bei der Gründung des „Sozialdemokratischen Intellektuellen Bundes" mit. Sein Buch „Die Intellektuellen und der Sozialismus"[54] entstand aus der These, dass der Sozialismus eine wesentlich breitere Basis als die Industriearbeiterschaft benötige. Seine Kritik galt weniger den „wissenschaftlichen Lehren" des Marxismus, als vielmehr seinem praktischen Niederschlag in der Arbeiterbewegung. Er stellte Ideologie und Wirklichkeit einander gegenüber und kritisierte auf dieser Grundlage den Marxismus auch nach der marxistischen Methode. Er hatte lange daran gezweifelt, ob der Marxismus als Bewegung stets nur jene Ziele erreicht, die sich aus den von ihr angewandten Mitteln ergeben. Er scheute aber davor zurück, seine

---

52 Vgl. de Man, Hendrik: Gegen den Strom, S. 185 ff.
53 de Man, Hendrik: Die sozialistische Idee, S. 5.
54 Vgl. de Man, Hendrik: Die Intellektuellen und der Sozialismus, Jena 1926.

„Erweiterung" des Marxismus auf psychologischer Grundlage als „Überwindung" des Marxismus konsequent darzustellen. Es ging ihm, wie seiner Zeit Eduard Bernstein (1850–1932), nicht nur um eine Revision der marxistischen Theorie, sondern um eine Reform der Bewegung, die auf eine Wiederbelebung der „Urimpulse" hinauslief. Hendrik de Man übersah die Zielstellung des Marxismus, die auf eine Eroberung der politischen und wirtschaftlichen Macht und die Umgestaltung der Institutionen hinauslief. Seine Haltung gegenüber dem Marxismus bleibt ambivalent. Einerseits kritisierte de Man, dass der Marxismus die psychologischen Motive der Arbeiterbewegung nicht mehr erfassen würde und zu einer „toten Lehre" erstarrt sei. „Nicht auf den toten Marx, auf den lebendigen Sozialismus kommt es an."[55] Andererseits forderte er, dass an den Universitäten aller Länder der Marxismus ebenso gelehrt werden sollte wie etwa die klassisch liberale Nationalökonomie oder die positivistische Soziologie.[56] Es gab für Hendrik de Man drei Bezugspunkte, wo eine reformatorische sozialistische Bewegung mit einiger Aussicht auf Erfolg den Hebel ansetzen konnte: bei den Jungsozialisten, den religiösen Sozialisten und den Intellektuellen. In keiner dieser Richtungen gelang es jedoch, eine dauernde Bresche zu schlagen; zu stark wirkte auch die Abschreckung der russischen Revolution 1917 in ihrer totalitären Machtstruktur und die Zersplitterung der Sozialdemokratie.

Hendrik de Man wirft dem Marxismus eine „Vergötterung der Massen" und die unablässige „Beschwörung eines dumpfen Kollektivgeistes" vor. Seine Ausführungen wirken geradezu prophetisch, wenn sie auf den Stalinismus bezogen werden, der sich wenig später in der Sowjetunion herausbildete und der Marxismus vollends zur „Ersatzreligion" pervertierte. „Der Satz von der Diktatur als Übergangsstadion verkennt die Grundtatsache, dass es keine Diktatur gibt ohne Diktatoren, und dass, wer es zum Diktator gebracht hat, auch ungern die Diktatur aufgibt", schreibt de Man ahnungsvoll.

Seine Motivlehre, dass sich die sozialistische Gesinnung nicht aus dem Bewusstsein von Klasseninteressen, sondern aus dem psychologischen Konflikt zwischen historisch gewordenen Wertmaßstäben und sozialen Umweltverhältnissen ableitet, bildet das theoretische Fundament seiner Tätigkeit und der empirischen Untersuchungen

---

55 de Man, Hendrik: Zur Psychologie des Sozialismus, S. 5.
56 Vgl. de Man, Hendrik: Gegen den Strom, S. 191 f.

zur Arbeitsfreude an der Akademie der Arbeit in Frankfurt am Main. Dass de Man die Bedeutung der Ideen und der Intellektuellen als Träger dieser Ideen[57] überschätzte, sei an dieser Stelle nur erwähnt.[58]

In einem Aufsatz aus dem Jahre 1930 setzte sich Hendrik de Man erneut kritisch mit der „Verbürgerlichung der Arbeiterbewegung"[59] auseinander.

„Die Bedürfnisse und Wünsche, aus denen sie (die Arbeiterbewegung) entsteht, sind zweifellos zu einem erheblichen Teil bestimmt durch eben dieselbe Situation, gegen die sie sich erhebt. Soweit die sozialistische Arbeiterschaft ihre Klassennot empfindet als Mangel an den Werten, die ihrem Wesen nach zur Wertordnung der kapitalistischen Zivilisation gehören, ist ihre Bewegung eine bloße Zivilisationserscheinung. Es ist dafür ganz unerheblich, welche Forderungen gestellt werden, oder mit welch extremen Mitteln sie erfochten werden; entscheidend ist von diesem Gesichtspunkt einzig und allein das Motiv. Wenn Werte (gleichviel, ob es sich um wirtschaftliche Vorteile oder politische Machtstellungen handelt) verlangt werden auf Grund einer Übernahme der herrschenden Werthierarchie (etwa Besitzneid, Prestigestreben, Revanchegefühl, Machtkonservatismus) –, dann führt auch die Eroberung dieser Werte nicht über den Kreis der bestehenden Zivilisation hinaus, sondern in ihn hinein."[60]

Für de Man bedeutete Sozialismus (zumal in der Phase seiner persönlichen Entwicklung am Ende der Weimarer Republik in Deutschland) nicht eine andere Verteilung bestehender Werte – ein proletarischer „Kapitalismus mit umgekehrten Vorzeichen" –, sondern eine andere Ordnung, eine Umwälzung der Gesellschaft, eine „Umwertung der geltenden Werte".[61]

---

57 Vgl. de Man, Hendrik: Die Intellektuellen und der Sozialismus, Jena 1927; de Man, Hendrik: Massen und Führer, Potsdam 1932, S. 51.
58 Vgl. dazu Leuscher, Udo: Entfremdung – Neurose – Ideologie, Köln 1990, S. 126–134, der sich kritisch mit Hendrik de Mans „Psychologie des Sozialismus" auseinandersetzt.
59 de Man, Hendrik: Arbeiterbewegung und bürgerliche Kultur, in: Europäische Revue, VI. Jg., 2. Halbband, Berlin 1930, S. 553 ff. Wiederabdruck in: Hamburger Jahrbuch für Wirtschafts- und Gesellschaftspolitik, 16. Jg., Tübingen 1971, S. 343–355.
60 Ebenda, S. 351.
61 Ebenda, S. 352.

Hendrik de Man wurde natürlich in seinen Vorstellungen zum Sozialismus von der Sozialismus-Debatte[62] der zwanziger Jahre in Deutschland beeinflusst. Der Gedanke der allmählichen Umwandlung des kapitalistischen Systems als Weg der Sozialisierung wurde ebenso von wissenschaftlicher sozialistischer Seite – so besonders von Eduard Heimann[63] (1889–1967) – wie unter dem Leitwort der „Wirtschaftsdemokratie" in der zweiten Hälfte der zwanziger Jahre in Gewerkschaftskreisen (ADGB) entwickelt.[64]

Seine Schrift „Zur Psychologie des Sozialismus" fand eine besondere Wertschätzung bei den Jungsozialisten[65], zum Teil auch in der deutschen Presse und dem Philosophen Graf Hermann Keyserling (1880–1946). Keyserling[66] bezeichnete das Buch von Hendrik de Man als die wichtigste Arbeit über das soziale Problem seit dem „Kapital" von Karl Marx und für den Berliner „Vorwärts" war die Veröffentlichung ein Stoß gegen den schlagwortartigen Marxismus und ein Zeugnis von „lebendigem Sozialismus" und eine Mahnung an den erstarrten Marxismus.[67]

Hendrik de Mans scharfe Auseinandersetzung mit dem Marxismus und seine revisionistischen Positionen brachten ihn aber auch in eine Gegenposition zu Karl Kautsky (1854–1938), Rudolf Hilferding (1877–1941) und Eduard Bernstein (1850–1932).[68]

---

62 Zur Sozialismusdebatte in den zwanziger Jahren in Deutschland vgl. u. a. Landauer, Carl: Stichwort Sozialismus, in: Handwörterbuch der Sozialwissenschaften, 9. Band, Stuttgart/Tübingen/Göttingen 1956, S. 494–501 und vgl. Stavenhagen, Gerhard: Geschichte der Wirtschaftstheorie, 4. Aufl., 1969, S. 160 ff.
63 Vgl. Heimann, Eduard: Kapitalismus und Sozialismus, Potsdam 1931.
64 Zum Verlauf der Sozialisierungsdebatte in Deutschland in den zwanziger Jahren und den verschiedenen Sozialisierungskommissionen vgl. Ortlieb, Heinz-Dietrich; Stavenhagen, Gerhard: Stichwort Sozialisierung, in: Handwörterbuch der Sozialwissenschaften, 9. Band, Stuttgart/Tübingen/Göttingen 1956, S. 464–469.
65 Im politischen Rundbrief der Jungsozialisten 1927 heißt es: „Es ist das wichtigste sozialistische Buch, das im letzten Jahrzehnt in deutscher Sprache erschienen ist. Es ist das nicht genug zu rühmende Verdienst de Mans, dass er nicht nur den Willen der werdenden sozialistischen Generation zusammenfasste und ihm eine schlechthin vollendete Form gab, sondern darüber hinaus diesen Willen auch mit Hilfe der modernen Wissenschaft fundierte. Für den, der sich um die Verwirklichung des Sozialismus müht, ist es überhaupt unmöglich, an diesem Buch vorüberzugehen."
66 Keyserling, Hermann: „Bücherschau", in: Weg zur Vollendung vom 12. August 1926, S. 333–335.
67 Vgl. dazu Anlage 13: Pressemitteilungen über Schriften Hendrik de Mans.
68 Vgl. kritische Schriften von Deborin, Abram: Ein neuer Feldzug gegen den Marxismus, in: Unter dem Banner des Marxismus, 2. Jg., Heft 1/2 (März 1928),

Insbesondere der polemische und persönlich verletzende Artikel Karl Kautskys „De Man als Lehrer"[69] in der Zeitschrift „Die Gesellschaft" vom Januar 1927 veranlasste de Man zu einer Erwiderung. In seiner „Antwort an Kautsky"[70] formulierte Hendrik de Man 1927:

„Wenn also Kautsky mit der Kritik meines Buches (Zur Psychologie des Sozialismus) irgendetwas bewiesen hat, so ist es eben weniger die Überlegenheit irgendeiner Lehre über eine andere, als die Tatsache, dass es in der Entwicklung einer jeden Lehre ein Stadium des wortgläubigen Dogmatismus gibt, das den Tod des Geistes dieser Lehre bedeutet und besiegelt. [...] Der sozialistische Kampf um den Marxismus ist weniger ein Kampf um die Revision erstarrter Lehrmeinungen als ein Kampf um die Erneuerung eines abgestorbenen Willensimpulses von einem neuen geistigen Ausgangspunkt."

In Folge seiner Marxismuskritik und seiner Motiv- und Interessentheorie war es nur konsequent, dass sich de Man dem Kreis der „religiösen Sozialisten"[71] in Deutschland anschloss. Gustav Rad-

---

S. 44–67; Kautsky, Karl: De Man als Lehrer. Eine Nachlese, in: Die Gesellschaft, 4. Jg., Heft 1, 1927, S. 62–67; Lazarsfeld, Paul: Die Psychologie in Hendrik de Mans Marxkritik, in: Der Kampf, 20. Jg., Nr. 6, 1927, S. 270–274; Lepinski, Franz: De Man überwindet den Marxismus, in: Jungsozialistische Blätter, 5. Jg., Heft 10, 1920, S. 310–313; Radbruch, Gustav: Überwindung des Marxismus? Betrachtung zu Hendrik de Man, in: Die Gesellschaft, 3. Jg., Heft 10, 1926, S. 368–375; Vandervelde, Émile: Jenseits des Marxismus, in: Die Gesellschaft, 5.Jg., 1928, Heft 3, S. 222–230; Theodor Heuß bezeichnete Hendrik de Mans Werk „Zur Psychologie des Sozialismus" als die wohl ernsthafteste Analyse des marxistischen Denkens und seiner Wirkungen, die bisher von sozialistischer Seite versucht wurde. Heuß, Theodor: Zur Psychologie des Sozialismus, in: Berliner Börsen-Courier vom 23. Mai 1926.
69 Kautsky, Karl: De Man als Lehrer. Eine Nachlese, in: Die Gesellschaft, 4. Jg., Heft 1, 1927, S. 62–67.
70 de Man, Hendrik: Antwort an Kautsky, Jena 1927, S. 24.
71 Zum „religiösen Sozialismus" vgl. Tillich, Paul: Stichwort Sozialismus/religiöser Sozialismus, in: Handwörterbuch der Sozialwissenschaft, 9. Bd., Stuttgart/Tübingen/Göttingen 1956, S. 507–508.

bruch (1878–1949)[72], Paul Tillich (1886–1965)[73], Martin Buber (1878–1965)[74], Carl Mennicke (1887–1959), Günther Dehn (1882–1970) und Eduard Heimann (1889–1967) gehörten dieser Bewegung in den zwanziger Jahren in Deutschland an. Anlässlich einer Tagung der religiösen Sozialisten 1928 in Heppenheim[75] referierte neben Henriette Roland-Holst (1869–1952), Paul Tillich und Eduard Heimann auch Hendrik de Man über die Grenzen des Marxismus und seine theoretischen Grundlagen sowie über den Sozialismus aus dem Glauben.[76] Ein neues Journal, „Neue Blätter für den Sozialismus", wurde zum einflussreichen theoretischen Instrument der religiösen Sozialisten. Hendrik de Man veröffentlichte hier einige Artikel und Buchbesprechungen.[77] Der religiöse Sozialismus war wohl auch für Hendrik de Man ein Anstoß zu einer geistigen Erneuerung des Sozialismus. In dem Sinne erschien es ihm grundsätzlich möglich, die religiösen Sozialisten gleich welcher Konfession, ohne Unterschied der einzelnen weltanschaulichen Begründungen, auf ein Aktionsprogramm zu einigen, das der Wiederbelebung der ethischen Motive in der sozialistischen Bewegung dienen könne.

---

72 Zweifelsohne waren Gustav Radbruchs Überlegungen zum „neuen Sozialismus" weniger marxistischen Interpretationen kritischer Oppositioneller in der SPD, USPD oder KPD verpflichtet. Vielmehr knüpfte er an die Thesen des religiösen Sozialisten an, die sich nach 1919 im „Kairos-Kreis" um Carl Mennicke, Paul Tillich und Adolf Grimme formierten und mit dem „Hofgeismar-Kreis" der SPD um Hermann Heller, August Rathmann, Fritz Klatt oder Eduard Heimann kooperierten. In der von Mennicke, Radbruch, Rathmann und Fritz Borinski mit herausgegebenen Zeitschrift „Blätter für den Sozialismus" (ab 1930 „Neue Blätter für den Sozialismus") besaßen sie ab 1920 ein einflussreiches theoretisches Organ.
73 Paul Tillich, der 1933 in die USA emigrierte, plädierte für das Miteinander und Zueinander von rational-technischer Weltgestaltung und religiöser Einsicht in die Situation des Menschen und die Erwartung eines neuen Seins.
74 Martin Buber war von 1924 bis 1933 Lehrbeauftragter und Honorarprofessor für Jüdische Religionslehre und Ethik in Frankfurt am Main. Aus der nationalsozialistischen Reichsschrifttumskammer wurde er 1935 ausgeschlossen. 1938 konnte er aus dem nationalsozialistischen Deutschland nach Jerusalem entkommen.
75 Vgl. Protokolle der sozialistischen Tagung in Heppenheim 1928, „Sozialismus aus dem Glauben", Zürich/Leipzig 1929.
76 de Man, Hendrik: „Die Begründung des Sozialismus", Referat und Schlusswort, Sozialismus aus dem Glauben: Verhandlungen der sozialistischen Tagung in Heppenheim, Zürich/Leipzig 1929.
77 Vgl. u. a. de Man, Hendrik: „Verbürgerlichung des Proletariats?", in: Neue Blätter für den Sozialismus, 1. Jg., Heft 3, 1930, S. 106–118; de Man, Hendrik: „Der Sozialismus und die geistige Lage der Gegenwart", in: Neue Blätter für den Sozialismus, 3. Jg., Heft 1, 1932, S. 16–17.

In den nächsten Jahren begann de Man sich mit der religiösen Fundierung des Sozialismus kritisch auseinanderzusetzen; er folgte aber zunächst dem Ruf an die Akademie der Arbeit in Frankfurt am Main.

4.1 Hendrik de Mans Tätigkeit an der Akademie der Arbeit der Universität Frankfurt am Main 1924-1933

Hendrik de Man war ab 1924 an der Akademie der Arbeit der Universität Frankfurt am Main als nebenamtlicher Dozent für Arbeitswissenschaft und Sozialpolitik tätig. Auf der Grundlage einer empirischen Untersuchung zur Arbeitsfreude, die im nachfolgenden Kapitel näher behandelt werden soll, veröffentlichte er 1927 sein bahnbrechendes Werk „Der Kampf um die Arbeitsfreude".[78]

1929 erhielt Hendrik de Man einen Lehrauftrag für Soziologie mit besonderer Hervorhebung der Sozialpsychologie und Sozialpädagogik an der Universität Frankfurt am Main, der der erste Lehrstuhl seiner Art auf dem europäischen Kontinent war. Seine Berufung als Dozent an die Akademie der Arbeit geht auf eine Initiative zurück, die noch kurz vor seinem Tode sein alter Freund und Leipziger Redaktionskollege Konrad Haenisch ergriff. Er war damals nicht mehr Preußischer Kultusminister, sondern Regierungspräsident von Wiesbaden.[79]

Seine Vorlesungen an der Frankfurter Universität hatten vor allem praktische Themen wie die „Psychologie der Arbeitslosen" und die „sozialpsychologischen Auswirkungen des Betriebsrätewesens" zum Gegenstand, weniger abstrakte Probleme der Begriffsbestimmung und der methodologischen Systematik. Angesichts der Wirtschaftskrise Ende der zwanziger Jahre kam ihm der ganze akademische Betrieb, wenigstens was die in Frankfurt besonders gepflegten Geisteswissenschaften betrifft, manchmal wie ein großer Leerlauf vor. Die Frankfurter Universität hatte für

---

78 de Man, Hendrik: Der Kampf um die Arbeitsfreude, Jena 1927.
79 Vgl. de Man, Hendrik: Gegen den Strom, S. 196.

Hendrik de Man etwas Gespenstisches und Unheilverkündendes an sich, das er mit den Worten beschrieb:

„Es entstand (an der Frankfurter Universität) ein gefährlicher Widerspruch zwischen der dünnen Luft, die man in den Hörsälen und in den schöngeistigen Salons einatmete und der unheilschwangeren Atmosphäre, die draußen herrschte. Das war für mich umso mehr ein Grund, meine Studenten, so oft es ging, gewissermaßen aus dem akademischen Treibhaus hinaus auf die Straße, in die Betriebe und in die Wartehallen der Arbeitsämter zu schicken."[80]

Seine sozialpsychologischen Untersuchungen an Ort und Stelle fanden eine interessante Ergänzung in einer Reihe von Interviews und Streitgesprächen vor dem Mikrofon des Frankfurter Rundfunks[81] und der Deutschen Welle.[82]

Am 31. Mai 1933 schrieb Hendrik de Man an die Frankfurter Dekanatskanzlei der Universität vor dem Hintergrund der Ereignisse in Deutschland:

„Ich gedenke vom Recht, Vorlesungen und Übungen abzuhalten, kein Gebrauch zu machen, solange in Deutschland Verhältnisse vorliegen, die eine ungehinderte Ausübung der Lehrfreiheit unmöglich machen."

Daraufhin bekam er vom Preußischen Minister für Wissenschaft, Kunst und Volksbildung folgende lakonische Mitteilung:

„Ich entziehe Ihnen hiermit den Ihnen an der Universität Frankfurt am Main erteilten Lehrauftrag.

Berlin, den 01. September 1933."

Das war seine zweite Entlassung als Universitätsdozent.

Nach einer Auseinandersetzung mit dem Diederichs Verlag über das Vorwort zu seiner Veröffentlichung „Die sozialistische Idee", die 1933 erschien, hielt de Man kompromisslos an seinen Formulierungen zum Sozialismus fest. „Die sozialistische Idee" und andere Werke Hendrik de Mans wurden in einem „feierlichen Umzug" von Dozenten und Studenten der Frankfurter Universität zum Römerberg gebracht und dort öffentlich verbrannt. In seiner Schrift „Massen und Führer", die ebenfalls von

---

80 Ebenda, S. 198.
81 Vgl. Dokumente in der Anlage 11 und vgl. Anlage 12: Arbeitsfreude und Arbeitsunlust des Industriearbeiters, Vortrag 1929 und Anlage 8: Tötet die Maschine die Arbeitsfreude? Westdeutscher Rundfunk 1929.
82 Vgl. Dokument in den Anlagen 9 und 10.

den Nazis verfemt wurde und auf den Scheiterhaufen landete, prophezeite de Man schon 1932:

„In der politischen Praxis haben sowohl der Bolschevismus wie der Faschismus Methoden eingeführt, die neben dem offen bekannten Grundsatz ‚Alle Politik ist heute Massenpolitik' auf der mehr oder weniger klar ausgesprochenen Voraussetzung beruhen, dass diese Massen dem Willen von führenden Eliten unterworfen werden müssen – im einen Fall von einer zunächst aus der Intelligenz rekrutierten ‚revolutionären Vorhut' der Weltrevolution, im anderen Fall von einer auf nationale Größe hinarbeitenden Diktatur. Die philosophischen Begründungen, die Methoden, die Wertakzente sind freilich in vielem verschieden; aber in der Praxis bringt die berufsmäßige Führerstellung in Staaten ohne Demokratie eine gewohnheitsmäßige Haltung mit sich, die die Masse durchaus auf die Stufe eines Objektes herabdrückt. Daher auch die bolschevistische und faschistische Abneigung gegen die demokratische Oppositionsfreiheit und die Entwertung des Persönlichkeitselementes in der Masse, im Gegensatz zu der Anerkennung dieses Elements bei der Führung."[83]

In dem Zusammenhang warnte Hendrik de Man vor der kommenden Aristokratie und der „Führerauslese". Die größten „Führergestalten" des modernen Sozialismus seien Intellektuelle gewesen, und zwar nicht nur Theoretiker wie Marx, sondern auch die wirklichen „Massenführer" der politischen Praxis. So haben die deutschen sozialistischen Arbeiter ihren Führer, den ehemaligen Arbeiter August Bebel, die Österreicher ihren Victor Adler, die Russen ihren Lenin und die deutschen Nationalsozialisten ihren Hitler bewundert.

In diesem „Führer-Massen-Verhältnis" sah Hendrik de Man eine entscheidende Ursache für die Verbürokratisierung der Demokratie, der Krise des Parlamentarismus und den Aufstieg des deutschen Nationalsozialismus ab 1933.[84]

---

83 de Man, Hendrik: Massen und Führer, Potsdam 1932, S. 23. Diese Veröffentlichung beruhte auf einem Referat, das Hendrik de Man beim Kulturbund in Wien zum Thema „Geist und Macht" bereits 1931 gehalten hatte.
84 Ebenda, S. 5 ff.

4.2 Empirische Untersuchungen Hendrik de Mans zur Arbeitsfreude

Aufbauend auf den Erhebungen des Vereins für Sozialpolitik[85] und Gustav von Schmollers Werk „Grundriss der allgemeinen Volkswirtschaftslehre"[86] untersuchte Hendrik de Man das Phänomen der Arbeitsfreude durch empirische Untersuchungen an der Akademie der Arbeit in Frankfurt am Main 1925/1926.

Anknüpfend an die englische Tradition[87], wurde in Deutschland eine der ersten Erhebungen nach Art der Enqueten vom Landes-

---

[85] Auf eine Erforschung betriebssoziologischer Probleme war die Enquete des Vereins für Socialpolitik über „Auslese und Anpassung (Berufswahl und Berufsschicksal) der Arbeiterschaft in verschiedenen Zweigen der Großindustrie" ab 1908 angelegt. Vgl. Schriftenreihe des Vereins für Socialpolitik, Bde. 133–135, 1911–1915; Weber, Max: Methodologische Einleitung für die Erhebung des Vereins für Socialpolitik über Auslese und Anpassung (Berufswahl und Berufsschicksal), in: Gesammelte Aufsätze zur Soziologie und Sozialpolitik, hrsg. von Mariane Weber, Heidelberg 1924, S. 1–60. Die Durchführung der Enquete wurde einem Komitee anvertraut, dem Alfred Weber (1868–1958), Heinrich Herkner (1863–1932) und Gustav von Schmoller (1838–1917) angehörten. Die Schwierigkeiten, die im Verlaufe der Erhebung auftraten, waren jedoch so groß, dass am Ende nur die Studie von Marie Bernays über einen Großbetrieb der Textilindustrie den ursprünglichen Untersuchungszielen einigermaßen entsprach. Von der Gegenwart her gesehen hat allerdings, wenn man einige Einzelergebnisse und -einsichten ausnimmt, nur noch die methodologische Einleitung Max Webers Bedeutung. Vgl. Bernays, Marie: Das Berufsschicksal des modernen Industriearbeiters, in: Archiv für Sozialwissenschaft und Sozialpolitik, Bd. XXXVI, 1912, S. 884–900; vgl. auch Schriftenreihe des Vereins für Socialpolitik, Auslese und Anpassung der Arbeiterschaft der geschlossenen Großindustrie, Bd. 133, Leipzig 1911.
[86] von Schmoller, Gustav: Grundriss der allgemeinen Volkswirtschaftslehre, 2 Bde. Leipzig 1900/1904, Faksimileausgabe, Düsseldorf 1989.
[87] Gemeint sind hier die Materialien der sozialpolitischen Enqueten des britischen Parlaments. Die seit den dreißiger Jahren des 19. Jahrhunderts existierenden Enqueten lieferten Informationen für die Gesetzgebung. Sie befassten sich u. a. mit der Fabrikarbeit, den Gesundheitsverhältnissen und der Kinderarbeit. Die Verhältnisse sollten objektiv, ohne Rücksicht auf Interessen, aufgedeckt werden. Auch für Transparenz gegenüber der Öffentlichkeit bezüglich der Verfahren und Bericht wurde gesorgt. Man bediente sich dabei verschiedener Techniken: Es wurden Zeugen befragt und ins „Kreuzverhör" genommen, schriftliche Berichte von Experten angefordert und größer angelegte Befragungen durchgeführt. Vgl. dazu Zeisel, Hans: Zur Geschichte der Soziographie, in: Jahoda, Marie; Larzarsfeld, Paul F.; Zeisel, Hans: Die Arbeitslosen von Marienthal, 2. Aufl., Allensbach 1960, S. 101–138 und vgl. dazu auch Diekmann, Andreas: Empirische Sozialforschung. Grundlagen, Methoden, Anwendung, Reinbek b. Hamburg 2006, S. 90ff.

ökonomiekollegium Preußens 1848 zur ländlichen Arbeiterfrage durchgeführt.[88] Nach Gründung des Vereins für Socialpolitik 1873 folgen Gutachten und Enqueten über die Fabrikgesetzgebung, das Lehrlingswesen, die Wohnungsnot, Hausindustrie und Heimarbeit, die Verhältnisse der Landarbeiter, um nur einige zu nennen. In Bezug auf Genauigkeit und Objektivität wurde das britische Vorbild allerdings nicht erreicht.[89] Hier muss man freilich auch bedenken, dass zumindest in der Anfangsphase dieser Forschungen staatliche Restriktionen und Pressezensur in Preußen eine kritische Diskussion und Öffentlichkeit nicht zuließen.[90] Methodisch gesehen handelte es sich bei den Studien des Vereins für Socialpolitik meist um Beschreibungen unter Verwendung einfacher statistischer Methoden.

Die „Historische Schule" der Nationalökonomie, deren Vertreter den Verein für Socialpolitik im Wesentlichen getragen haben, war weniger an der Aufdeckung von gesetzlichen Zusammenhängen interessiert, sondern die entscheidende Leistung dieser Untersuchungen lag, ganz wie die Bedeutung der eigentlichen Arbeiten der historischen Schule, in der Materialbeschaffung über Teilgebiete der Gesellschaft.[91] Der Gegensatz zwischen beschreibenden, „idiografischen" und auf Gesetz- und Regelmäßigkeiten gerichteten, „nomothetischen" Erkenntniszielen wurde später – neben dem Werturteilsstreit – zum zentralen Streitpunkt in der Grundlagendiskussion des Vereins für Socialpolitik.

Eine der bedeutenderen Studien des Vereins für Socialpolitik ist die von Max Weber, Alfred Weber und Heinrich Herkner geleitete Untersuchung über „Auslese und Anpassung (Berufswahl und Berufsschicksal) der Arbeiter in den verschiedenen Zweigen der Großindustrie". Die Erhebungen wurden im Jahre 1908 begonnen, also schon in einer späteren Phase der „Vereinsaktivitäten". Ausgangspunkt war die spezifische Fragestellung nach dem Einfluss der Großindustrie auf die Persönlichkeit und den Le-

---

88 Vgl. Zeisel, Hans: Zur Geschichte der Soziographie, in: Jahoda, Marie; Larzarsfeld, Paul F.; Zeisel, Hans: Die Arbeitslosen von Marienthal, 2. Aufl., Allensbach 1960, S. 101-138.
89 Kern, Horst: Empirische Sozialforschung. Ursprünge, Ansätze, Entwicklungslinien, München 1982, S. 89.
90 Vgl. Diekmann, Andreas: Empirische Sozialforschung. Grundlagen, Methoden, Anwendung, Reinbek b. Hamburg 2006, S. 91.
91 Vgl. Zeisel, Hans: Zur Geschichte der Soziographie, in: Jahoda, Marie; Larzarsfeld, Paul F.; Zeisel, Hans: Die Arbeitslosen von Marienthal, 2. Aufl., Allensbach 1960, S. 121.

bensstil der Arbeiter. Erfasst werden sollten, u.a. auf dem Wege der Befragung in Betrieben, nicht nur „objektive" Merkmale wie Lohn und Arbeitsleistung, sondern auch subjektiv-psychologische Aspekte. Dazu zählten Lebensziele und Zukunftsvorstellungen, die subjektive Bewertung der Arbeit, Arbeitsmotivation u.a.m. Das reichhaltige empirische Material füllte mehrere Bände. Die Zielsetzung der Studie hob sich, insbesondere im Hinblick auf die subjektive Seite des „Berufsschicksals", von den älteren Enqueten des Vereins für Socialpolitik durch neue Fragestellungen ab. Die Ansprüche selbst wurden aber nicht eingelöst. Dies lag zum einen daran, dass die Erhebungen auf mancherlei Schwierigkeiten stießen. So waren die Belegschaften der Betriebe und die Gewerkschaften der Befragung gegenüber skeptisch eingestellt. Äußerst gering waren die Rücklaufquoten der schriftlichen Befragung (meist unter 10%) – mit Ausnahme der Erhebung, die mit großem Einfallsreichtum von der Projektmitarbeiterin Marie Bernays organisiert wurde.[92] Zum anderen wurden die subjektiven Einstellungen nur unzureichend erfasst und die Auswertungen des Materials nicht mehr systematisch auf die Ausgangsfragen zurückbezogen.[93] Es zeigten sich zusätzlich erhebliche Mängel bei der empirischen Umsetzung und Datenauswertung.

Die erwähnten Beispiele sind nur eine kleine Auswahl der regen Forschungsaktivitäten von Statistikern, Soziologen und Nationalökonomen in der Phase der sich entwickelnden empirischen Sozialforschung Anfang des 20. Jahrhunderts. Die mangelhafte Erfassung der subjektiven Merkmale in der „Berufsschicksalsstudie" hatte seinen Grund auch darin, dass der Forschungsgruppe des Vereins für Socialpolitik die Techniken der Messung und Skalierung subjektiv-psychologischer Einstellungen noch unbekannt waren. Mit diesen Techniken wurde der „Werkzeugkasten" der Sozialforschung relativ spät in Deutschland ergänzt.[94]

---

92 Kern, Horst: Empirische Sozialforschung. Ursprünge, Ansätze, Entwicklungslinien, München 1982, S. 97. Marie Bernays begann vor der Befragung in ihrem Untersuchungsbetrieb mit einer teilnehmenden Beobachtung.
93 Vgl. Diekmann, Andreas: Empirische Sozialforschung. Grundlagen, Methoden, Anwendung, Reinbek b. Hamburg 2006, S. 92.
94 Großen Anteil an der Rezeption und Verbreitung der modernen Methoden der Sozialforschung im Nachkriegsdeutschland hatte die „Kölner Schule" unter dem Einfluss von René König, der aus dem Schweizer Exil zurückgekehrt war und die Nachfolge von Leopold von Wieses an der Universität Köln angetreten hatte. Eine Kompilation der Summe des methodischen Wissens findet sich in dem

Hendrik de Mans Vorstellungen zur Betriebssoziologie kommen in einem seiner Hauptwerke, dem „Der Kampf um die Arbeitsfreude"[95], zum Ausdruck. Diese betriebssoziologische Untersuchung stützte sich auf Aussagen von Industriearbeitern und Angestellten, die Studenten an der Akademie der Arbeit waren.

Hendrik de Man hat die Aussagen von Industriearbeitern und Angestellten unterschiedlichster Sozialmerkmale (Branchen, Religion, Ausbildung, Tätigkeit) in biografischen Kurzdarstellungen zusammengestellt und versucht in „verstehender" Analyse die Faktoren der subjektiven Reaktion der Arbeiter und Angestellten auf ihre objektiven Arbeitsbedingungen herauszuarbeiten. Auch wer de Mans soziologische Annahmen über den „Drang zur Arbeitsfreude" kritisch beurteilt, findet in seiner Analyse eine Menge soziologisch interessanter Aussagen, insbesondere zum Zusammenhang von Technik, industrieller Arbeitsorganisation und der Einstellung von Arbeitern, Meistern und Angestellten zur Arbeit.

Hendrik de Mans empirische Untersuchungen „Der Kampf um die Arbeitsfreude"[96] wurden zu einer fesselnden Pionierarbeit. Die Gedanken von de Man wurden später von Elton Mayo[97] und anderen wieder aufgegriffen. Hinsichtlich des theoretischen Fundamentes hat man dagegen kritisch von einem „Waschzettel von Motiven und Trieben" gesprochen. Sicherlich ist diese Motiv- und Trieblehre, bei der oft nicht klar wird, was zur „Motiv- und Triebnatur des Menschen an sich" gehört und wo die Einflüsse der Geschichte und der Kulturumwelt einsetzen, eine Schwachstelle der Analyse de Mans. Die moderne Kulturanthropologie lässt diese Trennung gar nicht erst aufkommen, sondern stellt den Menschen von vornherein in einen Kulturrahmen hinein, um von dorther sein Verhalten zu deuten. Unabhängig von dieser Kritik hat Hendrik de Mans Lebendigkeit der Darstellung zur Arbeitsfreude im Rahmen der betrieblichen Organisation Weichen für

---

von René König herausgegebenen Handbuch der empirischen Sozialforschung. Vgl. König, René (Hrsg.): Handbuch der empirischen Sozialforschung, Bde I und II, Stuttgart 1967.
95 Vgl. de Man, Hendrik: Der Kampf um die Arbeitsfreude, Jena 1927.
96 Vgl. ebenda, Jena 1927.
97 Vgl. Mayo, Elton: The Human Problems of an Industrial Civilisation, New York 1960 (zuerst 1933); ders., The Social Problems of an Industrial Civilisation, 1946 (deutsch: Probleme industrieller Arbeitsbedingungen, Frankfurt/a.M. 1950).

spätere industrie- und betriebssoziologische Untersuchungen gestellt und viel zur Aufdeckung kultureller Werte in der Arbeiterbewegung beigetragen.[98]

Im Rahmen seiner Lehr- und Forschungstätigkeit führte de Man unter anderem im Auftrag der Betriebsleitung der Rheinmetall-Werke in Düsseldorf empirische Untersuchungen durch, deren Ziel darin bestand, „herauszufinden, welche Ursachen der Arbeitsunlust vorlagen und Vorschläge zu ihrer Überwindung zu machen."[99].

Als persönliches Motiv dieser Untersuchung gab de Man folgende Begründung an: „Mein Interesse an dem Problem der industriellen Arbeitsunlust entspringt dem [...] Wunsche, Wege zu finden, die die arbeitende Menschheit von der Verdammnis der sinn- und lustlosen Fron befreien können."[100] Zielstellung seiner Studien war: „Es geht nicht darum, neue Arbeitsfreuden zu erfinden; es genügt, die alte Arbeitsfreude aus ihren jetzigen Fesseln zu befreien."[101]

Im Werk „Kampf um die Arbeitsfreude" werden ideengeschichtliche Parallelen zur Marxschen Entfremdungstheorie[102] und Ernst Jüngers (1895–1998)[103] Untersuchungen zur Welt des Arbeiters erkennbar, die de Man inhaltlich aufgreift, weiterführt und empirisch belegt.

Die Akademie der Arbeit an der Universität Frankfurt/a.M. wurde am 02. Mai 1921 eröffnet. Hendrik de Man war an der Akademie der Arbeit als Dozent für Gesellschaftslehre, Arbeitswissenschaft und Sozialpolitik von 1924 bis 1932 tätig. Aus der Gründungsgeschichte der Akademie wie auch in Bezug auf die Mitgliederzahlen der gewerkschaftlichen Organisationen scheint es verständlich, dass die im Allgemeinen Deutschen Gewerkschaftsbund

---

98 Vgl. van Peski, Adriaan Mari; de Man, Hendrik, in: Hamburger Jahrbuch für Wirtschafts- und Gesellschaftspolitik, 8. Jg., Tübingen 1963, S. 183–204.
99 de Man, Hendrik: Gegen den Strom, S. 199.
100 de Man, Hendrik: Der Kampf um die Arbeitsfreude, S. 288.
101 Ebenda, S. 181.
102 Vgl. Marx, Karl: Das Kapital, 1. Bd., Berlin 1959 und Marx, Karl: Ökonomisch-philosophische Manuskripte, Hamburg 1966.
103 Jünger, Ernst: Der Arbeiter. Herrschaft und Gestalt, Hamburg 1932. Gleichwohl ist „Der Arbeiter" von Ernst Jünger kein Dokument wissenschaftlichen Beharrungsvermögens gemessen an den soziologischen oder ökonomischen Zeugnissen der Epoche von Max Weber über Werner Sombart (1863–1941) bis zu Ferdinand Tönnies (1855–1936) und Karl Mannheim (1893–1947) – ihm fehlt sowohl die empirische Grundlage als auch die Logik der Forschung.

zusammengeschlossenen Verbände stets das Hauptkontingent der Hörer stellten. Unter ihnen entstammte die größte Zahl aus dem Metallarbeiterverband, in keinem Lehrgang fehlten auch Verbandsangehörige des Baugewerksbundes, der Bergarbeiter, der Buchdrucker, der Gemeinde- und Staatsarbeiter, der Textilarbeiter und der Transportarbeiter bzw. des Verkehrsbundes.[104] Alle anderen an der Gründung der Akademie beteiligten Gewerkschaften und Verbände entsandten etwa ein Drittel der Gesamtzahl der Hörer bis zur Aufhebung der Akademie im Jahre 1933.[105]

Man möchte fast glauben, in einem Gelehrtenkalender hervorragendster Fachvertreter ihrer wissenschaftlichen Disziplinen im damaligen Deutschland zu blättern, wenn eindrucksvoll berühmte Namen unter den nebenamtlichen und Gastdozenten in den Vorlesungsverzeichnissen der Akademie der Arbeit bis zum gewaltsamen Ende ihrer ersten Wirkungsperiode am 31. März 1933 erscheinen. Von den Gelehrten, die über längere Zeit an der Akademie unterrichteten, mögen hier, auch stellvertretend für eine Anzahl von Wissenschaftlern gleichen Gelehrtenranges, die nur kurz oder vorübergehend als Gastdozenten tätig wurden, genannt sein: Aus den Wirtschaftswissenschaften Wilhelm Gerloff (1876–1955), Enno Heidebroek (1976–1955), Wilhelm Kalveram (1882–1951), Franz Oppenheimer (1852–1929) und Arthur Salz (1881–1963); aus den Rechtswissenschaften Ernst Fraenkel (1898–1975), Friedrich Giese, Joseph Heimberger (1865–1927), Friedrich Klausing 1887–1944) und Hugo Sinzheimer (1875–1945); aus dem sozialwissenschaftlichen Bereich Theodor Brauer (1880–1942), Hendrik de Man und Carl Mennicke (1887–1959).[106]

Die Befragungen, die Hendrik de Mans Hauptwerk „Der Kampf um die Arbeitsfreude" zugrunde liegen, nahm Hendrik de Man bei den Hörern und Hörerinnen der Akademie der Arbeit in Frankfurt/a. M. in den Jahrgängen 1924/25 und 1925/26 vor.

Die empirische Untersuchung war die Hauptaufgabe der Arbeitsgemeinschaft, die sich an seine Vorlesungen über „Psycho-

---

104 Vgl. Anlage Nr. 3: Teilnehmerverzeichnis einer Vorlesung Hendrik de Mans an der Akademie der Arbeit in Frankfurt/a. M.
105 Vgl. Antrick, Otto: Die Akademie der Arbeit in der Universität Frankfurt/a.M., Idee-Werden-Gestalt, Darmstadt 1966, Zur Wiedereröffnung der Akademie der Arbeit nach dem 2. Weltkrieg 1946.
106 Vgl. dazu in Anlage 1: Satzung der Akademie der Arbeit in Frankfurt/a. M. und Anlage 2: Lehrplan des zehnten Lehrganges 1930/31.

logie des Industriearbeiters" knüpfte. Die Frage nach den Motiven bei der Arbeit schien ihm besonders geeignet, um bei seinen Hörern die Betriebseinstellung auf das unmittelbar Erlebte zu fördern. Dabei hoffte Hendrik de Man neues Material zu gewinnen. Insbesondere lag ihm daran, die Anschauungen, die er dazu schon 1923 und 1924 in seinem Buch „Zur Psychologie des Sozialismus"[107] aufgrund seiner größtenteils in Belgien, England und den USA gesammelten Erfahrungen niedergeschrieben hatte, an der deutschen Arbeiterschaft und den Angestellten zu prüfen.

Hendrik de Man standen insgesamt 78 Berichte zur Verfügung. Die schriftlichen Berichte gehen auf folgenden Fragebogen zurück:[108]

1. Beruflicher Werdegang: Schulbildung, gewerblicher Unterricht, Lehre, Wanderjahre usw., wichtige Wechsel der Arbeitsstätte und der Beschäftigungsart.
2. Genaue Beschreibung der eigenen Arbeitstätigkeit an der letzten Arbeitsstätte und (im Falle wichtiger Abweichungen) an den vorigen, mit allen Einzelheiten in Bezug auf den Grad der erforderlichen Qualifizierung, der Gelegenheit zur Ausübung von Initiative, der Abwechslung von Arbeits-, Pause- und Bereitschaftszeiten, des Lohnsystems, der Betriebshygiene, des Durchschnittsverdienstes, der Urlaubsgelegenheiten, der Betriebshierarchie, der Kameradschaft und aller anderen Zustände, die auf das seelische Wohlbefinden im Betrieb einen Einfluss haben.
3. Von welchen Gefühlen sind Sie beherrscht? (Falls in verschiedenen Stellungen verschiedene Erfahrungen gemacht, jedes Mal Umstände angeben) gegenüber:
   – den von Ihnen benutzten sachlichen Arbeitsmitteln (Werkzeug, Maschinen, Betriebsausstattung)
   – den Arbeitskollegen im Betrieb
   – den Vorgesetzten im Betrieb
   – ihrer Arbeitstätigkeit überhaupt
   – ihren gewohnten Tätigkeiten außerhalb des Betriebes.

---

107 Vgl. de Man, Hendrik: Zur Psychologie des Sozialismus, Jena 1926.
108 Vgl. den Fragebogen bei de Man, Hendrik: Der Kampf um die Arbeitsfreude, Jena 1927, S. 4 und vgl. Anlage 4: Originalfragebogen Hendrik de Mans zur empirischen Untersuchung an der Akademie der Arbeit in Frankfurt/a.Main; vgl. auch Anlage 5: Briefe an Hendrik de Man bezüglich der Beantwortung des Fragebogens.

Zu Punkt 3 gehören insbesondere die Fragen Arbeitsfreude oder Arbeitsunlust, zeitliche Verschiedenheiten in Arbeitsneigung und Arbeitsleistung, Art und Grad der physischen und geistigen Ermüdung, Empfindung von Eintönigkeit oder Langeweile, Befriedigung über eigene Arbeitsleistungen, bei der Arbeit übliche Gedanken und Gefühle.

Außerdem können folgende Fragen beantwortet werden:

1. Besteht nach Ihrer eigenen Erfahrung ein Zusammenhang zwischen Arbeitsfreude und
   – der Einrichtung der Betriebsräte,
   – der Tätigkeit der gewerkschaftlichen Organisation,
   – der allgemeinen sozialen Einstellung des einzelnen Arbeiters?
2. Halten Sie in Ihrem Beruf einen höheren Grad an Arbeitsfreude für möglich und wenn ja, aufgrund welcher Veränderungen?
   – der Arbeitstechnik (nach den jetzt vorhandenen Möglichkeiten)
   – der Arbeitsorganisation im Betrieb
   – der gesellschaftlichen Organisation überhaupt

Dieser Fragebogen sollte keine Anweisung geben für die Beantwortung der Fragen, sondern nur die Blickrichtung kennzeichnen auf die wichtigsten Probleme der industrie- und betriebssoziologischen Untersuchung. Die gelieferten Berichte sind in der Anordnung des Stoffes sehr verschieden ausgefallen. Bei aller Kritik an der Repräsentativität dieser betriebssoziologischen Untersuchung war allerdings die erstaunliche Fähigkeit, Erlebnisse, die zum Teil recht subjektiver Art sind, deutlich und lebendig zu schildern. Ihre Begrenzung der Repräsentativität ist darin zu sehen, dass die Akademiehörerschaft eine Auslese darstellte, die aus den delegierenden Gewerkschaftsverbänden resultierte. Die meisten Probanden waren zwischen 20 und 30 Jahre alt, brachten aber in der Regel eine recht erhebliche Erfahrung aus dem Arbeitsleben mit. Es drängt sich natürlich die Frage auf, inwieweit die Hörerschaft der „Akademie der Arbeit" in Frankfurt für die Arbeiterschaft überhaupt repräsentativ war. Von den Fehlerquellen allgemeiner Art verdienen zwei hervorgehoben zu werden: die ungleiche Vertretung der Berufe und die höhere Intelligenzstufe der Berichterstatter. Unter der Hörerschaft der „Akademie der Arbeit" sind die verschiedenen Berufe nicht in demselben Verhältnis vertreten wie in der allgemeinen Berufsstatistik. Die gelernten Berufe überwiegen stark. So fiel selbst Hendrik de Man auf, dass die Metallindustrie und das Buchdruckgewerbe im Vergleich etwa zum Bergbau und der Textilindustrie viel zu stark vertreten waren. Von den 78 Berichten beziehen sich:

22 auf die Metallindustrie
 8 auf den Handel
10 auf das grafische Gewerbe
 8 auf gemischte Betriebe
 6 auf das Transportgewerbe
 5 auf die Holzbearbeitung
 5 auf die öffentlichen Dienste
 4 auf die Textilindustrie
 4 auf das Baugewerbe
 3 auf die Bekleidungsindustrie
 2 auf den Bergbau
 1 auf die Steingewinnung[109]

Dieses Missverhältnis in der Repräsentativität bot jedoch nicht nur Nachteile. Die übermäßig vertretenen Berufe, wie etwa die der Metallindustrie, sind gerade diejenigen, wo die Probleme der Arbeitsgestaltung und der Arbeitsunlust infolge der vielgestaltigen Spezialisierung am kompliziertesten sind. Im Bergbau, Baugewerbe und in der Textilindustrie sind dagegen die Arbeitsverhältnisse viel einheitlicher, sodass die wenigen vorliegenden Berichte daher umso eher als typisch angesehen werden können. Eine „unkorrigierte Übertragung" der Ergebnisse dieser industrie- und betriebssoziologischen Untersuchung auf die Gesamtverhältnisse der Arbeiterschaft verbietet sich insofern, da der Charakter der Hörerschaft der „Akademie der Arbeit" als eine „geistige Auslese" (Hendrik de Man) anzusehen ist. Eine andere Korrektur erscheint notwendig, da die meisten Berichte von Menschen stammen, die inner- und außerhalb des Betriebes (als Betriebsräte, als Gewerkschafts- und Parteiführer) besonders stark tätig waren. Diese soziale Einordnung hat Rückwirkungen auf die Einstellung zum Arbeitserlebnis – manchmal im Sinne einer größeren Zufriedenheit, manchmal umgekehrt.

---

109 Vgl. de Man, Hendrik: Der Kampf um die Arbeitsfreude, S. 6.

Dem Nachteil, dass die Berichte einer nicht ohne Weiteres repräsentativen „geistigen Auslese" entstammen, stehen Vorteile gegenüber. Ein Vorteil ist darin zu sehen, dass die Berichterstatter das führende Element (Betriebsräte, Gewerkschaftsführer) in den Betrieben vertreten.

Es liegt auf der Hand, dass eine vollständige Erforschung des mit Arbeitsfreude und Arbeitsunlust zusammenhängenden soziologischen Fragenkomplexes weiter und tiefer schürfen sollte, als man es mit einem Fragebogen tun kann: Über die Urteile hinaus sollte man auch – so Hendrik de Man – das Verhalten der Betreffenden analysieren, Wechselwirkungen zwischen Privat- und Betriebserleben aufspüren, unterbewusste oder nicht ausgesprochene Sachverhalte heranziehen usw.[110]

Ebenso wichtig sei die Frage nach den innerbetrieblichen Wirkungen des Betriebskomplexes, dessen Hauptursache die seelische Loslösung des Arbeiters von seiner Arbeit ist. Die „Triebhemmungen", die sie erfahren, führen zu „Verrohung und Demoralisierung" – manchmal in einem Maße, das dazu berechtigt, von „sozialbedingten Neurosen" zu sprechen. Als häufigste Erscheinungsformen der ausgesprochenen „Betriebsneurose" finde man – so de Man – Trunksucht, Spielsucht, Zerstörungswut gegen die sachliche Betriebsausstattung, Reizbarkeit im Verkehr mit den Vorgesetzten und Kollegen, Quälsucht, erotische Hemmungslosigkeit als Vergnügen oder Quelle gehobenen Selbstgefühls, Neigung zum Prahlen mit wirklichen oder eingebildeten Fähigkeiten und Leistungen – kurzum die typischen Begleiterscheinungen des unterbewussten, nicht durch „Sublimation abreagierten Inferioritätskomplexes".[111]

Grundlage der empirischen Untersuchung in Deutschland bildeten seine in den USA gewonnenen Erfahrungen. Im Auftrag der belgischen Regierung und seiner Partei studierte er die Arbeitsverhältnisse in den USA. Das Ergebnis (Au Pays du Taylorisme; Brüssel 1919)[112] war ein Plädoyer für rationale Betriebsorganisation auf betriebssoziologischer Grundlage in Verbund mit „parti-

---

110 Vgl. ebenda, S. 115 ff.
111 Vgl. de Man, Hendrik: Der Kampf um die Arbeitsfreude, S. 115 ff.; vgl. auch de Man, Hendrik: Arbeiterpsychologie, in: Giese, Fritz (Hrsg.): Handwörterbuch der Arbeitswissenschaft, 2 Bde., Halle 1930, Spalte 199–217, insb. Spalte 214 f.
112 Vgl. de Man, Hendrik: Au Pays du Taylorisme, Brüssel 1919.

zipatorischer Demokratie". 1919 veröffentlichte Hendrik de Man ein begeistertes Buch über die USA,[113] in dem er die amerikanische Gesellschaft als Lösung der Probleme des Sozialismus pries. Grundlage seiner empirischen Untersuchungen an der Akademie der Arbeit war der Gedanke, dass der Arbeiter nur minderwertig sei, weil er sich minderwertig fühle. Diesen Grundgedanken versuchte Hendrik de Man durch seine Studien über die Arbeitsfreude zu erweitern. Die soziologische Erhebung erbrachte folgendes Ergebnis, das er zunächst in Beruf und Einstellung zur Arbeitsfreude aufgliederte:

---

113 Vgl. de Man, Hendrik: The Remaking of a Mind, London/New York 1919.

Nr. der Probanden	Beruf ungelernt	Einstellung zur Arbeitsfreude + = Drang zur Arbeitsfreude − = Hemmungen
1	Streckenarbeiter	−
2	Eisenbahnarbeiter	−
3	Hilfsarbeiter	−
4	Eisenbahner	−
5	Hilfsbuchbinder	−
6	Kesselwärter	−
7	Zigarrenarbeiterin	+
8	Maschinenarbeiter	±
9	Gewerkschaftsangestellter, angelernt	±
10	Winkelschmied	−
11	Spielzeugmacher	+
12	Städtischer Büroangestellter	−
13	Stadtsekretär	+
14	Eisenbahnbetriebsassistent	±
15	Straßenbahnwagenführer	+
16	Feuerwehrmann	−
17	Städtischer Angestellter	+
18	Stenotypistin	±
19	Stenotypistin	±
20	Hutarbeiter	±
21	Textilarbeiter	+
22	Textilarbeiter	−
23	Spinner	±
24	Spinner	+
25	Lagerarbeiter	+
26	Metallbohrer	±
27	Filzarbeiter gelernt	+
28	Bürohilfe	±
29	Kontorgehilfe	±
30	Handlungsgehilfin	±

31	Kontoristin	+
32	Handlungsgehilfe	+
33	Töpfer	−
34	Lackierer	+
35	Gärtner	+
36	Böttcher	+
37	Steinmetz	+
38	Bergmann	+
39	Bergmann	±
40	Schuhmacher	+
41	Metalldreher	+
42	Metalldreher	±
43	Schlosser	±
44	Schlosser	±
45	Schlosser	±
46	Schlosser	+
47	Schlosser	−
48	Schlosser	+
49	Schlosser	±
50	Schlosser	+
51	Mechaniker	+
52	Mechaniker	+
53	Mechaniker	+
54	Modellschreiner	+
55	Kesselschmied	−
56	Kesselschmied	−
57	Maurer	+
58	Maurer	+
59	Maurerpolier	−
60	Zimmerer	+
61	Schiffbauer	±
62	Tischler	±
63	Schreiner	+

64	Schreiner	+
65	Schriftsetzer	+
66	Schriftsetzer	+
67	Schriftsetzer	+
68	Buchbinder	+
69	Buchdrucker	+
70	Buchdrucker	+
71	Buchdrucker	+
72	Steindrucker	+
73	Gürtler	+
74	Obermaschinist	+
75	Elektrotechniker	+
76	Lokomotivführer	+
77	Musiker	+
78	Negativretoucheur	+

Die Auswertung ergab somit folgendes Ergebnis:

Stellung zur Arbeitsfreude				
	Zahl	−	±	+
Ungelernte	9	6	2	1
Angelernte	18	4	6	8
Gelernte	51	5	11	35
Insgesamt Vgl. de Man, Hendrik: Der Kampf um die Arbeitsfreude, S. 145–147.	78	15	19	44

Der Prozentsatz der Plus-Aussagen ist demnach bei den Ungelernten 11 %, bei den Angelernten 44 %, bei den Gelernten 68,6 %. Bei den Gelernten gibt es weniger als 10 % Minus-Aussagen. Die Steigerung der Plus-Aussagen mit dem Grade der Qualifiziertheit ist bemerkenswert. Der Gesamtdurchschnitt der Aussagen ergibt für die positive Einstellung zur Arbeitsfreude 56,4 %, für eine neutrale Haltung 24,4 % und für eine negative Einstellung zur Arbeitsfreude 19,2 %.

Natürlich bedeuten diese Zahlen nur eine Annäherung an die Wirklichkeit.[114] Eine wichtige Erkenntnis nach de Man ist: Kein einziger Proband, der seine Arbeitsunlust bekundet, weist nicht daneben auch auf arbeitsfreudige Momente hin, auch wenn sie noch so kümmerlich sind. Kein einziger bekennt sich so begeistert zur Arbeitsfreude, dass er dabei nicht auch hemmende, Unlust erzeugende Momente erwähnt. In Wirklichkeit – so Hendrik de Man – besteht also überall ein Zustand des „labilen Gleichgewichts, ein Spannungszustand zwischen Arbeitsfreude hemmenden und fördernden Momenten."[115]

Ein Ergebnis der empirischen Untersuchung war, dass Arbeitsfreude nicht danach verlangt, „gefördert" zu werden; es komme nur darauf an, dass sie nicht gehemmt wird.[116] Hendrik de Man zergliedert den Drang zur Arbeitsfreude in unterschiedliche Kategorien und führt die Arbeitsfreude auf psychische und elementare-triebhafte Motive zurück. So erhält er in erster Linie einige mehr oder weniger deutlich voneinander verschiedene „Formen der Befriedigung, die sich je nach der funktionellen Art der Willenshandlung an bestimmte Triebformen anknüpfen lassen".[117]

Der wesentliche Inhalt der elementar-triebhaften Motive zur Arbeitsfreude ist kein in der „arbeitstechnischen oder gesellschaftlichen Organisation begründeter, sondern ein autogen-psychischer Tatbestand."[118] Die betriebssoziologischen Untersuchungen ergeben positive und negative Elemente, deren Spannung die Einstellung des Arbeiters zu seiner Arbeit bedingt (vgl. nachfolgendes Schaubild).

---

114 Vgl. ebenda, S. 147.
115 Vgl. ebenda, S. 147 f.
116 Vgl. ebenda, S. 148.
117 Ebenda, S. 151.
118 Vgl. ebenda, S. 149.

Schaubild: Positive und negative Elemente, deren Spannung die Einstellung des Arbeiters zu seiner Arbeit bedingt:

Schema
der positiven und negativen Elemente, deren Spannung die Einstellung des Arbeiters zu seiner Arbeit bedingt:

Drang zur Arbeitsfreude (+)	*Hemmungen (−)*
I. Elementar-triebhafte Motive	**I. Arbeitstechnische Hemmungen**
1. Tätigkeitstrieb	1. Teilarbeit
2. Spieltrieb	2. Repetitivarbeit
3. Aufbautrieb	a) Einseitigkeit der Arbeitsbewegung
4. Erkenntnistrieb	wegen b) Verringerung der Initiative
5. Geltungstrieb	c) Verringerung der Aufmerksamkeit
6. Besitztrieb	d) hypnotischer Rhytmisierung
7. Kampftrieb	3. Ermüdung
	4. Ungünstige technische Betriebsumstände
II. Gelegentlich fördernde Motive	**II. Innerbetriebliche soziale Hemmungen**
1. Herdentrieb	1. Unzufriedenheit mit den Arbeitsbedingungen
2. Herrschsucht und Unterordnungsverlangen	2. Ungerechte Lohnsysteme
3. Ästhetische Befriedigung	3. Autokratische Betriebshierarchie
4. Erwägungen des Privatvorteils	
5. Erwägungen des sozialen Nutzens	
III. Soziales Pflichtgefühl	**III. Außerbetriebliche soziale Hemmungen**
	1. Dauernde Zugehörigkeit zu einer unteren Klasse
	2. Existenzunsicherheit
	3. Geringschätzung der Handarbeit durch die soziale Sitte

Quelle: Hendrik de Man, Der Kampf um die Arbeitsfreude, S. 150

Im weiteren Kapitel soll detaillierter auf de Mans Vorstellungen der Motive und der Hemmungen der Arbeitsfreude eingegangen werden. Die deskriptiven Darlegungen stützen sich auf das Werk „Kampf um die Arbeitsfreude" und werden zunächst weitgehend unkommentiert wiedergegeben, um die Gedankengänge de Mans deutlicher zu machen.

4.2.1 Elementar-triebhafte Motive der Arbeitsfreude

Zu den elementar-triebhaften Motiven, die den Drang zur Arbeitsfreude positiv beeinflussen, zählt Hendrik de Man den Tätigkeits-, Spiel-, Aufbau-, Erkenntnis-, Geltungs-, Besitz- und Kampftrieb.

1. Tätigkeitstrieb

Hendrik de Man umschreibt den Tätigkeitstrieb mit folgenden Bemerkungen:

„Die Untätigkeit an sich wird vom gesunden Menschen schon aus physiologischen Gründen als Qual empfunden. Jedem Muskel wohnen motorische Impulse inne, die nach Betätigung verlangen.

Die normale Form dieser Betätigung ist beim Kinde das Spiel, beim Erwachsenen die körperliche Arbeit [...] Der menschliche Tätigkeitstrieb ist allerdings zumeist mehr als bloßer Drang zur Ausgabe physischer Energie; er ist in der Regel auf Schöpfung, d.h. auf Verwirklichung eines Vorstellungsbildes gerichtet; in seiner höchsten Form geht er dann in den Aufbautrieb über. Es gibt Anhaltspunkte genug dafür, dass die Unterbindung des physischen Tätigkeitstriebes an sich schon genügt, schwere seelische Störungen hervorzurufen."[119]

Diese resultieren z.B. aus Arbeitsentzug in Straflagern und langfristiger Arbeitslosigkeit.

---

119 Ebenda, S. 151.

2. Spieltrieb

Die Tätigkeit, die zwar einen zweckbestimmten Sinn hat, dennoch nicht einer außerhalb ihrer selbst gelegenen Befriedigung wegen ausgeübt wird, nennt Hendrik de Man Spiel; den Trieb, der auf diese Befriedigung gerichtet ist, Spieltrieb. Wenn Formen des Tätigkeitstriebes mehr sind als physischer Energieaufwand, dabei aber keine Wertschöpfung einschließen, kann ein Spieltrieb vorliegen, dessen Zweck darin liegt, Freude zu machen und damit das Selbstgefühl zu steigern. Von einem Spiel ist so lange zu reden, wie es keinem anderen Antrieben entsprungenen Zwang gehorcht und nicht auf „Wertschöpfung" gerichtet ist.[120] Der Übergang vom Spiel zur Arbeit erfolgt in dem Augenblick, wo die Zweckvorstellung des in einem Gegenstand verkörperten Wertes oder Nutzens als Grund zur Handlung auftritt. Aber auch dann kann ein großer Teil der Freude am Spiel bekanntlich als Freude an der Arbeit erhalten bleiben, nämlich insoweit die Arbeit, unabhängig von ihrem Nutzzweck, als Verwirklichung einer subjektiven Zielsetzung empfunden wird. Der enge Zusammenhang zwischen Spiel und Arbeit einerseits und zwischen Spiel, Kunst und Rhythmus andererseits weist auf eine positive Bedeutung des Rhythmus für die Arbeitsfreude hin. Die Freude am Rhythmus ist nicht bloß Hilfsmittel zur Bekämpfung der aus Repetitivarbeit entstehenden Ermüdung; es kommt in ihr auch ein positives Bedürfnis zum Ausdruck. Der rhythmische Charakter vieler Repetitivarbeit ist demzufolge nicht bloß etwas, das die Arbeit „erträglich" macht. Es gibt einen Drang zur Arbeit, der hierin dem „Drang zum Spiele" gleicht.[121]

3. Aufbautrieb (der „constructive instinct" der angelsächsischen Sozialpsychologie)

Der Aufbautrieb ist mehr als Tätigkeitstrieb: Er ist Tätigkeit zur Verwirklichung einer geistig aufgebauten, zweckmäßig geordneten Vorstellung. Wesentliches Element der Befriedigung des Aufbautriebes ist die Vorstellung des Endresultats. Der Aufbautrieb ist auch dann noch befriedigt, wenn die Arbeit als unerfreuliches Mittel zum Zweck empfunden wird. Der Aufbautrieb, der sozial unterschiedlich gefächerten Arbeiterschaft, ist zugleich Ordnungs-

---

120 Vgl. ebenda, S. 151.
121 Ebenda, S. 151 f.

und Dispositionstrieb. Die Schattierungen des Aufbautriebes, die aus den Berichten hervorgehen, lassen sich nach Hendrik de Man auf drei Typen zurückführen:
a. der handwerksmäßig-schöpferische
b. der organisatorisch-ordnende und
c. der maschinell-konstruktive Typ[122]

Zu a. Die handwerksmäßig-schöpferische Form des Aufbautriebes ist die historische Urform. Ihr traditioneller Vertreter ist der gewerbliche Handwerker des Mittelalters und des vormaschinellen Gewerbes, bei dem Produktionsziel, -methode und -tätigkeit eine vollkommene Einheit bilden.

Zu b. Geprägt von der Arbeitsteilung ergibt sich beim organisatorisch-ordnenden Aufbautrieb eine Loslösung des Arbeitszwecks vom Produkt. Die Freude an der Vorstellung des Produkts wird auf die Teilverrichtungen und auf die dabei verwandten Arbeitsmittel – insbesondere die Werkzeuge und Maschinen – übertragen. Die im Aufbautrieb wurzelnde Arbeitsfreude wird dadurch vom unmittelbar Triebmäßigen losgelöst und intellektualisiert; sie setzt ein Bewusstsein des rationellen Arbeitszieles und der Zweckmäßigkeit der Methode im Hinblick auf das Arbeitsziel voraus. Der typische Vertreter der organisatorisch-disponierenden Form des Aufbautriebes, bei dem die Rationalität des Arbeitsvorganges ganz ohne Beziehung zu einem gegenständlichen Zwecke Befriedigung gibt, ist für Hendrik de Man der Beamte. Seine extreme Form ist der „Bürokrat", dem es nur darauf ankommt, dass formal „alles in Ordnung sein muss",[123] ohne die geringste Rücksicht auf die außerbetrieblichen Wirkungen.

Zu c. Dem dritten Typen des Aufbautriebes, der maschinell-konstruktive Aufbautrieb, entspricht der Arbeiter an der Maschine, dessen Arbeitsfreude vom zweckmäßigen Funktionieren des Arbeitsmittels abhängt. Auch hier ist das Arbeitsprodukt – in der Regel ein Teilprodukt – Nebensache. Befriedigt ist diese Form des Aufbautriebes, wenn die Maschine gut beherrscht wird. Beispiele verschiedener Art liefern u.a. der Mechaniker, der Elektrotechniker und der Lichtbilddrucker in den empirischen Untersuchungen von Hendrik de Man.

---

122 Vgl. ebenda., S. 153 ff.
123 Ebenda, S. 154

4. Erkenntnistrieb

Die Arbeit führt zur Erkenntnis neuer Tatbestände und Kausalzusammenhänge und befriedigt somit Erkenntnistrieb und Neugierde. Der Erkenntnistrieb bietet häufig die Möglichkeit, Verluste an Befriedigungen anderer Triebe auszugleichen – etwa den Verlust an Befriedigung des handwerklich-schöpferischen Aufbautriebes beim Übergang von handwerklicher zu industrieller Arbeit.[124]

5. Geltungstrieb (oder Selbstwertungstrieb)

Unter Geltungstrieb oder Selbstwertungstrieb versteht Hendrik de Man die triebhafte Veranlagung, nach der sich das Selbstwertgefühl richtet. Hier besteht die Neigung, Zustände anzustreben, die ein gehobenes Selbstgefühl gegenüber Kollegen, Vorgesetzten etc. erzeugen. Alle vorher zitierten Triebe schlagen in Geltungstrieb um, wenn das angestrebte Befriedigungsobjekt mit der Vorstellung des eigenen Ich identifiziert wird. Das eigene Ich wird am Maßstab der Umgebung gewertet. Hendrik de Man schreibt in diesem Zusammenhang:

„Die weit verbreitete Neigung, die Wertung der eigenen Persönlichkeit mit der Wertung des Berufes zu verknüpfen […] zeigt sich in der Tendenz fast aller Berichterstatter, die von ihrem Beruf erforderte Qualifikation im Vergleich mit den anderen Berufen möglichst hoch hinzustellen. In meinen Kursen vor Arbeitern habe ich stets beobachten können, dass auch der orthodoxeste Marxist, der am strengsten das Dogma (des Arbeiters als) ‚Anhängsel der Maschine' aufrechterhält, sich mit aller Macht dagegen wehrt, wenn man seinen eigenen Beruf etwa als angelernt bezeichnet, […] man sucht, die eigene Geltung durch die Geltung des Berufes zu erhöhen […]. Für die meisten wirkt der Geltungstrieb sich so aus, dass der eigene Beruf am Maßstab der persönlichen geistigen Ansprüche möglichst niedrig, am Maßstab der benachbarten Berufe aber möglichst hoch gewertet wird."[125]

Gerade der unqualifizierteste Arbeiter pflege häufig am meisten mit der Schwierigkeit seiner Leistungen zu renommieren und zeige dies auch durch Haltung und Sprache. Insbesondere de Mans

---

124 Vgl. ebenda, S. 155 f
125 Ebenda, S. 156.

Überlegungen zu den Hemmungen des Geltungstriebes, die zu Minderwertigkeits- oder Inferioritätskomplexen führe, zeigt seine ideengeschichtliche Prägung durch den Psychoanalytiker Alfred Adler.

6. Der Besitztrieb

In engster Verbindung mit jeder produktiven Arbeitsleistung stehe die natürliche Neigung des Menschen, die dabei benutzten Arbeitsmittel und die dabei erzeugten Produkte sein Eigen nennen zu dürfen. Hendrik de Man erkennt, wenn überhaupt, allein diese als sozialethische Begründung des Privateigentums an. Dieses Besitzgefühl dem Werkzeug, der Maschine, dem Produkt gegenüber beruht auf einer psychologischen Anlage, die die Religionspsychologie als Animismus bezeichnet, als den „Drang des Menschen, in seiner Vorstellung Gegenständen seelische Eigenschaften lebendiger Wesen zuzuerkennen". Es gibt einen positiv und negativ gefühlsbetonten Animismus, je nachdem das subjektive Verhältnis zum derart beseelten Gegenstand überwiegend freundlich oder feindlich ist.[126]

Das Besitzgefühl ist nach Hendrik de Man eine Sonderform des positiv-animistischen Gefühls.

Tiefenpsychologisch liegt diesem Vorgang eine Ich-Identifizierung zugrunde: Die Seele des Objekts ist eine vorgestellte Teilprojektion des eigenen Ich nach außen. Die Art der Identifizierung, die sich beim Arbeitserlebnis mit Gegenständen verbindet, wird oft mit rationalen Erwägungen begründet, z.B. mit Gründen des Nutzens. Viele Berichte belegen, dass Arbeiter mit ihren Werkzeugen mehr oder weniger „liebevoll" umgehen, je nach dem es „seine Arbeit erleichtert". Einige Berichte bezeugen die Betonung der „Liebe" zum Gegenstand, die über die betonte Nützlichkeitserwägung hinausgehen. Aus zahlreichen Berichten[127]

---

126 Vgl. ebenda, S. 157.
127 Vgl. hier die Berichte der verschiedenen Arbeiter: Eisenbahner, Maschinenarbeiter, Winkelschmied, Schlosser, Tapezierer, Tischler, Buchdrucker etc., bei Hendrik de Man, Kampf um die Arbeitsfreude, S. 12f., 17f., 21f., 32f., 60f., 107f., 112f. So berichtet ein Lichtbilddrucker: „Als Drucker hat man die vollständige Verantwortung über seine Maschine und über seinen Motor und hat das Gefühl, dass sie, je sorgsamer man sie behandelt, um so freundlicher sind. Sie wird als gemeinsamer Besitz von Drucker und Anlegerin gefühlt." (Bericht

lässt sich herauslesen, dass sich das Besitzgefühl im Allgemeinen steigert, je mehr man von den ungelernten zu den qualifizierten Berufen übergeht.

Ein qualifizierter Winkelschmied berichtet: „Überall das Bestreben, möglichst eigenes oder – wenn irgend möglich – selbst angefertigtes Handwerkszeug zu verwenden […] Wenn es irgend möglich war, wurde nichts verborgt nach dem Grundsatz: wer sein Zeug lieb hat, der verborgt es nicht."[128]

Empirische Belege für die „Liebe" zum Arbeitsgegenstand und -mittel sieht Hendrik de Man darin, dass Arbeiter ihren Namen ins Werkzeug schnitzen, es besonders gut behandeln oder bei einem Maschinenwechsel in Abschiedsstimmung geraten.[129]

Empirische gegensätzliche Belege sind für Hendrik de Man Ausnahmen, die die Regel bestätigen, da es sich meist um „eigentümliche Tatsachen" handelt und nicht um „prinzipielle Feindschaften". Bei feindlicher Einstellung zu Betriebsmitteln stehen Hemmungen dem positiven Animismus im Wege – oft handelt es sich um gefährliche oder gesundheitsschädliche Maschinen, auch soziale Ursachen kommen infrage. Die angeführten Stellen aus den Berichten zeigen, dass der Arbeiter, das aus der Handwerkszeit stammende Besitzgefühl von dem Werkzeug auf die Maschine überträgt. Dieser psychologische Vorgang läuft durchaus parallel mit der technischen Entwicklung. In diesem Zusammenhang schreibt Hendrik de Man:

„Das Werkzeug, das aus dem Bestreben entstanden ist, die Hand zu verlängern und zu vervollkommnen, bleibt auch in seiner späteren Entwicklung vor allem seelisch ein Anhängsel, ein Mittel zur Erweiterung des persönlichen Wirkungsbereichs: Die Bewegungen des Werkzeugs sind von dem, der es handhabt, gewollt – er beseelt es."[130]

Hendrik de Man führt verschiedene Gründe an, weshalb dieser Animismus negativ gefärbt sein kann, die Maschine also, wie ein fremdes oder feindliches Wesen erscheint. Entscheidende Gründe sind, dass die Maschine als „Sinnbild des Willens des Unter-

---
eines Lichtbilddruckers, in: Hendrik de Man, Der Kampf um die Arbeitsfreude, S. 114.) Der Drucker war Mitglied der Gewerkschaft und der SPD.
128 de Man, Hendrik: Der Kampf um die Arbeitsfreude, S. 159.
129 Vgl. ebenda, S. 159, 163.
130 Ebenda, S. 165.

nehmens" erscheint, wenn soziale Ursachen den Gegensatz des Arbeiterwillens zum Unternehmerwillen bis zum Unerträglichen steigern, dann wird auch die Maschine gehasst, ebenso übrigens wie der ganze Betrieb. Die Maschine erscheint selber als eine Ursache der sozialen Spannung.[131]

Die „Maschinenfeindschaft" kam bei der Maschinenstürmerei des englischen Luddismus, der Lyoner Weber in den ersten Jahren des 19. Jahrhunderts zum Ausdruck. So richtete sich die Zerstörungswut der Arbeiter nicht bloß deshalb vorzugsweise gegen die Maschinen, weil die sittlichen und rechtlichen Hemmungen hier geringer waren als bei einem Angriff auf das Leben der Unternehmer. Die Maschinen selber erschienen animistisch als die feindlichen Wesen, deren Wille sogar die Handlungen des Unternehmers bestimmen konnte.[132]

Ein weiterer Grund für einen negativ gefärbten Animismus sieht Hendrik de Man in der „physischen Überlegenheit" der Maschine. Dem Menschen kraftmäßig überlegene Maschinen erzeugen den Eindruck des „Unheimlichen und Feindlichen". Erst wenn der Arbeiter das Objekt beherrscht, weicht der negative Animismus und erzeugt einen entsprechenden „höheren Genuss".

Aus all dem lässt sich folgern, dass wenigstens in rudimentärer Form Besitztrieb dem Arbeitsprodukt gegenüber ein allgemeines Element des Dranges zur Arbeitsfreude ist. Daraus schlussfolgert Hendrik de Man:

„Das geht schon daraus hervor, dass der Arbeiter, dem das Lustgefühl dieser Befriedigung verweigert ist, es vielfach durch außerbetriebliche Arbeit ausgleichsweise zu verwirklichen sucht."[133]

Hier zeigt sich deutlich das Gedankengut eines Sozialisten, der in den betrieblichen Strukturen eine Keimzelle, einen antagonistischen Widerspruch – den Widerspruch zwischen Kapital und Arbeit – der Gesellschaft unterstellt. Für die Befriedigung des Besitzgefühls fehle völlig die soziale Grundlage. Wenn Arbeiter das Verfügungsrecht über den Ertrag ihrer Arbeit als Teil eines politischen Sozialisierungsprogramms fordern, knüpft dies nie an das eigene Betriebserlebnis, sondern immer nur an ihr soziales Zukunftsbild an. Zwischen Arbeitserlebnis und politischer Forderung

---

131 Vgl. ebenda, S. 165f.
132 Vgl. ebenda, S. 165.
133 Ebenda, S. 167.

fehle eine Brücke, die es langfristig zu überwinden gelte. Deutlich zeigt sich hier ein Erkenntnisinteresse, die Bedingungen gesellschaftsverändernden „Klassenhandelns" zu untersuchen. Hendrik de Man formuliert hier – wenn auch verschwommen – den noch nicht eingelösten, aber aufrechtzuerhaltenden Anspruch, bestehende gesellschaftliche Strukturen grundsätzlich infrage zu stellen und Möglichkeiten gesellschaftlicher Veränderungen konkret zu ergründen. Hier wird eine „revolutionäre Strategie" des Sozialisten de Man erkennbar, die er in den dreißiger Jahren in Belgien im „Plan der Arbeit" umzusetzen versuchte, und scheiterte.

4.2.2 Hemmungen der Arbeitsfreude

Auch in diesem Kapitel sollen zunächst die Hemmungen der Arbeitsfreude deskriptiv auf der Grundlage der Untersuchung de Mans dargelegt werden. Eine kritische Würdigung erfolgt im Zwischenfazit des Kapitels.

Hendrik de Man ging bei seinen empirischen Untersuchungen von einem „Zustand des labilen Gleichgewichts, einem Spannungszustand zwischen Arbeitsfreude hemmenden und fördernden Momenten" aus. Nach der Art der konkreten Ursachen lassen sich die Hemmungen der Arbeitsfreude in drei große Gruppen einteilen:
- die technischen Hemmungen, die sich aus der Natur der Arbeitsaufgabe oder aus der sachlichen Betriebsausstattung ergeben;
- innerbetriebliche soziale Hemmungen und
- außerbetriebliche soziale Hemmungen, die unabhängig von der Arbeitstechnik unmittelbar auf die menschliche Umwelt zurückzuführen sind.[134]

In keinem Fall finden sich all diese Hemmungen in einer Person zusammen; schon aus dem Grunde nicht, weil sie sich zum Teil widersprechen und gegenseitig aufheben. So wird die Repeti-

---

134 Vgl. ebenda, S. 150, S. 192 ff.

tivarbeit von einzelnen Berichterstattern – oder unter bestimmten Umständen – als Hemmung, von anderen als Förderung der Arbeitsfreude bezeichnet. Betriebslärm wird z.B. als gelegentlich fördernd, von anderen als die schlimmste Hemmung der Arbeitsfreude empfunden. Physische Anstrengung ist für den interviewten Bergmann ein Grund zum Klagen, während der Lichtbilddrucker sicher weniger an „Stimmungen" leiden würde, wenn seine Arbeit seinen Körper mehr anstrengte.[135]

4.2.2.1 Arbeitstechnische Hemmungen der Arbeitsfreude

1. Die Teilarbeit

Wo die Teilarbeit als Hemmung auftritt, wird sie meist als „sinnlos" empfunden. Sinnlos natürlich nicht im Hinblick auf den Endzweck der Produktion nützlicher Güter, aber sinnlos für den Arbeitenden insofern, als die ihm obliegende Verrichtung in keiner ihm sinnlich fassbaren Beziehung zu dem Endzweck steht. Es ist klar, dass die Arbeit in dem Maße, wie sie zur Teilarbeit wird, diese Beziehung erschwert und dadurch an „Sinn" verliert. Niemals aber wird die Grenze erreicht, wo die auch noch so spezialisierte Teilarbeit ihren Sinn ganz einbüßt. Auch wenn der Blick für die Zusammenhänge des Gesamtproduktionsprozesses vollständig verloren geht, wird stets noch die Einzelverrichtung an sich in irgendeinem Maße als sinnvoll empfunden. Ein absoluter Nullpunkt dieser Empfindung ist in den Berichten nirgends verzeichnet, schon, weil der normale Geltungstrieb oder die Selbstachtung des Arbeiters jeder Arbeit einen Sinn abzugewinnen sucht.

Teilarbeit an sich wird also im Gegensatz zur Ganzarbeit nur in dem Maße als Hemmung der Arbeitsfreude empfunden, wie sie ein geringeres technisches Können erfordert. Das Gefühl der Leistungsentwertung ist, vom Gesichtspunkt des Einzelarbeiters,

---

135 Vgl. ebenda, S. 193.

stets relativ zur höheren oder geringeren Wertung der früher von ihm geleisteten Arbeit: z.B. betrachtet der früher mit schwierigen Reparaturen betraute Schlosser, der nunmehr im Massenbetrieb Hähne drehen muss, die neue Arbeit als weniger sinnvoll.[136]

Hendrik de Man untersucht die Teilarbeit unter soziologischen Aspekten, insbesondere den Zusammenhang zwischen Teilarbeit und dem Gefühl der Leistungsentwertung. Mit seinen empirischen Untersuchungen widerlegt er vorzeitige Verallgemeinerungen der klassischen Nationalökonomie und der Marxschen Wirtschaftslehre, die das Vorurteil vertraten, dass Arbeitsteilung zu fortschreitender Dequalifizierung von Industriearbeit führen müsse. Die empirischen Untersuchungen belegen, dass eine große Anzahl der vertretenen hochqualifizierten Berufe ihre Qualifiziertheit gerade der weitgehenden arbeitsteiligen Mechanisierung der Produktion verdankt. Eine Mehrzahl der Berichte aus der Arbeiterschaft bezeugt, dass es nicht zulässig ist, die Teilarbeit schaffende Mechanisierung ohne Weiteres als Dequalifizierung zu betrachten. Ein einseitiger „technologischer Determinismus" führt in die Irre; denn es gibt eine Requalifizierung durch die Maschine, wie es umgekehrt auch eine Dequalifizierung durch sie geben kann. Die Tatsache der Teilarbeit sei also an sich noch keine notwendige Ursache der Arbeitsunlust.[137]

2. Die Repetitivarbeit

Hendrik de Man untersucht bei der Analyse der Repetitivarbeit den Zusammenhang zwischen der technischen Entwicklung und der Arbeitseinstellung der Industriearbeiterschaft. Dabei decken sich seine Erkenntnisse mit soziologischen Untersuchungen zur Arbeitszufriedenheit in den achtziger Jahren.[138] Die technische Entwicklung und die Arbeitseinstellung der Industriearbeiterschaft sind nicht unabhängig voneinander zu sehen. Doch ebenso wenig wie das Verhältnis von Technik und industrieller Arbeit

---

136 Vgl. ebenda, S. 194f.
137 Vgl. die Beispiele bei de Man, Hendrik: Der Kampf um die Arbeitsfreude, S. 84ff.
138 Vgl. u.a. Untersuchungen zur Betriebssoziologie: u.a. Kern, H.; Schumann, M.: Industriearbeit und Arbeiterbewusstsein, Frankfurt/a.M. 1985, S. 206ff.; Schmidt, G.; Braczyk, Hans-Joachim; Knesebeck, Jost von dem (Hrsg.): Materialien zur Industriesoziologie, Sonderheft 24/1982, Kölner Zeitschrift für Soziologie und Sozialpsychologie, Opladen 1982.

eine pauschale Charakterisierung zulässt, weil sich der Wandel der Produktionstechnik heute in den verschiedenen Mechanisierungsbewegungen konkretisiert und unterschiedliche Arbeitsveränderungen induziert, ebenso wenig darf eine direkte Entsprechung zwischen Mechanisierungsniveau und Arbeitseinstellung angenommen werden. Der Zusammenhang ist vermittelt durch die jeweils spezifische Arbeitssituation, als den für die Arbeitseinstellung wesentlichen Faktor.[139]

Soweit der technische Wandel eine Tendenz zur Aufhebung restriktiver Arbeitssituationen zeigt und hohe muskuläre und sinnlich-nervliche Belastungen reduziert, erhöht sich merklich der Anteil der Arbeiter, die ihre Tätigkeit positiv interpretieren. Freilich zeigt auch die Untersuchung von Hendrik de Man, dass auch in technisch-fortgeschrittenen Produktionsbereichen nur Teilgruppen der Belegschaften von dieser Verbesserung der Arbeitssituation betroffen sind. Der Trend zur Polarisierung der Belegschaften, der in den mechanisierten Anlagen intensiviert auftritt, belässt auch hier stark restriktive Arbeitssituationen und damit auch eine unmittelbar arbeitsbedingte Quelle für Arbeitsunzufriedenheit. Auch hier zeigt sich die ambivalente Wirkung der technischen Entwicklung. Geprägt wird die Arbeitszufriedenheit nicht zuletzt durch die persönlichen Erfahrungswerte der Arbeiterschaft mit früheren Produktionsprozessen. In den Produktionsbereichen, in denen technische Veränderungen und arbeitsorganisatorische Rationalisierungsmaßnahmen prämechanisierte ganzheitliche Arbeitsformen beseitigen und in repetitive Teilarbeiten transformieren, ist das Potenzial der Arbeitsunzufriedenheit – wie die soziologische Untersuchung ergibt – recht groß. Die Ergebnisse zeigen, dass das Urteil über die Arbeit bei allen Lohnarbeitern stark von den betrieblichen Rahmenbedingungen der Tätigkeit, vor allem von der Höhe der Entlohnung und der Arbeitsplatzsicherheit abhängt, weniger von der gesellschaftlichen Bewertung der Arbeit. Dieses Ergebnis steht in einem gewissen Widerspruch zur Annahme des Soziologen Christian von Ferber, dass „die größere Freude an der Arbeit unter den gelernten Berufen in ihrer verbalen Form, wie sie Befragungen erfassen, weniger als eine Funktion der Tätigkeit als solcher (erscheint), sondern

---

139 Vgl. Kern, H.; Schumann, M.: Industriearbeit und Arbeiterbewusstsein, S. 206 ff.

als Spiegelung der gesellschaftlichen Bewertung dieser Verrichtungen."[140]

Christian von Ferber weist darauf hin, dass „eine Arbeitssituation nicht allein durch die [...] objektivierbaren Merkmale des Arbeitsplatzes und die individuelle psychische Disposition des Arbeiters, sondern zu einem wesentlichen Teil auch von gesellschaftlich-kulturell geprägten Grunderwartungen gegenüber der Arbeit definiert ist."[141]

Weder die pauschale Annahme, dass die Arbeit im erlernten Beruf stets mit höherer Arbeitszufriedenheit verbunden ist, noch die konstatierte Orientierung am Prestigegesichtspunkt lässt sich durch empirische Untersuchungen bestätigen. Die konkreten Gegebenheiten der Arbeitssituation haben nach den Untersuchungen von Hendrik de Man für die Bewertung der Arbeit eine sehr viel größere Relevanz als das Kriterium des gesellschaftlichen Ansehens. Vielmehr scheint für die Arbeiterschaft generell besonders charakteristisch, dass das Denken in der Kategorie von „Prestige" und „Status" eine relativ geringe Bedeutung hat, eine eigentümliche Abweichung vom sozialen Verhalten anderer sozialer Schichten und Gruppen.[142]

Bemerkenswert sind hier die kritischen Äußerungen Hendrik de Mans an der „Maschinenfeindschaft" in intellektuellen Kreisen. Zur „Maschinenfeindlichkeit" weiter Kreise der Intelligenz bemerkt Hendrik de Man zu Recht:

„Es soll natürlich keinem genommen sein, die maschinelle Produktionsweise für alle Übel des gegenwärtigen Gesellschafts- und Kulturzustandes verantwortlich zu machen. Derartige Gedankengänge haben für die Geschichtsdeutung zweifellos ihren Wert, insofern sie wesentliche technisch wirtschaftliche Ursachen und Zusammenhänge großer Kulturperioden verdeutlichen [...] (allerdings) steht fast die ganze Literatur unseres Zeitalters [...] im Zeichen der Kritik an der Mechanisierung. Man nimmt dabei gerne die Maschine zugleich als Ursache und Symbol der Mechanisierung der Lebens- und Denkweise, die den Pessimisten als Zeichen für den Untergang des Abendlandes, [...] erscheint [...] Es gibt eine für gewisse Intellektuellenkreise charakteristische Art der Ma-

---

140 von Ferber, Christian: Arbeitsfreude. Wirklichkeit und Ideologie, Stuttgart 1959, S. 86.
141 Ebenda, S. 16.
142 Vgl. dazu auch die empirischen Untersuchungen von Kern, H.; Schumann, M.: Industriearbeit und Arbeiterbewusstsein, S. 250 f.

schinenfeindschaft, die sich schon auf dem ersten Blick als ohnmächtig erweist, weil sie zugleich in ihren Voraussetzungen sachunkundig und in ihren Folgerungen unverbindlich ist [...] Es gibt immerhin zu denken, dass man diese Haltung vorzugsweise bei den Leuten findet, die selber die meisten wirtschaftlichen Vorteile von den ihnen fremden Maschinen haben, während die Arbeiter, die diese Maschinen bedienen [...] an der symbolistischen Maschinenstürmerei wenig Geschmack finden."[143]

Die Berichte belegen, dass man bei den Arbeitern in der Regel umso weniger „Maschinenfeindschaft" antrifft, je höher die Stufe ihrer beruflichen und allgemeinen Bildung, ihre sozialen Bedürfnisse und geistigen Lebensansprüche sind. Die Maschine ist somit für Hendrik de Man nur unter bestimmten sozialen Verhältnissen, die mit einer niedrigen maschinellen Entwicklungsstufe zusammenhängen, der „Feind des Arbeiters". Unter veränderten sozialen Verhältnissen und bei höherer technischer Entwicklungsstufe wird sie geradezu zur Voraussetzung seiner „sozialen Befreiung". Obwohl für Hendrik de Man die Requalifizierung durch die Maschine eine wichtigere soziale Erscheinung ist als die Dequalifizierungstendenz, verschweigt er keineswegs Gründe für eine „Feindschaft gegen die Maschine". Entscheidende Gründe seien eine erheblich gesteigerte körperliche Anstrengung, gefährliche oder gesundheitsschädliche maschinelle Arbeitsprozesse sowie Arbeitslosigkeit als soziale Folge der Mechanisierung der Arbeit. Negative Auswirkungen der Repetitivarbeit bilden nach Hendrik de Man die Einseitigkeit der Bewegung, Verringerung der Initiative, Verringerung der Aufmerksamkeit und die hypnotische Rhythmisierung. Aber auch die negativen Auswirkungen der Repetitivarbeit grenzt Hendrik de Man ein. Die Experimente auf dem Gebiete des Arbeitergenossenschaftswesens zeigen jedoch, so Hendrik de Man, dass es viele Arbeiter gibt, die auch unter günstigeren sozialen Verhältnissen die initiativ- und verantwortungslose, eintönige Arbeit vorziehen.

Die Untersuchungsergebnisse Henry Fords (1863–1947) in der amerikanischen Autoindustrie bestätigt Hendrik de Man mit eigenen Erfahrungen mit den Arbeitern der Automobilfabrikation in Detroit. Für die monotonen Aufgaben der Repetitivarbeit gibt es bei leistungsbezogener Entlohnung immer Anhänger genug, die wegen ihrer Scheu vor der Verantwortung einer „höheren Tätig-

---

143 de Man, Hendrik: Der Kampf um die Arbeitsfreude, S. 199.

keit" jede Beförderung ablehnen. Niemand kenne die „verdammte Bedürfnislosigkeit der Mehrheit der Arbeitermassen besser als jene Arbeiter selber, die in diesem Teig als Hefe zu wirken suchen".[144] Henry Fords Kritik an Subordination, Militarisierung und Bürokratisierung der Industrie finden die Unterstützung de Mans.[145]

Hendrik de Man stützt seine theoretischen und praktischen Erkenntnisse auf verhaltenstheoretische Ansätze der Betriebssoziologie in den USA. Die Einbeziehung soziologischer, psychologischer und sozialpsychologischer Sachverhalte ist charakterisierendes Merkmal der verhaltenstheoretischen Ansätze in den USA. Die empirisch orientierte Auseinandersetzung mit dem Betrieb als Organisation – auch unter dem Aspekt der Bedürfnisse – beginnt in der deutschen Soziologie vor allem nach dem Erscheinen des Werkes von Max Webers „Wirtschaft und Gesellschaft".[146]

Ausgangspunkte des Weberschen Ansatzes sind die industrielle Großunternehmung und die Behörde; sie verkörpern die bürokratische Herrschaftsform. Webers Ziel war es, bürokratische Organisationsformen als rationale Mittel zur Lösung arbeitsteiliger moderner Industrie- und Verwaltungsprozesse zu analysieren. Das Bild dieser bürokratischen Organisationen wird beherrscht von der Bedeutung des hierarchischen Prinzips, von der Betonung genereller, eindeutiger und unpersönlicher Regelungen sowie von dem Gedanken der Rationalität und technischen Effizienz.

Wissenschaftlich ist zum Thema Organisation und Führung in den zwanziger Jahren wenig erschienen. Von Max Weber stammen wohl die wesentlichsten Analysen von Herrschaftssystemen überhaupt.[147] Seine Gedanken zu „Machtbildung" und „Führertum" haben auch die Diskussionen der Staats- und Verwaltungslehre nach 1933 nicht unerheblich beeinflusst, allerdings dann nicht mehr zum Zwecke wertfreier Analysen, sondern als Forderung für

---

144 Zu den negativen Auswirkungen der Repetitivarbeit vgl. de Man, Hendrik: Der Kampf um die Arbeitsfreude, S. 215 ff. und 221. Zu seinen betriebssoziologischen Erfahrungen in den USA vgl. de Man, Hendrik: Gegen den Strom. Memoiren eines europäischen Sozialisten, Stuttgart 1953, S. 141 ff.
145 Vgl. de Man, Hendrik: Der Kampf um die Arbeitsfreude, S. 223.
146 Vgl. Weber, Max: Wirtschaft und Gesellschaft – Grundriss der verstehenden Soziologie, Tübingen 1922 und 4. Auflage Tübingen 1956.
147 Vgl. vor allem seine beiden berühmten Schriften: „Die drei reinen Typen der legitimen Macht" (1922), in: Weber, Max: Wirtschaft und Gesellschaft – Grundriss der verstehenden Soziologie, Kapitel III, Tübingen 1922 und „Politik als Beruf", Neuauflage, Ditzingen 1992.

die Gestaltung des Staates. „Führertum" ist für Max Weber das Hauptmerkmal der charismatischen Herrschaft, einer der drei reinen Typen legitimer Herrschaft. Legale Herrschaft, d.h. eine solche durch ein bürokratisches, formal-normatives Organisationssystem mit hohem Grad funktionaler Versachlichung, ist für ihn der Typus der Verwaltung des modernen Staates und der Großindustrie schlechthin. Weber hat durchaus die negativen Folgen gesehen, wenn „Führertum" mit Sendungsbewusstsein sich mit der Bürokratie als reinstem Typus legaler Herrschaft verbindet. Was sich dabei an Pervertierung ergeben kann, schildert Weber wie folgt: „Denn wie bei jedem Führerapparat [...] ist die Entleerung und Versachlichung, die seelische Proletarisierung im Interesse der ‚Disziplin', eine der Bedingungen des Erfolges. Die herrschend gewordene Gefolgschaft eines Glaubenskämpfers pflegt daher besonders leicht in eine ganz gewöhnliche Pfründenschicht zu entarten."[148]

Neben Max Weber haben vor allem Chester I. Barnard (1886–1961)[149] und Abraham H. Maslow (1908–1970)[150] einen nachhaltigen Einfluss auf die deutsche Betriebssoziologie ausgeübt. Im empirischen Kern ist ihr betriebssoziologischer Ansatz eine Theorie der Motivation. Als Gegenströmung in den USA, auf die sich Hendrik de Man bezieht, ist die „Human Relations"-Bewegung anzusehen, die – aufbauend auf den Hawthorne-Experimenten der Mayo-Gruppe –[151] als erste systematisch die sozialen Zusammenhänge des betrieblichen Gefüges ausdrücklich betonte. Die Motivations- und Bedürfnisstruktur der Arbeiterschaft rückte bei diesen Experimenten in den Vordergrund. Das Hawthorne-Forschungsprogramm enthielt in der ursprünglichen Aufgabenstellung des Forschungsvorhabens eine stark praxeologische Zwecksetzung. Es sollten zunächst die individuellen Arbeitsbedingungen sowie die Ermüdungs- und Monotonieprobleme im Betrieb untersucht werden. Im Verlauf der Untersuchung kam es

---

148 Politik als Beruf, hier zitiert nach der von Johannes Winckelmann herausgegebenen Auswahl: Max Weber, Soziologie, Weltgeschichtliche Analysen, Politik, 2. Aufl., Stuttgart 1956, S. 181; vgl. dazu auch kritisch Mommsen, Wilhelm: Max Weber, Gesellschaft, Politik und Geschichte, Frankfurt/a.M. 1974, S. 44 ff.
149 Vgl. Barnard, Chester I.: The Functions of the Executive, Cambridge 1938.
150 Vgl. Maslow, Abraham H.: Motivation and Personality, New York 1954.
151 Vgl. Mayo, Elton: The Human Problems of an Industrial Civilization, New York 1933.

dann zur Aufdeckung des Gruppenphänomens als Determinante des Arbeitsverhaltens von Individuen. Diese Ergebnisse hatten zur Folge, dass bei den weiteren Untersuchungen die soziale Organisation der Gruppe, wie etwa die Beziehungen zwischen den Vorgesetzten und den Untergebenen, die gruppeninternen Kommunikationsbeziehungen und die Motivation der Gruppenmitglieder besondere Beachtung fanden.

Tragfähige Erkenntnisse über die Determinanten der psychischen Leistungsbereitschaft lassen sich vorwiegend den neueren sozial-psychologischen Ansätzen im Rahmen der Betriebssoziologie entnehmen. In diesen Ansätzen wird das Verhalten menschlicher Aktionsträger untersucht, das diese aufgrund ihrer individuellen Wertvorstellungen im System der Unternehmensorganisation entwickeln. Dabei kann von der Annahme ausgegangen werden, dass die Arbeiter und Angestellten dann eine steigende Leistungsbereitschaft zeigen, wenn ihre individuellen Wertvorstellungen und Bedürfnisse sowie die Ziele der gesamten Organisation weitgehend übereinstimmen.[152] Das setzt voraus, dass die Motivationsprozesse bekannt sind. Motivation bedeutet hierbei die Impulsgebung von außen unter Berücksichtigung der von innen gegebenen Bedürfnisse. Um eine derartige Impulsgebung innerhalb der Organisation bewirken zu können, ist daher die Kenntnis der Bedürfnisstrukturen des Menschen erforderlich. Hendrik de Man erwies sich hier als ein geistiger Vorläufer späterer amerikanischer Untersuchungen. Plausible Aussagen über die Bedürfnisstrukturen enthalten u.a. die von Abraham H. Maslow aufgestellten Grundannahmen über das Wesen des Menschen. Maslow ging davon aus, dass die Motive des Individuums in Gruppen eingeteilt werden können, die hierarchisch angeord-

---

[152] Vgl. von Rosenstiel, Lutz: Die motivationalen Grundlagen des Verhaltens in Organisationen. Leistung und Zufriedenheit, Berlin 1975. Von Rosenstiel schreibt in dem Zusammenhang: „Die Motivation scheint einen so bedeutsamen Aspekt bei der Analyse organisationswissenschaftlicher Fragestellungen wie denen nach der Wirkung von Anreizen, nach der Leistung, nach der Zufriedenheit, nach Möglichkeiten der Selbstentfaltung und der Selbstverwirklichung darzustellen, dass ist nur schwer möglich und kaum angemessen erscheint, derartige Fragen außerhalb motivationspsychologischer Theorienbildung nachzugehen." Ebenda, S. 5. Sein Werk über Motivation, Wertorientierung, Leistung und das Modell des motivierten Verhaltens in der betrieblichen Organisation wurde prägend für die spätere deutsche Betriebssoziologie.

net sind. Im Anschluss an Maslow[153] kann man folgende Stufen der Bedürfnisse entwickeln:
- einfache Bedürfnisse nach Überleben, nach physischer und materieller Sicherheit,
- soziale Bedürfnisse, d.h. Bedürfnisse nach Aufnahme in soziale Gruppen und nach Anerkennung innerhalb dieser Gruppen,
- Bedürfnisse nach Selbsterkennung und Selbsteinschätzung,
- Bedürfnisse nach Autonomie und Unabhängigkeit,
- Bedürfnisse nach Selbstverwirklichung im Sinne einer maximalen Verwendung der eigenen Fähigkeiten.

Hendrik de Man erkannte hier zu Recht, wie die geschilderten Motive und Bedürfnisse der Arbeiter und Angestellten bei der organisatorischen Gestaltung betrieblicher Strukturen zu berücksichtigen sind, damit durch eine geeignete Integration der verschiedenen Variablen eine größtmögliche Effizienz der einzelnen Betriebsteilnehmer und somit der gesamten betrieblichen Organisation erzielt werden kann. Ebenso sah er, wenn auch verschwommen, dass die divergierenden Wertvorstellungen der Betriebsmitglieder und der gesamten Organisation zu einem „Organisationsdilemma" führen können, wodurch zwangsläufig Konflikte entstehen, die die Leistungsfähigkeit und Leistungsbereitschaft vermindern. Diese dysfunktionalen Konflikte müssten durch entsprechende Veränderungen der betrieblichen Organisationsstruktur ausgeschlossen bzw. auf ein Minimum reduziert werden. Oberste Bedingung ist hierbei – nach Hendrik de Man – die Schaffung eines gewissen Autonomiebereiches für jedes Organisationsmitglied, innerhalb dessen es frei und selbständig handeln kann. Die starke Trennung von Entscheidung und Ausführung bei der Bildung von betrieblichen Einheiten sollte langfristig aufgehoben oder zumindest reduziert werden, um den Betriebsmitgliedern einen gewissen Autonomiebereich zu verschaffen.[154]

Unverkennbar sind aber für Hendrik de Man auch gegenläufige Tendenzen, die darin bestehen, dass natürlich auch Schichten der Arbeiterschaft entstehen, die als „Repetitivarbeiter durch den Fortschritt der Technik nach unten abgesondert"[155] werden. Dass

---

153 Vgl. Maslow, Abraham H.: Motivation and Personality, New York 1954.
154 Vgl. dazu de Man, Hendrik: Der Kampf um die Arbeitsfreude, S. 224 ff.
155 Ebenda, S. 229.

diese „Dequalifizierung" nicht bloß akademische Bedeutung hat, zeige gerade das Vorbild des industriellen Amerika, wo der hohen allgemeinen Wohlstandsstufe eine erschreckende geistige Nivellierung, Kulturverfall und massenpsychologische Standardisierung gegenüberstehe.[156] In seinem Werk „Vermassung und Kulturverfall – eine Diagnose unserer Zeit" beschreibt Hendrik de Man in geradezu nihilistischer Form den Zusammenhang zwischen Industrialisierung, Sinnentleerung sowie Norm- und Wertverfall:

„In Amerika vollzog sich die ungehemmte Industrialisierung, die Entfaltung des Kapitalismus in Reinkultur, die Standardisierung der Lebensart, die Nivellierung der Geister und die Vermassung des Volkes, wie eine Legierung in einem Schmelztiegel bei Höchsttemperatur […] Das soziologische Gegenstück dazu ist das Gefühl der Nichtigkeit, das den heutigen Menschen überfällt, wenn er spürt, wie einsam, verloren und ohnmächtig er den namenlosen Mächten gegenübersteht, die den ungeheuren Mechanismus der Gesellschaft in eine Richtung treiben, deren Ende er nicht sehen kann. Der entwurzelte, entmenschlichte, verzettelte Zeitgenosse ist durch die Industrialisierung zusammen mit der Erde des kopernikanischen Weltbildes aus der Achse geworfen und dadurch seines Gleichgewichts beraubt worden."[157]

Die Automatisierung, die insbesondere den Repetitivarbeiter seelisch von der Arbeitsverrichtung loslöse, kann in ihren ethisch nachteiligen Folgen überwunden werden, wenn die sozialen Verhältnisse so sind, dass der „Arbeiter seine Tätigkeit als gesellschaftliche Pflicht"[158] empfinden kann, glaubte Hendrik de Man. „Gemeinschaftsgefühl" könne dann die neue Brücke bauen, die den Repetitivarbeiter mit seiner Arbeit verbinde. Für Hendrik de Man ist allerdings die „Neubeseelung der automatisierten Arbeit"[159] von einer generellen Veränderung der Betriebsgemeinschaft abhängig. Die weitere Verkürzung der Arbeitszeit, die weitere Verringerung der Ermüdung durch Mechanisierung, die weitere Steigerung des Selbstbestimmungswillens etc. bildeten dafür die

---

156 Konkrete Beispiele der geistigen Nivellierung und des Kulturverfalls durch industrielle Standardisierung in den USA, vgl. de Man, Hendrik: Gegen den Strom, S. 143f.; ders.: Vermassung und Kulturverfall, 2. Auflage München 1952, S. 48ff., 93ff.
157 de Man, Hendrik: Vermassung und Kulturverfall, S. 83 und S. 97.
158 Vgl. de Man, Hendrik: Der Kampf um die Arbeitsfreude, S. 234.
159 Vgl. ebenda, S. 234.

Voraussetzung, um zu einer Erhöhung der Bedürfnisstufe zu gelangen, die allein den Repetitivarbeiter davor retten könne, auch als Mensch ein „reiner Automat" zu werden. Ausschlaggebend für diese Entwicklung sei nicht die Abbildung „utopischer Idealzustände", sondern die Erkenntnis vorhandener Entwicklungsrichtungen oder gangbarer Entwicklungswege. Hendrik de Man schreibt in diesem Zusammenhang:

„Man übersieht […] all zu leicht, dass die Erhöhung der Massenbedürfnisse sogar im rein materiellen Sinne ihren letzten psychologischen Ursprung in gesteigerter Selbstachtung hat. Die höhere Selbsteinschätzung des Persönlichkeitswertes ist zwar an sich noch keine ethische Werterhöhung (dazu gehört die Zielsetzung vom Gemeinschaftsgefühl her), aber sie ist die unumgängliche Voraussetzung dazu. Die Auflösung der alten Glaubensnormen durch die kritische Vernunft, die Zersetzung der traditionellen Gemeinschaftsbindungen durch den Individualismus und den Rationalismus, die ganze Geistesunruhe unserer Epoche kann eben so gut Durchgangsstadium zu einer neuen, höheren Gemeinschaftskultur sein, wie Verfallserscheinung. Die Loslösung der Gedanken von der Arbeit kann eine Erhebung des Lebensziels über das Arbeitsziel bedeuten. Sie kann ein Element der Freiheit sein […]."[160]

Freilich gehe das Industriezeitalter nicht mit vollen Segeln in die „Utopie gleichen Glücks für alle" hinein. Ein Hauptproblem bleibe: „die wachsende Differenzierung der geistig-schöpferischen und der physisch-ausführenden Funktionen als Grundlage einer neuen sozialen Schichtung und neuer sozialer Willenskonflikte."[161]

3. Die hypnotische Rhythmisierung

Ein Urteil über die psychologische Wirkung der Repetitivarbeit sei nicht vollständig, wenn es die Frage der „hypnotischen Rhythmisierung" unberücksichtigt lasse. Auch wenn die Rhythmisierung Arbeitsfreude fördernde Elemente enthält, überwiegen hemmende Wirkungen bei den psychologischen Wirkungen der Repetitivarbeit.[162] Repetitivarbeit lässt sich nicht immer in einen Rhythmus einfügen, der der natürlich-rhythmischen Bewegung des Menschen entspricht. Neben der Ermüdung durch Repetitivarbeit wirken

---

160 Ebenda, S. 235.
161 Ebenda, S. 237.
162 Vgl. ebenda, S. 237–245.

insbesondere ungünstige technische Betriebszustände hemmend auf die Arbeitsfreude. Als besondere Ursachen der Arbeitsunlust, die in den materiellen Begleitumständen der Arbeitsleistung zu suchen sind, treten außerdem noch folgende Fälle auf:
a. schlechte Betriebshygiene am Arbeitsort (schlechte Luft, zu hohe oder zu niedrige Temperaturen, übermäßiger Feuchtigkeitsgehalt, mangelhafte Ventilation, Staubentwicklung, üble Gerüche von Rohstoffen oder Arbeitsmaterial)
b. schlechte Betriebshygiene außerhalb des eigentlichen Arbeitsortes (ungenügende oder schlecht unterhaltene Aborte, mangelhafte Waschgelegenheit, primitive oder fehlende Garderobe); daneben wirken Betriebsgefahren, übermäßiger Lärm der Maschinen und von Arbeitsvorgängen, mangelhafte Beleuchtung, mangelhafte Reinigung des Arbeitsortes als Hemmungsfaktoren der Arbeitsfreude.[163]

Neben den erörterten unmittelbaren technischen Wirkungen der Repetitivarbeit, die je nach den Umständen günstig oder ungünstig auf die Arbeitsfreude wirken können, sind noch einige mittelbare Wirkungen zu berücksichtigen. Der Arbeiter, der an eine bestimmte Repetitivarbeit gewöhnt worden ist, verliert dadurch auf die Dauer einen Teil seiner allgemeinen Arbeitsfähigkeit und – soweit er sie jemals gehabt hat – seiner Berufstüchtigkeit. Er wird sich aus physischen und seelischen Gründen jedenfalls schwerer auf eine neue Tätigkeit umstellen können, als wenn er irgendwelche, sonst noch so wenig intelligente abwechselnde Arbeit geleistet hat. Dadurch gerät er beim Stellenwechsel in Nachteil. Das Bewusstsein dieses Nachteils wirkt oft mit, seine Unlust bei der Repetitivarbeit zu steigern.

Es kommt hinzu, dass Repetitivarbeit aufgrund des geringen Maßes der erforderten geistigen Fähigkeiten den Arbeiter im Urteil seiner höher qualifizierten Kollegen einer Minderschätzung aussetzt. Auch diese soziale Hemmung des Geltungstriebes ist häufig ein Element der Arbeitsunlust des Repetitivarbeiters, solange dieser die Hoffnung, jemals etwas anderes zu werden, nicht aufgegeben hat.[164]

---

163 Vgl. zu den ungünstigen technischen Betriebszuständen und deren Wirkungen auf die Arbeitsfreude de Man, Hendrik: Der Kampf um die Arbeitsfreude, S. 237–249.
164 Vgl. ebenda, S. 248f.

4.2.2.2 Innerbetriebliche soziale Hemmungen der Arbeitsfreude

Die Unzufriedenheit mit den materiellen Bedingungen des Arbeitsvertrages, ungerechte Lohnsysteme sowie die autokratische Betriebshierarchie sieht Hendrik de Man als die wesentlichen innerbetrieblichen sozialen Hemmungen der Arbeitsfreude.[165]

1. Die sozialen Arbeitsbedingungen

Die sozialen Arbeitsbedingungen – Lohnhöhe, Arbeitszeit, Urlaub – untersucht Hendrik de Man nur insofern, wie sie der subjektiven Tatsache einer Arbeitsunlust erzeugenden Unzufriedenheit zugrunde liegen. Die Berichte der am schlechtesten entlohnten Arbeiter – vor allem in der Kategorie der ungelernten – zeigen, dass ein Verdienst, der als zu gering empfunden wird, ein Ressentiment erzeugt, das die ganze Einstellung des Arbeiters zu seiner Arbeit prägt. Wer das Bewusstsein hat, trotz schwerer Arbeit nicht einmal genug zu verdienen, um sich und seiner Familie ein einigermaßen anständiges Existenzminimum zu sichern, kann unter keinen Umständen Arbeitsfreude erleben. Für die Wirkung auf die Arbeitsfreude entscheidet allein das subjektive Gefühl des unzureichenden Einkommens; die Schwelle dieses Gefühls ist im Verhältnis zu den materiellen Lebensbedingungen individuell stark verschieden, auch beim einzelnen Arbeiter je nach seinen Erlebnissen schwankend. Gerade diese Erkenntnis, dass nicht die absolute Lohnhöhe entscheidend ist, sondern das „subjektive Gefühl des unzureichenden Einkommens", wurde auch in späteren betriebssoziologischen Untersuchungen verifiziert.[166]

Erstaunt ist Hendrik de Man über die „relative Bedürfnislosigkeit" des deutschen Arbeiters im Unterschied zu angelsächsischen Arbeitern. Ein Grund liege wohl im Elend der Inflationszeit, zusammen mit dem Bewusstsein einer seit 1919 stark verminderten

---

165 Vgl. ebenda, S. 249 ff.
166 Vgl. von Friedeburg, Ludwig: Soziologie des Betriebsklimas. Studien zur Deutung empirischer Untersuchungen in industriellen Großbetrieben, Frankfurt/a. M. 1963, insb. S. 76 ff.

organisatorischen Macht der Arbeiterschaft, die dazu beigetragen habe, beim deutschen Arbeiter die ohnehin relativ niedrige Grenze der als unerträglich empfundenen Lebensbedingungen weiter herabzudrücken.

In Bezug auf die tägliche Arbeitszeit fällt auf, dass empirisch in keinem Bericht Klagen über den 8-Stunden-Tag ermittelt werden. Der Arbeitstag wird offenbar nur dann als zu lang empfunden, wenn er über acht Stunden ausgedehnt wird. Wo liegen die Gründe?

Für Hendrik de Man sind charakteristische Erscheinungen seiner Zeit die Verlagerung der Aufmerksamkeit der Arbeiterschaft vom Problem der Arbeitsdauer auf das Problem der Arbeitsintensität. Daraus ergibt sich die Notwendigkeit, die Behandlung der Arbeitszeit- und Produktionszusammenhänge durch qualitative Methoden zu untersuchen. Schon damals war die wichtigste Frage für die Arbeiterschaft außerhalb des Betriebes, wie die Freizeit zu verwenden ist. Die Berichte zeigen, dass sich das Verlangen der Arbeiterschaft nach mehr Freizeit zur damaligen Zeit mehr in der Richtung auf Vermehrung des jährlichen Urlaubs als auf weitere Verkürzung der täglichen Arbeitsdauer äußert. Vor diesem Hintergrund vertritt Hendrik de Man die These, dass eine bloße Verminderung der täglichen Arbeitszeit keine Problemlösung für die Arbeitsunlust darstellt. Die Förderung der Arbeitslust sieht er vor allem in gerechteren Lohnsystemen.

Zu Recht verweist er auf die Forschungslücke der Betriebssoziologie[167] in den zwanziger Jahren: „Die Stellung der Arbeiterschaft zu den Lohnsystemen ist ein von der Sozialwissenschaft kaum in Angriff genommenes Forschungsgebiet. Während jedes Jahr in Deutschland allein mindestens ein Dutzend Bücher über Werttheorien und ähnliche Gegenstände erscheinen, worin vielfach nur aufgrund einer neuen Terminologie Begriffe konstruiert werden, mit denen kein Mensch etwas anzufangen weiß, gibt es noch kein Buch über die dringende praktische Frage, die das tägliche Leben von Millionen Menschen beherrscht: die Stellung der Arbeiter zu ihren Entlohnungsmethoden."[168]

Betriebssoziologische Untersuchungen zum Verteilungs- und Lohnsystem lägen mehr im Interesse der Unternehmer und der Arbeiterschaft als utopische Abhandlungen über den Marxismus.

---
167 Vgl. de Man, Hendrik: Der Kampf um die Arbeitsfreude, S. 253 f.
168 Ebenda, S. 254.

Hendrik de Mans Kritik an den Forschungslücken mündet in einer Kritik an den sozialistischen Arbeiterbildungsanstalten:

„Der Durchschnittsschüler der sozialistischen Arbeiterbildungsanstalten weiß mit Zitaten über den historischen Materialismus und die Marx-Hegelsche-Dialektik herumzuwerfen, bis einem kunterbunt vor den Augen wird, aber er findet in diesen theoretischen Anschauungen selten einen Halt für ein praktisch taugliches Urteil in den Lebensfragen, die ihn als Angehörigen eines Betriebes angeht. Die Rationalisierung seiner Denkweise erstreckt sich, vielfach in den seltsamsten Formen, nur auf das nebelhaft- ferne; in den Entscheidungen der Praxis, zumal der gewerkschaftlichen Praxis, bleibt er den irrationalsten Instinkten und Traditionen unterworfen."[169] Orthodoxe Marxisten sehen in der Akkordarbeit eine „Gefährdung der Solidarität" der Arbeiterschaft. Auch hier lohne sich eine etwas tiefere Untersuchung der Motive, als sie gewöhnlich von orthodoxen Marxisten vorgenommen werde, so Hendrik de Man. Menschen, die nebeneinander unter gleichen Verhältnissen an ähnlichen Aufgaben arbeiten, sind dem Neid besonders zugänglich. In jeder Berufsgruppe wird wohl mehr oder weniger der berühmtere Kollege beneidet, auch wenn das für den Einzelnen keinen wirtschaftlichen Nachteil bedeutet. „Neid" entsteht unmittelbar aus dem „Bedürfnis eines Ausgleichs für einen Minderwertigkeitskomplex". Dabei wird ein „gedrücktes Selbstwertgefühl" durch die Herabsetzung eines als Vergleichsmaßstab genommenen Kollegen kompensiert. Der Industriebetrieb als Stätte kooperativer, hierarchisierter Arbeit ist für derartige „Neidkomplexe" unter Arbeitern ein ergiebiger Kulturboden.[170] Aber es gehöre die ganze psychologische Ahnungslosigkeit der marxistisch-mechanistischen Dialektik dazu, in dem kooperativen Charakter der Fabrikarbeit die Ursache der kooperativen (solidarischen) Gesinnung der Arbeiter zu erblicken. Das Betriebserlebnis erzeuge mindestens ebenso viele Reibungsflächen wie Berührungspunkte. Freilich ist die spezifische Erscheinung des Solidaritätsgefühls in der Gemeinschaft oder Ähnlichkeit des Betriebserlebnisses mitbegründet, aber keineswegs so, dass sich die arbeitstechnische Kooperation von selber in eine gewisse „soziale und politische Willensgemeinschaft" verwandelt.[171]

---

169 Ebenda, S. 254 f.
170 Vgl. ebenda, S. 255 f.
171 Vgl. ebenda, S. 261.

Die Berichte Hendrik de Mans ergeben, dass es eindeutig falsch ist, die „Solidarität" der Arbeiterschaft auf den kooperativen Charakter der Arbeitsaufgabe zurückzuführen. Die Arbeitssolidarität ist umso geringer, je stärker der Charakter der Arbeitsaufgabe zur Kooperation zwingt. Die Solidaritätsgefühle beruhen nicht auf einer Anpassung der Menschen an die Eigenschaften der technisch-materiellen Umgebung, sondern auf ihrer Auflehnung gegen die sozial-menschliche Umgebung, namentlich gegen die überzogene autokratische Betriebsordnung. Die Berichte belegen dies mit aller wünschenswerten Deutlichkeit. Spannungen ergeben sich aus den Gründen des Geltungstriebes, des Willens zur Macht, des Strebens nach Gruppenprestige, des Unterschiedes in dem Grade der Leistungsfähigkeit und -freudigkeit. Belege dafür findet man u.a. in dem Bericht des Eisenbahners,[172] wo erkennbar wird, dass die seelischen Wirkungen der hierarchischen Unterordnung durch das Beamtenverhältnis verschlimmert sind.

Bemerkenswert die Erkenntnis von Hendrik de Man, die er in den Worten fasst: „Ich glaube, dass der Begriff des Klasseninteresses selber erst von dem inner- und außerbetrieblichen sozialen Minderwertigkeitskomplexes der Arbeiterschaft und von dem dadurch erzeugten Machtstreben her seinen Inhalt erhält."[173]

Dass es überhaupt sinnlos ist, von einem „Klasseninteresse" zu sprechen, erkennt Hendrik de Man trotz seiner differenzierten betriebssoziologischen Untersuchungen nicht. Zu sehr ist seine Gedankenwelt vom utopischen Sozialismus seiner Zeit geprägt. „Solidarität" sei ein schwankender Gleichgewichtszustand zwischen zwei entgegengerichteten sozialen Kräften. Die Lösungsmöglichkeit sieht Hendrik de Man in einer Verschiebung der sozialen Machtverhältnisse und dem Ersatz „industrieller Gewaltherrschaft" durch eine „paritätische Rechtsordnung."[174]

---

172 Vgl. den Bericht des Eisenbahners bei de Man, Hendrik: Der Kampf um die Arbeitsfreude, S. 24. Der Eisenbahner schreibt in diesem Zusammenhang: „Meine Gefühle waren in den Dienststellen, in denen ich mit sachlichen Arbeitsmitteln zu schaffen hatte, nur dann freie, wenn ich aus eigener Verantwortung schaffen konnte […] In den Fällen jedoch, wo ich unter Aufsicht arbeitete, habe ich grundsätzlich nie mehr geschafft als unbedingt notwendig; einesteils um meine Kollegen nicht zu übertrumpfen, anderenteils um verdientes Lob bei eventueller Mehrleistung nicht dem Vorgesetzten zukommen zu lassen."
173 de Man, Hendrik: Der Kampf um die Arbeitsfreude, S. 264.
174 Ebenda, S. 275.

2. Die Betriebshierarchie als Hemmungsfaktor der Arbeitsfreude

Die zwischenmenschlichen Beziehungen der Vorgesetzten zu den Arbeitenden erwiesen sich als eine der wichtigsten Faktoren der Arbeitsfreude im Betrieb. Mit dem Blick auf die säkulare Verwandlung gesellschaftlicher Herrschaftsverhältnisse, der der Stilwandel innerbetrieblicher Autoritätsausübung nur zögernd folgte, mag es kaum überraschen, dass Zufriedenheit oder Unzufriedenheit mit dem Verhalten der unmittelbar Vorgesetzten für die Arbeitsfreude so bedeutsam ist. Die technische Vervollkommnung der Maschinerie industrieller Arbeit, die vielfältig personalen Druck überflüssig machte durch den gesteigerten Sachzwang des Produktionsflusses, ließ zunehmend antiquierte Herrschaftsformen auch wirtschaftlich obsolet werden.[175] Bei de Mans Untersuchungen spielte natürlich noch die unmittelbare Rolle der Vorgesetzten und Meister eine entscheidende Rolle bei der Ausprägung der Arbeitsfreude.

Schon Adolf Levenstein war aufgrund des in seiner „Arbeiterfrage" verarbeiteten Materials zu der Schlussfolgerung gekommen, dass „das Materielle den Arbeiter nur bis zur Grenze äußerster Lebenserhaltung interessiert [...] Das Unzuträglichste ist die Abhängigkeit."[176]

Die fünfzehn Jahre später von den Akademieschülern gelieferten Berichte bestätigen diesen Eindruck. Schlagwortartig könnte man sagen: Nicht die Maschine, sondern der Vorgesetzte gilt dem Arbeiter als der „schlimmste Feind". Unter allen Ursachen der Arbeitsunlust überwiegen die sozialen die technischen Ursachen, und unter den sozialen Ursachen steht die „autokratische Betriebshierarchie" an erster Stelle, so Hendrik de Man.

Von den 78 Probanden beschreibt nur einer das Verhältnis zwischen Arbeitern und Vorgesetzten als ganz befriedigend. Etwa 30 Probanden geben ausdrücklich den administrativen Druck der Betriebshierarchie als Hauptursache ihrer Unlustgefühle an. Viele darunter klagen allerdings nur die persönliche (technische oder menschlich-psychologische) Untauglichkeit ihrer Vorgesetzten an. Das Ressentiment gegen Vorgesetzte entspricht nicht den so-

---

175 Vgl. Frankfurter Beiträge zur Soziologie, von Friedeburg Ludwig: Soziologie des Betriebsklimas, S. 106 f.
176 Levenstein, Adolf: Die Arbeiterfrage, München 1912, S. 24.

zialen Ressentiments gegen die Unternehmer als soziale Gruppe. Die Ressentiments richten sich bezeichnenderweise in erster Linie gegen die unmittelbaren, selbst im Lohnverhältnis stehenden Vorgesetzten, die Meister, Aufpasser, Antreiber, Terminjäger usw., die „nach oben bücken und nach unten treten". Den größten „Hass" gegen Vorgesetzte stellt Hendrik de Man in öffentlichen Betrieben fest, die nicht auf Gewinn eingestellt sind, „bei denen dafür die Bürokratisierung und Militarisierung dem Vorgesetztensystem einen umso despotischeren Charakter verleihen."[177]

Unter allen Berichterstattern gibt es wohlgemerkt keinen Einzigen, der sich zu der Behauptung bereitfände, dass eine geordnete Produktion ohne die Betriebshierarchie auskommen könnte. Vorgesetzte werden anerkannt, wenn sie z.B. als Meister dem Arbeiter an Berufskenntnis überlegen sind und gleichzeitig auch Führungsqualitäten haben. Wenn in einzelnen Berichten Vorgesetzte als „überflüssig" empfunden werden, zeigt sich jedes Mal, dass die Ursache entweder in einer „schmarotzenden Bürokratie" liegt, in einer Ausübung der Disziplinargewalt ohne entsprechende technisch- arbeitsorganisatorische Verantwortung oder aus der persönlichen Inkompetenz des Vorgesetzten resultiert. Die Ablehnung gegen die Betriebshierarchie, insbesondere gegen ihre unteren Organe, resultiert vor allem aus dem sozialen Machtstreben der direkten Vorgesetzten. Zum Konfliktfeld zwischen der Arbeiterschaft und den Meistern auf der unteren Betriebshierarchie schreibt Hendrik de Man:

„Ihr gewöhnliches Anzeichen ist der Anspruch auf erhöhtes Prestige bei all ihren ausübenden Organen, was in Formen geschieht, die in dem Maße roher und brutaler zu werden pflegen, je tiefer sich das betreffende Organ selber auf der Leiter der Hierarchie befindet. Je näher der Vorgesetzte durch Herkunft, Bildungsstufe, Berufstüchtigkeit und Einkommenshöhe dem Arbeiter steht, umso krampfhafter wird sein Machtwille, umso größer der Reiz zur demonstrativen Betonung seiner Autorität, umso stärker infolgedessen der Konflikt mit dem Selbstwertungsgefühl der Arbeiterschaft."[178]

Das Schlimmste an diesem Zustand sei weniger, dass diese disziplinarische Gewalt im Betrieb ausgeübt wird, als dass sie

---
177 Vgl. de Man, Hendrik: Der Kampf um die Arbeitsfreude, S. 276.
178 Ebenda, S. 277.

sich in einer Person oder in einer Reihe von Personen mit den Funktionen der arbeitstechnischen und betriebsorganisatorischen Führung verbinde. Diese Vermischung der Produktionsdisziplin mit der „Sozialdisziplin ist das Gift, an dem das System der Betriebshierarchie krankt"[179]. Das „schlimmste Symptom dieser Erkrankung" sei, vom Gesichtspunkt des Arbeiters, die auf stetige Produktionssteigerung gerichtete „Antreiberrolle" der unteren Vorgesetzten. Autorität, wie sie jede Gemeinschaft, natürlich auch jede Werkgemeinschaft braucht, könne – so de Man – in einem demokratischen Zeitalter nur dann fruchtbar sein, wenn sie auf jener freiwilligen Unterordnung beruht, die Vertrauen und Bewusstsein eines gemeinsamen Zieles voraussetzt.

Der Gesichtspunkt des Unternehmers oder Betriebsleiters bei der Übertragung seiner Macht nach unten ist in der Praxis gewöhnlich ein ganz anderer als der des unmittelbar Vorgesetzten. Die berufliche Eignung tritt als Ausleseprinzip für den Unternehmer oder Betriebsleiter umso mehr in den Hintergrund, als sie sich – wenigstens im arbeitsteiligen Großbetrieb – aus naheliegenden Gründen seinem persönlichen Urteil oft entzieht. Ausschlaggebend dagegen ist in der Regel die „zuverlässige Gesinnung", d.h. die wenigstens scheinbare Ergebenheit an die Gewinninteressen des Unternehmens und die Anerkennung der Unternehmerautorität. Der unmittelbare Vorgesetzte aber, der diese Bedingungen erfüllt, ist vom Gesichtspunkt des Arbeiters der Ungeeignetste. Es ist kein Zufall, dass in so vielen Berichten gerade der an militärische Disziplin gewöhnte Vorgesetzte als der vom Gesichtspunkt der Arbeitsfreude und Arbeitsleistung schlimmste und verhassteste Vorgesetzte erscheine.[180]

Auch dieses Ergebnis der empirischen Untersuchungen Hendrik de Mans deckt sich weitgehend mit späteren industrie- und betriebssoziologischen Untersuchungen, die das untere Management und die Meister im betrieblichen Entscheidungsprozess zum Gegenstand haben.[181]

---

179 Ebenda, S. 277f.
180 So vgl. man die Äußerungen der Bergarbeiter bei de Man, Hendrik: Der Kampf um die Arbeitsfreude, S. 55–57 über die „im Bergbau losgelassenen arbeitslos gewordenen Offiziere" und die des Schiffbauers über den „ehemaligen Marineoffizier" als Betriebsleiter, ebenda, S. 88.
181 Vgl. zu den Meistern im betrieblichen Entscheidungsprozess Frankfurter Beiträge zur Soziologie, von Friedeburg, Ludwig: Soziologie des Betriebsklimas,

4.2.2.3 Außerbetriebliche soziale Hemmungen der Arbeitsfreude

Hendrik de Man untersucht in seiner abschließenden Betrachtung das Verhältnis zwischen Betrieb und sozialer Umwelt. Richtig ist, dass das betriebliche System hinsichtlich seiner organisatorischen Struktur und Zielstellung nicht als isolierte Einheit außerhalb der gesellschaftlichen Umwelt betrachtet werden kann. Der Betrieb als „soziales System" muss der Dynamik der Umwelt durch entsprechendes Verhalten gerecht werden, um bestehen und innovativ wachsen zu können. Das Verhalten der Unternehmensführung äußert sich in dem Zusammenwirken interner und externer Einflussgrößen. Hendrik de Man ist in seiner zentralen These – dass der Erfolg eines Unternehmens entscheidend von ihrem Verhalten, d.h. von der Anpassung an die gesellschaftliche Umwelt abhängt – zuzustimmen. Diese Betrachtung der betrieblichen Organisation als offenes soziotechnisches System[182] impliziert die Interdependenzen zwischen Unternehmen und Umwelt. Die Umwelt wird als bedeutender prägender Einflussfaktor des Verhaltens des betrieblichen Systems angesehen. Dabei stellt der Markt als die für die Unternehmung relevante ökonomische Umwelt die erste der wesentlichen Komponenten dar. Daneben ist die sich ändernde Technologie – und zwar sowohl die Produktions- als auch die Informationstechnologie – von gleichfalls herausragender Bedeutung für das Systemverhalten. Empirische Studien in den siebziger und achtziger Jahren haben die Marktstruktur aus entscheidungstheoretischer Sicht interpretiert und dabei in zunehmendem Maße die Beziehungen der Marktstruktur und die Struktur des Entscheidungsfeldes einer Unternehmung aufgezeigt.[183]

Bei der Beurteilung der Umweltstabilität des Unternehmungssystems ist zu beachten, dass diese ebenso durch die Technologie

---

S. 106 ff.; Durand, Claude; Touraine, Alain: Die kompensatorische Rolle der Werkmeister (1970), in: Industrie- und Betriebssoziologie hrsg. von Zündorf, Lutz, Darmstadt 1979, S. 119–157.

182 Vgl. Staehle, Wolfgang: Organisation und Führung sozio-technischer Systeme, Stuttgart 1973, insb. S. 9 ff.
183 Vgl. Mikl-Horke, Gertraude: Industrie- und Arbeitssoziologie, 3. Aufl., München, Wien 1995, insb. S. 55 ff.; Picot, Arnold; Reichwald, Ralf et al.: Die grenzenlose Unternehmung, 2. Aufl., Wiesbaden 1996.

beeinflusst wird. Dabei sind die Umweltkomponenten Markt und Technologie relativ unabhängig voneinander, sodass sie durchaus unterschiedliche Grade der Stabilität und Ungewissheit aufweisen können. Während die Auswirkungen der Produktionstechnologie – insbesondere auf den unteren Ebenen der Leitungshierarchie – schon früh Gegenstand betriebssoziologischer Untersuchungen[184] waren, fand das Problem der Veränderung der Informationstechnologie relativ spät Beachtung. Erst der rasche Fortschritt der Informationstechnologie und der Einsatz automatischer Datenverarbeitungsanlagen führten auch in diesem Bereich zu eingehenden und umfangreichen betriebssoziologischen Studien.

Hendrik de Man erkannte in seiner Studie den Zusammenhang zwischen Umwelt und betrieblicher Organisation. Er untersuchte das Kommunikationssystem, den Führungsstil, den Koordinationsmechanismus zwischen den verschiedenen organisatorischen Einheiten und die Arbeitszufriedenheit im Rahmen der betrieblichen Organisation. So interessant und richtig seine Betrachtungen zum Problem Betrieb und sozialer Umwelt waren, umso blauäugiger blieben sie von marxistischen Grundaussagen geprägt, die die deutsche Betriebssoziologie zum Teil in eine empirische Sackgasse geführt haben. Kennzeichnend dafür ist die folgende Bemerkung:

„Der soziale Inferioritätskomplex der Arbeiterklasse überhaupt – in der positiven Betonung der sozialistischen Ausdrucksweise: das proletarische Klassenbewusstsein – färbt die ganze Einstellung des Arbeiters zu seiner Arbeit, ergibt sich aber nicht ohne weiteres aus den Betriebsverhältnissen. Es sind deshalb namentlich noch folgende Umstände zu berücksichtigen:
1. die dauernde Zugehörigkeit zu einer besitzlosen Klasse;
2. die Existenzunsicherheit und
3. die Geringschätzung der Handarbeit durch die gesellschaftliche Sitte."[185]

---

184 Vgl. dazu die Hinweise in der Einleitung von Backhaus, Jürgen G. (Hrsg.): Gustav von Schmoller und die Probleme von heute, Berlin 1993, S. 7–16; Schneider, Dieter: Schmoller und die Lehre von der Unternehmungsverfassung vor der Betriebswirtschaftslehre, in: Backhaus, Jürgen G. (Hrsg.): Gustav von Schmoller und die Probleme von heute, Berlin 1993, S. 243–259; Schmidt, Karl-Heinz: Ökonomie und Technologie, in: Backhaus, Jürgen G. (Hrsg.): Gustav von Schmoller und die Probleme von heute, Berlin 1993, S. 261–276.
185 de Man, Hendrik: Der Kampf um die Arbeitsfreude, S. 281.

Hendrik de Mans Bemerkungen zum „proletarischen Klassenbewusstsein" sind sicherlich vom Geist der Zeit geprägt, aber seine empirischen Ergebnisse zur „sozialen Mobilität" entsprechen weitgehend empirischen Untersuchungen zur „sozialen Mobilität" in westlichen Industriegesellschaften[186], wenn Hendrik de Man schreibt:

„Nur sehr wenige Arbeiterfamilien können mit der Erfüllung ihrer Erwartung rechnen, dass es ihren Kindern gelingen möge, den Aufstieg zu einer selbständigen Stellung zu vollziehen. Die große Kinderzahl, die hohen Kosten der höheren Bildung, die Schwierigkeit des Verzichts auf frühzeitigen Verdienst, die geringe Aussicht auf ausreichendes Einkommen in den meisten freien Berufen in den ersten Jahren nach vollendetem Studium, die gesellschaftliche Benachteiligung des einer unbemittelten und ‚ungebildeten' Familie entstammten, der Mangel an geistig anregenden Elementen in der Lebensatmosphäre einer armen Familie, die Schwierigkeit der geistigen Konzentration in schlechten Wohnverhältnissen und bei steter Sorge um das Materielle – all dies sind Hindernisse, die trotz aller Bekenntnisse zum Prinzip der ‚freien Bahn dem Tüchtigen' für den Unbemittelten den sozialen Aufstieg auf dem Wege der höheren Bildung ungeheuer erschweren."[187]

Hendrik de Man forderte die Aufhebung des Bildungsprivilegs für das Bürgertum und die Chancengleichheit im Bildungswesen, um den „stärksten Kitt der gesellschaftlichen Hierarchie"[188] aufzubrechen.

---

186 Auch heutige Studien zeigen eine begrenzte soziale Mobilität, eine Besetzung von Berufspositionen nach sozialer Herkunft und eine immer noch begrenzte Chancengleichheit in der Gesellschaft. Die soziale Herkunft eines Menschen hat trotz der Betonung von Chancengleichheit im Bildungswesen und der Hervorhebung des Leistungsgedankens in der Berufswelt nach wie vor einen starken Einfluss auf die spätere berufliche Position in der Bundesrepublik. Die Chancenungleichheit hat seit 2000 laut PISA-Studie noch zugenommen. Generell ist der schulische Wissensvorsprung von 15-Jährigen aus der Oberschicht gegenüber gleichaltrigen Facharbeiterkindern in Deutschland weiter gewachsen. Bei gleicher Intelligenz und Lernbereitschaft hat ein 15-jähriges Oberschichtkind in Bayern eine 6,65 Mal größere Chance, das Gymnasium zu besuchen und das Abitur abzulegen als ein Facharbeiterkind. Im Bundesdurchschnitt ist die Chance 4,01 Mal so groß. Von Chancengerechtigkeit kann dabei keine Rede sein. Vgl. dazu weiter Reith, Karl-Heinz, dpa-Archiv, 30. 10. 2005 und Statistisches Bundesland (Hrsg.): Datenreport 2006, Stichwort: Soziale Mobilität, Wiesbaden 2006, S. 597–606.
187 de Man, Hendrik: Der Kampf um die Arbeitsfreude, S. 281
188 de Man, Hendrik: Arbeiterbewegung und bürgerliche Kultur, in: Europäische Revue, VI. Jg., 2. Halbband, Berlin 1930, S. 348

Bemerkenswert ist, dass Hendrik de Man seine Vorstellungen und Forschungsergebnisse zur Arbeitsfreude mit einer spezifischen „Arbeiterpsychologie" verbindet.

Arbeitsfreude, so Hendrik de Man, könne mit dem Instrumentarium der traditionellen Psychotechnik insofern nur unzureichend beim Arbeiter induziert werden, als der Ergograf in der Fabrik zwar die jeweils optimale Belastungs- und Beanspruchungsgrenze des Arbeitenden exakt festzustellen imstande sei, nicht hingegen in die Tiefenschichten der arbeiterlichen Psyche als dem eigentlichen Zentrum der Motive vordringen könne.[189]

Um den konkreten gesellschaftlich vermittelten Determinanten (wie das Familienleben, die Vorgeschichte, die politische und soziale Umwelt usw.) des arbeiterlichen Seelenlebens „auf den Grund gehen" zu können, bedürfe es – so de Man – einer spezifischen „Arbeiterpsychologie",[190] die es ermögliche, neben dem individuellen Profil der einzelnen Arbeitskraft gleichermaßen ihre sozialpsychologischen Dispositionen als konstituierenden Bestandteil von „Arbeitsfreude" zu analysieren und vorhersagbar zu gestalten.[191]

In seinem für das von Fritz Giese[192] edierte „Handwörterbuch der Arbeitswissenschaft" geschriebenen Stichwortartikel „Arbeiterpsychologie", in dem de Man wesentliche Aussagen seiner „Psychologie des Sozialismus" in konzentrierter Form zusammenfasste, stellte er fest, dass die Psychotechnik zwar insofern ein brauchbares Mittel zur Beeinflussung der Arbeiter sei, als sie realistisch davon ausginge, dass die „Arbeiterklasse" keine einheitliche gesellschaftliche Gruppierung sei. Insofern tue man gut daran, sich auf den psychologischen Einzelcharakter zu konzentrieren, der letzten Endes jedoch „die Sonderformen der persönlichen Reaktionen auf das Schicksal bestimmt".[193]

Nicht der klassenbewusste Arbeiter sei die Realität des betrieblichen Alltags, sondern vielmehr eine Arbeiterschaft, die aufgrund ihrer durch die Wirklichkeit der sozialen Klassenlage her-

---

189 Vgl. dazu Hinrichs, Peter: Um die Seele des Arbeiters. Arbeitspsychologie, Industrie- und Betriebssoziologie in Deutschland 1871–1945, Köln 1981, S. 256ff.
190 de Man, Hendrik: Arbeiterpsychologie, in: Giese, Fritz (Hrsg.): Handwörterbuch der Arbeitswissenschaft, 2 Bde., Halle 1930, Spalte 199–217.
191 Vgl. kritisch dazu Hinrichs, Peter: Um die Seele des Arbeiters, S. 258.
192 de Man, Hendrik: Arbeiterpsychologie, in: Giese, Fritz (Hrsg.): Handwörterbuch der Arbeitswissenschaft, Spalte 199–217.
193 Ebenda, Spalte 200.

vorgerufenen „sozialethischen Inferiorisierung" nach de Mans Bekunden nicht viel mehr als ein „psychologisches Reaktionssubjekt auf diese Verhältnisse darstellt".[194] Das nur in Ausnahmesituationen partiell aufflackernde Klassen- und Massenbewusstsein der Arbeiterschaft beruhe deswegen – so die Schlussfolgerungen Hendrik de Mans – nicht, wie bisher angenommen, auf dem starken Selbstwertgefühl des sich als Klasse fühlenden Proletariats, sondern sei umgekehrt nur der Ausdruck eines „eschatologischen Gefühls": „Alle sozialistischen Lehrsysteme, auch wenn sie sich (wie der Marxismus) auf ethisch-voraussetzungslose wissenschaftliche Analyse der gesellschaftlichen Entwicklungstendenzen berufen, sind im Grunde nichts anderes als symbolische Einkleidungen dieses eschatologischen Sehnens, Versuche zur Rationalisierung seiner Zuversicht."[195]

An die Stelle des – nach de Mans Meinung – zu Unrecht vermuteten Klassenbewusstseins trete beim Arbeiter daher, so die Quintessenz der „Psychologie des Sozialismus", eine nuancenreiche Palette intellektueller Qualitäten, die de Man wie folgt differenzierte.[196]

— „Gewohnheitsmäßige Subordination": Der typische Arbeiter sei nicht selbstbewusst, sondern – so de Man – „ein geborener Anhänger".[197]
— „Impulsivität" – „Jähe Stimmungsumschläge erfolgen immer nur als Folge von Veränderungen oder Konflikten der Gefühlslage."[198]
— „Protestimmung" sei eine unmittelbare Folgewirkung des sozialen „Inferioritätskomplexes der Arbeiterklasse". „Der Minderwertigkeitskomplex erzeugt eine intellektuelle Haltung, die grundsätzlich zum Proteste gegen alles neigt, was man nicht selbst empfindet oder erlebt. Daher ist der Ressentimentsozialismus ein so günstiger Nährboden für allerlei Formen des Protestes gegen Zustände oder Postulate, die mit proletarischen Klasseninteressen nur entfernte Verbindung haben."[199]

---

194 Ebenda, Spalte 205.
195 Ebenda, Spalte 214.
196 Ebenda, Spalte 215 ff.
197 Ebenda, Spalte 214.
198 Ebenda, Spalte 216.
199 Ebenda, Spalte 216.

- „Nervöse Unruhe" – „Der soziale Minderwertigkeitskomplex und die chronische Auflehnung gegen die aufgezwungenen sozialen Bindungen erzeugen Nervosität."[200]
- „Verbildung" der Arbeiter führe im Betriebsgeschehen oftmals zu „chaotischen Tendenzen".[201]

Welche strategischen Schlussfolgerungen zog nun de Man aus seinen Forschungsergebnissen, insbesondere auch für die Unternehmer?

Zunächst – so de Man – müsse man als Unternehmer Abschied nehmen von der tradierten Vorstellung, mittels vordergründiger philanthropischer Maßnahmen zur „Humanisierung" der Arbeit eine Pazifizierung der Arbeiterschaft herbeiführen zu wollen. Die „Arbeiterklasse" sei durch ihre reale materielle Lebens- und Arbeitssituation objektiv „inferiorisiert" und empfinde auch entsprechend.[202]

Hendrik de Man empfahl neben einer kontinuierlichen Weiterentwicklung der „sachtechnischen Rationalisierung im Betrieb" vor allem die Pflege zwischenmenschlicher Beziehungen in den Mittelpunkt des unternehmerischen Kalküls zu stellen, da dies u.a. der „gewohnheitsmäßigen Subordination" des Arbeiters entgegenkomme und von daher am ehesten geeignet sei, die gewünschte Arbeitsfreudigkeit zu induzieren.

Aus dem Widerspruch zwischen der „sozialtheoretischen Aggressivität" und der „all-menschlichen Sentimentalität" des deutschen Arbeiters glaubte de Man den Nachweis erbringen zu können, dass der Marxismus nicht aus der realen betrieblichen Praxis abzuleiten, sondern eine theoretische Chimäre, ein „Produkt der Gelehrtenstuben und des Katheders" sei.[203]

Der Sozialist und Historiker Carl Landauer stand kritisch zu Hendrik de Man: „Hendrik de Man griff vor allem den Marxschen Determinismus an und betonte die Mannigfaltigkeit der seelischen Bedürfnisse des Arbeiters, die eine eindeutige Berechnung seines Handelns aus rein ökonomischen Daten ausschließen und eine Umgestaltung des Arbeitsverhältnisses verlangen, die sich nicht in der Vergesellschaftung der Produktionsmittel erschöpft. De Man selbst hat seine Gesellschaftsphilosophie als

---

200 Ebenda
201 Ebenda
202 Ebenda, Spalte 216 und vgl. kritisch dazu Hinrichs, Peter: Um die Seele des Arbeiters, S. 260f.
203 de Man, Hendrik: Kampf um die Arbeitsfreude, S. 286f.

‚voluntaristisch, pluralistisch und institutionell' bezeichnet. Er hat wertvolle Einsichten in die Psychologie der Arbeiterbewegung eröffnet, aber die im Grunde einfache Tatsache nicht richtig gewürdigt, dass der Arbeiter und besonders die Arbeiterjugend aus einem geistigen Sicherheitsbedürfnis heraus sich den Marxismus nicht nehmen lassen wollte. De Mans psychologische Ideen hätten sich, wie er selbst wusste, mindestens ebenso gut als Weiterentwicklung wie als Widerlegung des Marxismus darstellen lassen. Daher erschien seine scharf anti-marxistische Sprache als nutzlose Bilderstürmerei, und nach sensationellen Anfangserfolgen blieb sein Einfluss auf ziemlich enge Kreise beschränkt."[204]

Neben seiner Marxismuskritik, seinen interessanten Erhebungen zu den Motiven und Hemmungen der Arbeitsfreude bildete das Verhältnis von Arbeit und Subjektivität einen weiteren Gegenstand der empirischen Untersuchungen Hendrik de Mans.[205]

4.2.3 Arbeit und Subjektivität

Die Subjektivität der Arbeiter und Angestellten – ihre Vorstellungen und Ziele, ihre Verhaltensweisen, ihre Handlungs- und Lebensperspektiven – ist in der industrie- und betriebssoziologischen Forschung der letzten Jahre in den Mittelpunkt getreten.[206] Nicht zuletzt das Wechselspiel von äußeren gesellschaftlichen Be-

---

[204] Landauer, Carl: Stichwort Sozialismus, in: Handwörterbuch der Sozialwissenschaften, 9. Band, Stuttgart/Tübingen/Göttingen 1956, S. 494–501, S. 496.
[205] Vgl. de Man, Hendrik: Der Kampf um die Arbeitsfreude, Jena 1927, insbesondere S. 193 ff. und S. 249 ff.
[206] Vgl. dazu die theoretischen und empirischen Untersuchungen der achtziger Jahre in Deutschland wie Schumm, Wilhelm: Arbeit und Subjektivität in der jüngeren soziologischen Forschung, in: Arbeit und Subjektivität, Beiträge zu einer Tagung der Sektion Industrie- und Betriebssoziologie in der Deutschen Gesellschaft für Soziologie, hrsg. von Schmiede, Rudi, Bonn 1988, S. 1–26; Vollmerg, Birgit: Ein sozialpsychologischer Ansatz zum Verständnis von Subjektivität und industrieller Arbeit, in: Arbeit und Subjektivität, Beiträge zu einer Tagung der Sektion Industrie- und Betriebssoziologie in der Deutschen Gesellschaft für Soziologie, hrsg. von Schmiede, Rudi, Bonn 1988, S. 197–211; Brede, Karola; Schweikart, Rudolf; Zeul, Mechthild: Subjektivität als psychische Dimension betrieblich-abhängiger Arbeit, in: Arbeit und Subjektivität, S. 212–232; Brock, Ditmar; Vetter, Hans-Rudolf: Alltägliche Arbeiterexistenz. Soziologische Rekonstruktion des Zusammenhangs von Lohnarbeit und Biographie, Frankfurt/New York 1982.

zügen und inneren Motiven und Strukturen der Individuen sind Dimensionen von Subjektivität. Nach Hendrik de Man werden objektive Strukturen über erfahrbare soziale Mechanismen zum Bestandteil alltäglicher Lebensbedingungen und bilden sich in Strukturen subjektiver Relevanz ab. Sowohl der gesellschaftliche Pluralismus als auch die Fortschreibung der „subjektorientierten Industriesoziologie"[207] haben das Bild einer stark ausdifferenzierten Arbeiterschaft entstehen lassen.

Neben den Prozessen der Differenzierung und Individualisierung der Arbeiterexistenz und damit dem Auseinandertreten von „System und Lebenswelt" spielen aber sicher auch der Ausbau der sozialpolitischen Sicherungssysteme, die abnehmende physische Präsenz der Industriearbeit, Veränderungen in der „beruflichen Sozialisation" sowie die „Zersetzung" geschlossener Arbeitermilieus als Momente einer historisch veränderten Lebensführung eine entscheidende Rolle.[208]

Wie Hendrik de Man in seinen empirischen Untersuchungen festgestellt hat, werden die im Rahmen der Lebensführung vollzogenen Tätigkeiten von den Menschen nicht beliebig gestaltet. Sie können nur im Rahmen und in der Auseinandersetzung mit vorgegebenen gesellschaftlichen Bereichen bzw. Institutionen (Betriebe, Familie, soziale Netze, Verbände und Vereine, staatliche Einrichtungen usw.) praktiziert werden. Das bedeutet, die Menschen müssen ihre Tätigkeiten auf diese Bereiche aufteilen und den jeweiligen spezifischen Bedingungen anpassen.[209]

Die Art und Weise, wie Menschen Tätigkeiten auf verschiedene gesellschaftliche Bereiche verteilen, berührt zweifellos die

---

207 Vgl. Bolte, Karl M.: Subjektorientierte Soziologie – Plädoyer für eine Forschungsperspektive, in: Bolte, Karl M.; Treutner, Erhard (Hrsg.): Subjektorientierte Arbeits- und Berufssoziologie, Frankfurt 1983, S. 12–36; Heidenreich, Martin: Die subjektive Modernisierung fortgeschrittener Arbeitsgesellschaften, in: Soziale Welt 47, 1.1996, S. 24–43.
208 Vgl. Arbeit und Subjektivität, Beiträge zu einer Tagung der Sektion Industrie- und Betriebssoziologie in der Deutschen Gesellschaft für Soziologie, hrsg. von Schmiede Rudi, Bonn 1988, S. 67–72.
209 Zu industrie- und betriebssoziologischen Untersuchungen vgl. Kudera, Werner; Voß, Günter G.: Veränderungen der Arbeitsteilung von Personen. Neue Muster der individuellen Verteilung von Arbeit auf verschiedene Lebensbereiche, in: Arbeit und Subjektivität, Beiträge zu einer Tagung der Sektion Industrie- und Betriebssoziologie in der Deutschen Gesellschaft für Soziologie, hrsg. von Schmiede Rudi, S. 176–196.

Interessen wichtiger gesellschaftlicher Akteure, die auf die Tätigkeiten der Personen angewiesen sind. Daraus folgt, dass Betriebe, Staat, Verbände usw. versuchen, auf die Ausgestaltung der sozialtypischen und sanktionierten Muster personaler Arbeitsteilung Einfluss zu nehmen. Die heftige Diskussion um Arbeitszeit, Wertewandel oder die Leistungsbereitschaft, aber auch die Diskussion um alternative Lebensformen und die sog. Schattenwirtschaft lassen sich, so betrachtet, als indirekte Auseinandersetzungen um die Formen der Arbeitsteilung von Personen begreifen.

Bemerkenswert ist, dass Hendrik de Man die Gewinnung des empirischen Materials im Wege des narrativen Interviews durchführte; d.h. durch Erzählungen darüber, was Menschen Tag für Tag tun bzw. zu tun gezwungen sind. Hendrik de Man bediente sich des narrativen Interviews als eines hochspezialisierten Instruments der empirischen Forschung, das seinen angemessenen Gegenstand in der Rekonstruktion biografischer Strukturen hat. Hierin liegen wesentliche Vorteile der empirischen Untersuchungen von Hendrik de Man in den zwanziger und dreißiger Jahren. Er konnte über die Rekonstruktion biografischer Strukturen erfassen, wie der Alltag funktioniert und gemeistert wird. Entscheidende Nachteile der späteren Zeitbudgetforschung werden so durch die empirischen Untersuchungen Hendrik de Mans vermieden. Daraus ergibt sich folgerichtig unmittelbar das methodische Postulat, den befragten Personen die größtmöglichen Chancen einer Selbstthematisierung einzuräumen. Die Bedingungen, unter denen die Personen agieren, werden in den Erzählungen ohnehin mit thematisiert. Das narrative Interview, wie es Hendrik de Man für seine empirischen Untersuchungen benutzte, zielte darauf ab, langfristig soziale Prozesse kollektiver und individueller Trägerschaft zu rekonstruieren. Erst in den achtziger Jahren wurden dann eingehend die kommunikativen Grundlagen für dieses Forschungsverfahren, das Erzählschema, untersucht.[210] Das narrative Interview ist somit in der Lage, langfristige soziale Pro-

---

210 Vgl. Schütze, Fritz; Matthes, Joachim: Zur Einführung: Alltagswissen, Interaktion und gesellschaftliche Wirklichkeit, in: Arbeitsgruppe Bielefelder Soziologen (Hrsg.): Alltagswissen, Interaktion und gesellschaftliche Wirklichkeit, Reinbek 1973. Die Technik des narrativen Interviews in Interaktionsfeldstudien – dargestellt an einem Projekt zur Erforschung von kommunalen Machtstrukturen, Universität Bielefeld, Fakultät für Soziologie, Arbeitsberichte und Forschungsmaterialien, Nr. 1, 1977.

zesse sowohl von ihrer subjektiven Erfahrungs- als auch von ihrer objektiven Ereignisseite her zu erfassen. Dieser Wechselbeziehung weiter nachzugehen – wie es Hendrik de Man erfolgreich in seinen empirischen Untersuchungen bereits in den zwanziger und dreißiger Jahren praktizierte –, scheint uns ein dringendes theoretisches wie empirisches Desiderat auch der gegenwärtigen Industrie- und Betriebssoziologie zu sein, wenn sie dem Thema „Arbeit und Subjektivität" gerecht werden will.

Mit den biografischen Erzählungen von Arbeitern und Angestellten – wie von Hendrik de Man in seinen Untersuchungen belegt – verfügt man über einen von den Befragten selber produzierten umfassenden Sinnzusammenhang, der es erlaubt, durch Interpretation der einzelnen Äußerungen zu den tiefer liegenden Identitätsmustern des Befragten zu gelangen.

Bei den Untersuchungen Hendrik de Mans zur Arbeitsfreude spielte die Subjektivierung von Arbeit eine entscheidende Rolle, die auch die spätere Soziologie[211] prägte.

In Diskursen um die künftige Entwicklung von Erwerbsarbeit wird verschiedentlich betont, dass individuellen Handlungen und Deutungen der Subjekte im Arbeitsprozess eine zunehmende Bedeutung zukomme. Diese Entwicklung fassen wir begrifflich als „Subjektivierung von Arbeit" im Sinne eines Wechselverhältnisses zwischen einzelnem Subjekt und Arbeit.[212]

In diesem Zusammenhang wird Subjektivierung der Arbeit verstanden als Wechselverhältnis zwischen Person, Betrieb und Gesellschaft. D.h., es geht um die „Passung" zwischen arbeitender Person – ihren subjektiven Leistungen, Fähigkeiten, Sinndeutungen und Einstellungen – und betrieblichem Arbeitsplatz – dessen Anforderungen

---

211 Vgl. dazu Schmiede, Rudi (Hrsg.): Arbeit und Subjektivität. Beiträge zu einer Tagung der Sektion Industrie- und Betriebssoziologie in der Deutschen Gesellschaft für Soziologie, Bonn 1988; Schmiede, Rudi (Hrsg.): Virtuelle Arbeitswelten. Arbeit, Produktion und Subjekt in der „Informationsgesellschaft", Berlin 1996; Zoll, Rainer (Hrsg.): Ein neues kulturelles Modell? Der soziokulturelle Wandel in Westeuropa und Nordamerika, Opladen 1992.
212 Vgl. dazu Kleemann Frank; Matuschek, Ingo; Voß, Günter G.: Zur Subjektivierung von Arbeit, Wissenschaftszentrum Berlin für Sozialforschung, Berlin 1999 und Biesecker, Adelheid: Kooperative Vielfalt und das „Ganze" der Arbeit. Überlegungen zu einem erweiterten Arbeitsbegriff, Wissenschaftszentrum Berlin für Sozialforschung, Berlin 2000; Baethge, Martin: Arbeit, Vergesellschaftung, Identität – Zur zunehmenden normativen Subjektivierung der Arbeit, in: Soziale Welt 42, 1, 1991, S. 6–19.

an Arbeitskraft und strukturierende Wirkung für subjektive Handlungsspielräume und deren Folgen für die Gesellschaft.[213]

Vor dem Hintergrund der grundlegenden Veränderungen der Produktionsbedingungen (Technisierung und Verwissenschaftlichung des Produktionsprozesses, verschärfter nationaler und internationaler Wettbewerb, veränderte Produkt- und Marktanforderungen) wird in der soziologischen Diskussion meist darauf verwiesen, dass der Kern der sich abzeichnenden Grenzen des Taylorismus darin liegt, dass weitere Steigungen von Kontrolle und hierarchischer Arbeitsteilung im Unternehmen nicht nur zunehmend die Leistungsbereitschaft von Mitarbeitern begrenzt, sondern vor allem die dringend erforderliche Nutzung ihrer Fähigkeit zur Innovation und Flexibilität in der Arbeit behindert.[214]

In dezidierter Abkehr von bisher dominierenden Prinzipien versuchen deshalb die Betriebe, Verantwortlichkeiten und Handlungsspielräume der Arbeiter und Angestellten zu erhöhen und eine neue Stufe der „Selbstorganisation" ihrer Arbeit zu fordern.[215] Den Mitarbeitern werden dabei deutlich erweiterte Freiräume in der Ausführung der Arbeit gewährt, wie sie bisher allenfalls für bestimmte Gruppen von Angestellten, Experten und/oder Führungskräften typisch waren.

Die neuen post-taylorisischen Arbeitsformen beruhen in hohem Maße darauf, dass die betriebliche Kontrolle von Arbeit nun durch Gewährung partiell erweiterter Autonomien vollzogen wird – bei allerdings zugleich steigenden Leistungsanforderungen und einer verstärkten Überwachung der Arbeitsergebnisse. Diese betrieblicherseits erwünschten Handlungsspielräume sind jedoch für die Betroffenen von hoher Ambivalenz.[216] Das heißt: Ziel der Betriebe ist – neben der Reduzierung von Strukturierungs- bzw.

---

213 Vgl. Kleemann, Frank; Matuschek, Ingo; Voß, Günter G.: Zur Subjektivierung von Arbeit, Wissenschaftszentrum Berlin für Sozialforschung, S. 2f.; vgl. dazu auch Voß, Günter G.: Pongratz, Hans J. (Hrsg.): Subjektorientierte Soziologie, Opladen 1997.
214 Vgl. von Rosenstiel, Lutz et al. (Hrsg.): Wertewandel. Herausforderungen für die Unternehmenspolitik in den 90er Jahren, 2. über. Aufl., Stuttgart 1993; Picot, Arnold; Reichwald, Ralf; Wigand, Rolf T.: Die grenzenlose Unternehmung. Information, Organisation und Management, Wiesbaden 1996.
215 Vgl. Kleemann, Frank; Matuschek, Ingo; Voß, Günter G.: Zur Subjektivierung von Arbeit, S. 12f.
216 Vgl. Heidenreich, Martin: Die subjektive Modernisierung fortgeschrittener Arbeitsgesellschaften, in: Soziale Welt 47, 1,1996, S. 24–43,

Verwaltungskosten – vor allem die Freisetzung neuer Leistungspotenziale der Mitarbeiter. Zwar sind Teilaspekte dieser Neuorganisation seit Längerem bekannt, wie z.B. Delegation, partizipative Führung, Führung durch Zielvereinbarung, und werden im Rahmen auftragsorientierter Konzepte schon länger propagiert, auch wenn sie nur selten konsequent in den Unternehmen angewandt wurden. In den neunziger Jahren hat sich dieser Prozess jedoch massiv ausgeweitet. Inzwischen findet sich ein breites Spektrum von sog. neuen Arbeitsformen bzw. Formen der Personalsteuerung, die auf weitreichend erweiterte Autonomie der Betroffenen setzen – zu nennen wären hier unterschiedliche Konzepte wie Gruppenarbeit, Projektorganisation, Prozessorganisation, Führung durch Zielvereinbarung, Profitcenter etc.[217] Dabei lassen sich zwei Tendenzen erkennen: Die verstärkte Nutzung subjektiver Strukturierungsleistungen in der betrieblichen Arbeitsorganisation sowie der erweiterte Zugriff auf die subjektiven Potenziale von Arbeitenden. Auf der Ebene der Mitarbeiter ergeben sich zwar durchaus erweiterte Gestaltungsfreiheiten und damit prinzipiell die Möglichkeit einer verstärkten Berücksichtigung persönlicher Bedürfnisse in der Arbeit. Zugleich entstehen jedoch drastisch verstärkte Anforderungen an eine aktive Eigenstrukturierung der Arbeit, die zudem in hohem Maße entsprechende Kompetenzen erfordern. Dies führt zum Teil zu neuartigen Belastungen und entsprechenden Risiken der Überforderung.

Für die Betriebe kann die erweiterte Nutzung von Leistungen und Potenzialen der Arbeiter und Angestellten zwar prinzipiell zu kostengünstigeren und flexibleren Organisationsformen führen. Zugleich entstehen aber nicht unerhebliche Risiken dadurch, dass die Betriebe wichtige Gestaltungsleistungen und damit die Kontrolle über betriebliche Strukturen und Prozesse auf neuer Stufe an die Arbeitskräfte auslagern und damit tendenziell einen Herrschaftsverlust riskieren.[218]

Ein weiterer Prozess bestimmt die Subjektivierung von Arbeit: Die normative Subjektivierung von Arbeit infolge des Wandels von Arbeitswerten.

---

217 Vgl. Becker, Lutz; Ehrhardt, Johannes; Gora, Walter: Führungskonzepte und Führungskompetenz, Düsseldorf 2006; Herbig, Albert F.: Führungstheorien und -konzepte. Grundlagen professioneller Mitarbeiterführung, Norderstedt 2005.
218 Vgl. Kleemann, Frank; Matuschek, Ingo; Voß, Günter: Zur Subjektivierung von Arbeit, S. 13 f.

Spätestens seit den achtziger Jahren des 20. Jahrhunderts findet in der Bundesrepublik ein soziokultureller Prozess statt, der in wissenschaftlichen wie öffentlichen Diskursen mit dem Kürzel „Wertewandel" beschrieben wird. Zwar sind die genauen Ausformungen und Bezugspunkte genauso umstritten wie die Frage, für welche gesellschaftlichen Gruppen dieser Prozess tatsächlich Gültigkeit hat. Auf allgemeiner Ebene lässt sich der zur Debatte stehende Prozess aber mit einer Verschiebung bzw. Ergänzung individueller Werthaltungen von „Pflicht- und Akzeptanzwerten" zu „Selbstentfaltungswerten" beschreiben.[219]

Diese Entwicklung zu einer „normativen Subjektivierung von Arbeit" kann als soziokulturell induzierter Prozess einer zunehmend individuellen Ausformulierung und Einforderung von Sinn- und Selbstverwirklichungsansprüchen an die Arbeitstätigkeit (insbesondere bei jüngeren und qualifizierteren Berufstätigen) beschrieben werden. Es sind vor allem drei grundlegende Tendenzen[220], die bedeutenden Einfluss auf die sich abzeichnenden Veränderungen der Arbeitsgesellschaft haben:

Grenzen und Folgeprobleme von technischen und bürokratischen Strukturen betrieblich verfasster Arbeit.

De-Institutionalisierung bzw. Aufweichung von Strukturen.

Zunehmende sozio-kulturelle personale Bedürfnisse nach subjektiver Entfaltung bzw. Anforderungen an subjektive Gestaltung.

---

219 Klages, Helmut (Hrsg.): Werte und Wandel. Ergebnisse und Methoden einer Forschungstradition, Frankfurt/a. M., New York 1992; Klages, Helmut: Wertewandel in Deutschland in den 90er Jahren, in: von Rosenstiel, Lutz et al. (Hrsg.): Wertewandel. Herausforderungen für die Unternehmenspolitik in den 90er Jahren, 2. überarb. Aufl., Stuttgart 1993, S. 1–15; Beck, Ulrich: Risikogesellschaft. Auf dem Weg in eine andere Moderne, Frankfurt/a. M. 1986; Beck, Ulrich; Beck-Gernsheim, Elisabeth (Hrsg.): Riskante Freiheiten, Frankfurt/a. M. 1994.
220 Vgl. Kleemann, Frank; Matuschek, Ingo; Voß, Günter: Zur Subjektivierung von Arbeit, S. 35 f.

4.3 Subjektivierung von Arbeit und Folgen für die Gesellschaft – eine Betrachtung aus heutiger Sicht

Der Prozess der Subjektivierung von Arbeit vollzieht sich im Rahmen eines umfassenden gesellschaftlichen Differenzierungs- und Modernisierungsprozesses. Diese Entwicklung ist vor allem gekennzeichnet durch eine Auflösung gewohnter institutioneller Einbettungen der Individuen in die Gesellschaft.[221] In dem Maße, wie traditionelle Bindungen prekär werden, kommt es zu einer zunehmenden Flexibilisierung von gesellschaftlichen Strukturen. Auslöser der Veränderungen sind vor allem Wandlungen der gesellschaftlichen Organisation von Arbeit und Beschäftigung, die meist auf eine gravierende Komplexitätssteigerung von Strukturen verschiedenster Art (Technik, Arbeits- und Betriebsorganisation) hinauslaufen und mit denen diverse sozio-kulturelle Wandlungsprozesse (Verhältnis von Arbeit und Leben,[222] Biografien, Werte und Orientierungen) in Wechselwirkung treten.[223] In der Soziologie wurde für diesen Prozess der Begriff des Arbeitskraftunternehmers[224] geprägt.

---

221 Vgl. Beck, Ulrich; Beck-Gernsheim, Elisabeth: Individualisierung in modernen Gesellschaften – Perspektiven und Kontroversen einer subjektorientierten Soziologie, in: Beck, Ulrich; Beck-Gernsheim, Elisabeth (Hrsg.): Riskante Freiheiten, Frankfurt/a.M. 1994, S. 10–39.

222 Vgl. Ulrich, Karl; Müller, Walter: Individualisierung und Standardisierung im Strukturwandel der Moderne. Lebensverläufe im Wohlfahrtsstaat, in: Beck, Ulrich; Beck-Gernsheim, Elisabeth (Hrsg.): Riskante Freiheiten, Frankfurt/a.M. 1994, S. 265–295.

223 Vgl. Kohli, Martin: Institutionalisierung und Individualisierung der Erwerbsbiografie, in: Beck, Ulrich; Beck-Gernsheim, Elisabeth (Hrsg.): Riskante Freiheiten, Frankfurt/a.M. 1994, S. 219–244.

224 Der Begriff des Arbeitskraftunternehmers stammt von dem Chemnitzer Soziologen Günter G. Voss und dem Münchner Soziologen Hans J. Pongratz. Sie bezeichnen mit diesem Begriff einen angenommenen Typus von Arbeitskraft, der genötigt ist, mit seiner eigenen Arbeitskraft wie ein Unternehmer umzugehen. Ihrer Ansicht nach könnte der Arbeitskraftunternehmer zu einem neuen gesellschaftlichen Leittypus des globalen Kapitalismus werden. Abgeleitet wird diese Vermutung von den Entgrenzungsprozessen im Bereich der Arbeitskraft, die die Industriesoziologie in den letzten Jahren beobachtet und intensiv diskutiert hat. Arbeitskraftunternehmer sind mithin hochgradig individualisierte Beschäftigte, deren Arbeitsverhältnisse nur mehr in geringem Grad sozial und institutionell reguliert sind. Voß und Pongratz beurteilen diesen Typus sehr ambivalent: Er verfüge über relativ hohe Freiheit von direkter Fremdbestimmung, sei aber zugleich gezwungen, diese Fremdbestimmung durch

Arbeitskraftunternehmer sind hochgradig individualisierte Beschäftigte, deren Arbeitsverhältnisse nur mehr im geringen Grad sozial und institutionell reguliert sind. Günter Voß und Hans J. Pongratz beurteilen diesen Typus sehr ambivalent.[225] Der Arbeitskraftunternehmer zeichne sich aus durch verstärkte Selbstkontrolle, erweiterte Selbst-Ökonomisierung und Selbst-Rationalisierung. Ihrer Ansicht nach könnte der Arbeitskraftunternehmer zu einem „neuen gesellschaftlichen Leittypus des globalen Kapitalismus" werden. Abgeleitet wird diese These von den Entgrenzungsprozessen im Bereich der Arbeitskraft, die die Industrie- und Betriebssoziologie in den letzten Jahren beobachtet und intensiv diskutiert hat.[226]

Unstrittig sind wohl die Tendenzen, die Voß und Pongratz beschreiben, gestritten wird jedoch darum, inwieweit dieser Typus von Arbeitskraft tatsächlich empirisch als abgrenzbare Gruppe aufzufinden ist.

Die gegenwärtig thematisierte „Deregulierung" von Arbeit und Beschäftigung ist eine im Kern rechtliche (oder vertragliche) Form der Entgrenzung der Erwerbsarbeit. Bisher stark auf enge und stabile Kollektivregulierungen der Verhältnisse ausgerichtet, wird auch die rechtliche und tarifvertragliche Rahmung von Arbeit immer mehr „geöffnet" und in der Folge individualisiert und dynamisiert. Es ist nicht verwunderlich, dass die Entgrenzungsdiskussion fast von Anfang an mit dem Stichwort „Subjektivierung der Arbeit" einherging. Unter entgrenzten Bedingungen müssen (und können) die Bedingungen von Tätigkeiten, z.B. von Arbeit, stärker aktiv angeeignet und selbst gestaltet werden.

Entgrenzung von Arbeit setzt Subjektivität in und für Arbeit frei – in all der damit verbundenen Ambivalenz, mit den daraus

---

      starke Selbstdisziplinierung im Sinne der Verwertbarkeit seiner Arbeitskraft zu ersetzen. Vgl. dazu Voß, Günter G.; Pongratz, Hans J.: Der Arbeitskraftunternehmer. Eine neue Grundform der „Ware Arbeitskraft", in: Kölner Zeitschrift für Soziologie und Sozialpsychologie 50, 1,1998, S. 131–158; Voß, Günter G.; Pongratz, Hans J.: Arbeitskraftunternehmer – Erwerbsorientierungen in entgrenzten Arbeitsformen, Berlin 2003 und vgl. Voß, Günter G.; Moldaschl, Manfred (Hrsg.): Subjektivierung von Arbeit, München 2003.
225 Vgl. Voß, Günter G.; Pongratz, Hans J.: Der Arbeitskraftunternehmer. Eine neue Grundform der „Ware Arbeitskraft", in: Kölner Zeitschrift für Soziologie und Sozialpsychologie 50, 1,1998, S. 131–158.
226 Vgl. ebenda

entstehenden (sozial höchst unterschiedlich verteilten) neuen Anforderungen und Belastungen, Chancen und Risiken.[227]

Offen bleibt in der soziologischen Forschung, ob diese Prozesse ein vorübergehender Zustand momentaner „Verflüssigung von Strukturen" im Rahmen eines allgemeinen Umbruchs sind oder ob die Veränderungen der Strukturen der Arbeitswelt von Dauer sind und damit Subjektivität tatsächlich strukturell eine steigende Bedeutung in Arbeit und Gesellschaft bekommt.

Diese Frage weist interessante Parallelen in Diskussionen der allgemeinen Soziologie und der Sozialstrukturforschung auf. Annahmen dieser Art sind soziologisch nicht neu – sie wurden schon um die Jahrhundertwende von einigen der soziologischen Klassiker (insbesondere Emile Durkheim (1858–1917) und Georg Simmel (1858–1918), später vor allem von Max Weber, Gustav von Schmoller, Norbert Elias (1897–1990) und Hendrik de Man) in verschiedener Form artikuliert, haben zurzeit aber jedoch eine überraschende Renaissance. Derzeit erleben wir einen grundlegenden Wandel der mentalen Verfassung der Gesellschaft, der u.a. auf eine generell abnehmende Bedeutung von festen Strukturen bzw. sozialen Institutionen hinausläuft. Es entstehen der Tendenz nach individualisierte Existenzformen und Existenzlagen, die die Menschen dazu zwingen, sich selbst zum Zentrum ihrer eigenen Lebensplanung und Lebensführung zu machen. Der Soziologe Ulrich Beck formuliert in dem Zusammenhang:

„In allen reichen westlichen Industrieländern – besonders deutlich in der Bundesrepublik Deutschland – hat sich in der wohlfahrtsstaatlichen Nachkriegsentwicklung ein gesellschaftlicher Individualisierungsschub von bislang unbekannter Reichweite und Dynamik vollzogen, und zwar unter dem Deckmantel weitgehend konstanter Ungleichheitsrelationen. Das heißt: Auf dem Hintergrund eines vergleichsweise hohen materiellen Lebensstandards und weit vorangetriebener sozialer Sicherheiten wurden die Menschen in einem historischen Kontinuitätsbruch aus traditionellen Klassenbindungen und Versorgungsbezügen der Familie herausgelöst und verstärkt auf sich selbst und ihr indivi-

---

227 Vgl. dazu Voß, Günter G.; Pongratz, Hans J.: Arbeitskraftunternehmer – Erwerbsorientierungen in entgrenzten Arbeitsformen, Berlin 2003 und vgl. Voß, Günter G.; Moldaschl, Manfred (Hrsg.): Subjektivierung von Arbeit, München 2003.

duelles (Arbeitsmarkt-)Schicksal mit allen Risiken, Chancen und Widersprüchen verwiesen."[228]

Gesellschaftlich bedeutet der Prozess, dass das strukturelle Verhältnis der bisher über Jahrzehnte hinweg relativ starr getrennten zentralen gesellschaftlichen Strukturen in Bewegung gerät. Feste Strukturen bzw. soziale Institutionen verlieren zunehmend an Bedeutung. Ein verstärkter Wertewandel könnte diese Prozesse weiter beschleunigen. Eine mögliche Lockerung sozialer Strukturen und Institutionen könnten somit eine Fülle sozialer Konsequenzen haben, z.B. dadurch, dass gesellschaftliche Instanzen und Regulierungen (soziale Sicherung, Arbeits- und Sozialrecht, öffentliche Dienstleistungen, wirtschaftliche Dienstleistungen und Warenangebote usw.)[229] mit ihren bisherigen Strukturen gegenüber einer verstärkt subjektivierten Qualität des Verhältnisses von Arbeit und Leben an Grenzen stoßen werden. Zugleich wird – sozialstrukturell gesehen – der säkulare Prozess der Individualisierung und Pluralisierung[230] dadurch vermutlich drastisch vorangetrieben und dabei die Tendenz zu sozialen Ungleichheiten verstärkt. Auf der Ebene der Menschen entstehen durch eine verstärkte Subjektivierung des Verhältnisses von Arbeit und Leben erweiterte Chancen zu einer autonomeren und damit an Einzelbedürfnisse besser angepassten Gestaltung verschiedener Lebenssphären. Der Anforderungscharakter des normativen Wandels der Subjektivität der Arbeitswelt führt natürlich auf der anderen Seite für die Individuen zu erheblichen persönlichen Risiken, wie gebrochene Biografien und Zeiten der Arbeitslosigkeit zeigen.

---

228 Beck, Ulrich: Jenseits von Stand und Klasse?, in: Beck, Ulrich; Beck-Gernsheim, Elisabeth (Hrsg.): Riskante Freiheiten, Frankfurt/a.M. 1994, S. 43–60 (44).
229 Vgl. Zapf, Wolfgang: Staat, Sicherheit und Individualisierung, in: Beck, Ulrich; Beck-Gernsheim, Elisabeth (Hrsg.): Riskante Freiheiten, Frankfurt/a.M. 1994, S. 296-304; Ulrich, Karl; Müller, Walter: Individualisierung und Standardisierung im Strukturwandel der Moderne. Lebensverläufe im Wohlfahrtsstaat, in: Beck, Ulrich; Beck-Gernsheim, Elisabeth (Hrsg.): Riskante Freiheiten, Frankfurt/a.M. 1994, S. 265–295.
230 Vgl. Beck, Ulrich; Beck-Gernsheim, Elisabeth: Individualisierung in modernen Gesellschaften – Perspektiven und Kontroversen einer subjektorientierten Soziologie, in: Beck, Ulrich; Beck-Gernsheim, Elisabeth (Hrsg.): Riskante Freiheiten, Frankfurt/a.M. 1994, S. 10–39.

4.4 Kritische Würdigung der betriebssoziologischen Ansätze Hendrik de Mans

Hendrik de Man unternimmt den Versuch, die Marxsche Methode der Kritik der Politischen Ökonomie durch Überstülpen einer subjektiven Motivlehre zu revidieren.[231] Ihm ging es bei seinen soziologischen Untersuchungen nicht zuletzt um eine Überwindung des erstarrten Marxismus. Häufig durchbrach Hendrik de Man Dogmen des Marxismus und gelangte dann zu interessanten psychologischen und soziologischen Betrachtungsweisen. Es bleibt die Frage offen, warum es Hendrik de Man nicht möglich war, aus den empirischen Ergebnissen heraus eine politische Konzeption zu entwickeln, was doch seiner Auffassung entsprochen hätte, dass die Politik der Arbeiterbewegung aus der Analyse der konkreten Gesellschaft entspringen müsste und keineswegs aus vorausgesetzten Absichten, Prinzipien oder Idealen. Die Antwort auf die Frage führt zu seinem Verständnis, in dem die Befunde empirischer Sozialforschung zur Gesamtheit der konkreten Gesellschaft stehen. Nach allen Erfahrungen empirischer Forschung ist davon auszugehen, dass die Totalität nicht in einem Zuge erfassbar ist, sondern theoretische Voraussetzungen involviert, die Hendrik de Man auf falscher sozialistischer Grundlage sah.

Betrachtet man die Entwicklung der empirischen Betriebs- und Industriesoziologie nach 1945 in Deutschland, so hat sie wohl dazu geführt, dass die Fragestellungen enger geworden sind, sodass der Umsetzungsschritt von der Empirie zur politischen Theorie noch größer geworden ist. Von daher darf allerdings vermutet werden, dass die Probleme, aus einer empirischen Studie heraus unmittelbare politische Konsequenzen zu ziehen, eher größer geworden und auch durch eine „bessere Empirie" nicht zu lösen sind. Dabei ist anzumerken, dass der Marxismus ja immer in dem Verdacht stand, eigentlich gar keine Empirie zu brauchen, da man die Vorstellung hatte, die konkreten Verhältnisse gewissermaßen „aus der Ware als gesellschaftliches Verhältnis" deduzieren

---

231 Vgl. de Man, Hendrik: Gegend den Strom, S. 188 und vgl. kritisch dazu Hinrichs, Peter: Um die Seele des Arbeiters, S. 255 f.

zu können.[232] Heute sieht es eher so aus, dass der erreichte Stand der Theorieausbildung so komplex ist, dass daran die Umsetzung in empirische Forschung zu scheitern droht. Wenn man sich heute vor Augen hält, dass die Betriebssoziologie selbst für die engere eigene Fachprogrammatik das Problem Empirie- und Gesellschaftstheorie kaum lösen kann, scheint es doch sehr fraglich, wie das von einigen Soziologen in den achtziger Jahren geforderte sehr viel breitere soziologische Forschungsprogramm empirisch umgesetzt werden soll.[233]

Es stellt sich überhaupt die Frage, ob der Rückgriff auf eine Theorie der Gesellschaft sinnvoll erscheint. Solange aber die Betriebssoziologie an dem Anspruch festhält, ihre Empirie mit einer Theorie der Gesellschaft zu vermitteln, besteht da überhaupt eine Aussicht, dass die Probleme der Betriebssoziologie bewegt werden? Hendrik de Man gab uns darauf keine Antwort. Einseitig reduzierte er soziale Komponenten auf eine in sich differenzierende Motiv- und Triebstruktur. Die von ihm herausgearbeiteten gelegentlich fördernden Motive der Arbeitsfreude wie Herdentrieb, Herrschsucht und Unterordnungsbedürfnis, ästhetische Befriedigung, rationale Erwägungen des Privatvorteils" und rationale Erwägungen des „sozialen Nutzens" blieben deshalb verschwommene Vorstellungen, die spätere Untersuchungen in der deutschen Betriebssoziologie nur wenig beeinflussen konnten. Ein typisches Beispiel seiner Vorstellungen über „Herrschsucht und Unterordnungsbedürfnis" sei hier zitiert:

„Das Arbeitsverhältnis schließt in der Regel ein dauerndes hierarchisches Verhältnis zu anderen Menschen ein. Daraus ergibt sich die Möglichkeit zur Befriedigung zweier Arten von antagonisti-

---

232 Vgl. dazu die Marxismus-Kritik von Popper, Karl: Die offene Gesellschaft und ihre Feinde, Bd. 2, Stuttgart 1992; ders.: Das Elend des Historizismus, Tübingen 2003.
233 Vgl. dazu in den achtziger Jahren insb. Kern, Horst; Schumann, Michael: Industriearbeit und Arbeiterbewusstsein, Frankfurt/a. M. 1985; Fürstenberg, Friedrich (Hrsg.): Industriesoziologie II. Die Entwicklung der Arbeits- und Betriebssoziologie seit dem Zweiten Weltkrieg, Darmstadt 1974; Schelsky, Helmut: Auf der Suche nach Wirklichkeit. Gesammelte Aufsätze zur Soziologie der Bundesrepublik, München 1979; Schmidt, Gert; Braczyk, Hans-Joachim (Hrsg.): Materialien zur Industriesoziologie, Sonderheft 24 der Kölner Zeitschrift für Soziologie und Sozialpsychologie, Opladen 1982; Bischoff Joachim u. a.: Jenseits der Klassen? Gesellschaft und Staat im Spätkapitalismus, Hamburg 1982.

schen Trieben, die in irgendeinem Maße allen Menschen eigen sind: Herrschsucht und Trieb zur Unterordnung (manchmal auch Autoritätssucht genannt). Es handelt sich hierbei um jene geschlechtlich verwurzelten triebhaften Veranlagungen, die in einseitiger Steigerung zu Sadismus und Masochismus führen können, und die von gewissen Psychologen zur Grundlage einer Sexualcharakterologie des männlichen (sadistischen) und weiblichen (masochistischen) Typus gemacht worden sind. Die Herrschsucht ist eine mehr oder weniger deutlich erotisch begründete, gesteigerte und dauerhafte Form des schon behandelten Kampf- oder Machttriebes […] Die passive Komplementärerscheinung der Autoritätssucht dagegen, die sich überwiegend bei Frauen, aber auch bei Männern findet, ist ein weniger häufiges Element der Arbeitsfreude. Der typische Fall ist die weibliche Angestellte, deren Arbeitsfreudigkeit – meist unbewusst – auf Erotisierung ihres Verhältnisses zu einem oder mehreren männlichen Vorgesetzten beruht."[234]

Völlig verrannt hatte sich Hendrik de Man bei seiner Verkettung zwischen Marxismus, Sozialdarwinismus und Freudismus mit den Ausführungen:

„Es gibt kaum ein interessanteres, in größere Tiefen der Seele hinabführendes Problem als die Kardinalfrage der Psychologie der Arbeiterbewegung: Wie ist die für den typischen ‚Klassenkämpfer' charakteristische Diskrepanz zwischen überaus gesteigerter Aggressivität gegen soziale Überlegenheit und ebenso gesteigerte Empfänglichkeit für das Prestige derselben sozialen Überlegenheit zu klären? Warum führt die ‚Gemütstiefe' gerade des deutschen Arbeiters dazu, dass er sich einerseits für seinen organisatorischen Kampf auf die aggressivste aller Klassenideologien beruft, andererseits aber auf die geringste und unverbindlichste Sympathieäußerung seiner Vorgesetzten mit gerührter Bereitwilligkeit zur Unterordnung reagiert?"[235]

Seine ideologisch geprägte Erklärung dazu:

„Die soziale Aggressivität der typisch-proletarischen Gesinnung ist eben das Produkt von Umständen, die der Proletarier erleidet: Elend, Ausbeutung, Unterdrückung, Erniedrigung haben sie ihm als geistige Gegenwehr, als Waffe im Existenzkampf auf-

---

234 de Man, Hendrik: Der Kampf um die Arbeitsfreude, S. 169f.
235 Ebenda, S. 170f.

erzwungen [...] Daher gehören Aggressivität und Autoritätssucht, Zynismus und Religiosität, Skepsis und Naivität, [...] Brutalität und Sentimentalität als Merkmale der proletarischen Massenpsyche zusammen."[236]

Interessanter sind da schon die „rationalen Erwägungen des sozialen Nutzens" bei Hendrik de Man. Die häufigste Erscheinungsform des Gemeinschaftsgefühls als förderndes Moment der Arbeitsfreude bleibe der esprit de corps, der den Arbeitern unter besonders günstigen Umständen – dauernde Betriebszugehörigkeit, leistungsgerechte Entlohnung und Behandlung, Stolz auf die technische Leistung – mit dem Betrieb oder mit einem Teil desselben verbindet. Entscheidend seien die „instinktmäßigen Befriedigungen" des Gemeinschaftsgefühls in der inneren Betriebseinrichtung und die Betrachtungen der sozialen Rationalität. Diese Frage sei von entscheidender Bedeutung für alle Sozialisierungspläne, würde aber von marxistischen Theoretikern meist übersehen.

Die Arbeitsfreude der Produzenten hänge weniger von einer Reform der Besitzverhältnisse ab, sondern mehr von der Reform der Betriebsverhältnisse, so z.B. hinsichtlich der betrieblichen Hierarchie und der technischen Einrichtungen. Dabei müsse im Betrieb ein neues „Gruppenbewusstsein" geschaffen werden. Kernfrage bei der Umwälzung der Besitzverhältnisse sei, inwieweit dadurch dieses Gruppenbewusstsein durch Erweckung des Verantwortungsgefühls und der Selbstbestimmungsfreude auf demokratischer Grundlage (z.B. in Form betrieblicher Mitbestimmung) gefördert wird. Der Sozialist Hendrik de Man schlussfolgert, dass in einem bürokratisch-verwalteten Staatsbetrieb die Staatsräson als Zwang die Werkgemeinschaft zerstört und weniger Arbeitsfreude empfinden lässt, als in privat-kapitalistischen Betrieben, die mehr Freiheit, Selbstbestimmung und Betriebsdemokratie zulassen. So meint Hendrik de Man: „Die Sozialisierung von unten – also auf der psychologischen Grundlage der Arbeitssolidarität und des Werkgeistes im Einzelbetrieb – ist in diesem Sinne viel wichtiger als die Sozialisierung von oben."[237]

Es verwundert nicht, wenn die Vorstellungen de Mans im „Kampf um die Arbeitsfreude" bei der deutschen Unternehmer-

---

236 Ebenda, S. 172.
237 Ebenda, S. 176.

schaft Zustimmung fanden, hatte doch de Man den Nachweis erbracht, dass man den „drohenden Klassenkampf" mit im vorgegebenen wirtschaftlichen und politischen Interessenrahmen akzeptablen und verfügbaren Mitteln neutralisieren konnte.

In einem Beitrag zur „Deutschen Bergwerkszeitung" vom 23.10.1927: „Der Kampf um die Arbeitsfreude. Zum Problem der Arbeitsmechanisierung" gelangte der Syndikus der Dresdener Kaufmannschaft, Dr. Paul Ruprecht, zu der Einschätzung, dass Hendrik de Man „zu außerordentlich interessanten, auch für die Praktiker sehr lehrreichen Ergebnissen gelangt" sei.[238]

Insbesondere fand neben der de Manschen Forderung nach einem forcierten Ausbau der technischen Rationalisierung und der sozialen Beziehungen – ohne eine fundamentale Umgestaltung der Besitzverhältnisse – das besondere Interesse der Unternehmerschaft um Paul Ruprecht.

Auf Interesse stoßen seine Forschungsergebnisse auch bei der Betriebsleitung der Rheinmetall-Werke in Düsseldorf. Hier begründet de Man die Ursachen der Arbeitsunlust mit Misstrauen, Angst und Neid innerhalb der Belegschaft und zwischen der Belegschaft und den Betriebsratsmitgliedern.[239]

Die Entwicklung der Industrie- und Betriebssoziologie war in den zwanziger und dreißiger Jahren stark von sozialreformerischen und sozialpolitischen Erwägungen beeinflusst. Die negativen Auswirkungen extremer Arbeitsteilung, technokratischer Rationalisierung und Hierarchisierung im Betrieb waren schon in der Auseinandersetzung mit dem Taylorismus offensichtlich geworden. Diese Erfahrungen mit dem Taylorismus verstärkten das Interesse an einer humanen Gestaltung der Arbeitswelt und damit die Frage nach der Arbeitsfreude des Industriearbeiters. Es hatte entscheidende wissenschaftsgeschichtliche Konsequenzen, dass diese Versuche, zunächst von der Entdeckung des „sozialen Faktors" im Betriebsgeschehen ausgehend, sich auf die Förderung sozialer Beziehungen konzentrierten. Diese Blickrichtung,

---

238 Zitiert nach Hinrichs, Peter: Um die Seele des Arbeiters, S. 262f.
239 Vgl. de Man, Hendrik: Gegen den Strom, S. 199 und vgl. auch die Einladung an Hendrik de Man zu einem Vortrag der Hauptversammlung der Düsseldorfer Arbeitgebervereinigung Eisenindustrie zum Thema: Industriearbeit und Arbeitsfreude vom 22. August 1928 in der Anlage 6 und vgl. Anlage 7: Abdruck eines Artikels aus dem Stadt-Anzeiger Düsseldorf vom 09. Februar 1928 nach einem Vortrag Hendrik de Mans vor Arbeitgebern.

der man einen gewissen Romantizismus nicht absprechen kann, reicht bis in die zwanziger Jahre, insbesondere bis auf die Untersuchungen Hendrik de Mans an der Akademie der Arbeit in Frankfurt, zurück. Zugleich wurden die Entfremdungserscheinungen als gesellschaftliches Phänomen im Arbeitsleben herausgestellt.

Adolf Levenstein[240] untersuchte bereits 1912 den ursächlichen Zusammenhang zwischen Technik und Seelenleben bei Bergleuten, Textil- und Metallarbeitern verschiedener Qualifikations- und Altersstufen in mehreren Regionen Deutschlands. Seine zentrale Frage war: „Was für Menschen prägt die moderne Großindustrie unter dem Drucke privatwirtschaftlicher Ökonomie? Welche Kräfte bilden das Gegengewicht einer etwaigen psychischen und physischen Entartung?"[241] Aufgrund seiner Untersuchungen kam er zu einer Unterscheidung von verschiedenen Idealtypen der Einstellung zur Arbeit.

Im Jahre 1928 legte Hendrik de Man ausführliche Untersuchungen von Industriearbeitern und Angestellten vor. Sie beschrieben ihren beruflichen Werdegang und ihre Arbeitstätigkeit und beantworteten Fragen wie: „Von welchen Gefühlen sind sie beherrscht gegenüber den Arbeitsmitteln, den Arbeitskollegen, den Vorgesetzten, ihrer Arbeitstätigkeit, ihren gewohnten Tätigkeiten außerhalb des Betriebes?"[242] Die Befragten waren hauptsächlich junge, meist gelernte und überdurchschnittlich qualifizierte, gewerkschaftlich und politisch organisierte Arbeiter und Angestellte. Hendrik de Man nannte sie eine „bildungshungrige Elite".[243] Die Befragten bekundeten eine positive Einstellung zu den technischen, stofflichen und kooperativen Bedingungen ihrer Tätigkeit einerseits und eine z.T. negative Haltung zu den gesellschaftlichen Produktionsbedingungen andererseits.[244]

Sowohl Levensteins wie de Mans Untersuchungen reflektierten den Bewusstseinsstand der höher qualifizierten und gebildeteren Schichten der Arbeiterklasse in der ersten Hälfte des 20. Jahrhunderts mit ihrem relativ stark ausgeprägten Bewusstsein der ge-

---

240 Vgl. Levenstein, Adolf: Die Arbeiterfrage, München 1912.
241 Ebenda, S. 3.
242 de Man, Hendrik: Der Kampf um die Arbeitsfreude, S. 4.
243 Ebenda, S. 4.
244 Vgl. ebenda, insbesondere die Auswertung der Berichte, S. 145 ff.

sellschaftlichen Verhältnisse und der Klassenpolarisierung.[245] Die Arbeitsleistung wurde zum Problem der betrieblichen Führung, nachdem das Management die Kontrolle und Planung der Arbeit übernommen hatte und die Leistung der einzelnen Arbeiter in den komplexen Leistungszusammenhang des ganzen Betriebes eingepasst werden musste.[246] Zunehmend wurden verschiedene Formen des Leistungslohnes eingeführt, um die individuelle Arbeitsleistung zu steigern: der Akkordlohn, der Prämienlohn, die Beteiligung der Arbeitnehmer am Betriebsergebnis, das Miteigentum der Arbeitnehmer. Über den Lohn hinaus wurden von Betrieben mitunter verschiedene „freiwillige Sozialleistungen" gewährt, wie Zuschüsse, Beihilfen, Renten, Werkswohnungen etc., die auch die Erhöhung der Zufriedenheit und der Betriebsbindung zum Ziel hatten und die Leistungsbereitschaft erhöhen sollten. Im Gefolge der Entwicklung der betrieblichen Organisation änderten sich die Vorstellungen darüber, wie die Arbeiter zu höherer bzw. besserer Leistung angespornt werden könnten. Motivationstheorien fanden ihren Eingang in die betriebliche Organisationspraxis. Ihre Anwendung ist begründet durch den Wunsch nach der Erreichung einer bestimmten Verhaltensänderung bei den Arbeitenden; es geht nicht um die Feststellung von Zufriedenheit oder Unzufriedenheit an sich, wie dies etwa in den Untersuchungen von Levenstein oder de Man der Fall war, sondern um die in Maßnahmen umzuformende Entdeckung von Antriebsfaktoren der Arbeitsleistung. Arbeitszufriedenheit wird daher als motivationaler Begriff aufgefasst, oder kurz: als Arbeitsmotivation.[247] Dabei handelt es sich um Motive des Arbeitens in arbeitsteilig-hierarchischen Organisationen, die den Arbeitenden die Ziele ihres Handelns vorgeben.

Hendrik de Man hat die Aussagen von Industriearbeitern und Angestellten unterschiedlichster Sozialmerkmale (Branchen, Religion, Ausbildung, Tätigkeit) in biografischen Kurzdarstellungen zusammengestellt und sucht in „verstehender" Analyse die Faktoren der subjektiven Reaktion der Arbeiter und Angestellten auf ihre objektiven Arbeitsbedingungen herauszuarbeiten.[248]

---

245 Vgl. Mikl-Horke, Gertraude: Industrie- und Betriebssoziologie, Oldenburg 1995, S. 84 und S. 105.
246 Vgl. ebenda, S. 105.
247 Ebenda, S. 105.
248 Vgl. den Fragebogen und die Antworten der 78 befragten Arbeiter und Angestellten, in: Der Kampf um die Arbeitsfreude, S. 10–114.

Zusammenfassend formuliert Hendrik de Man in einem Vortrag zur „Arbeitsfreude und Arbeitsunlust des Industriearbeiters" 1929:

„Die Arbeitstätigkeit befriedigt Triebe, die jedem normalen Menschen eigen sind, insbesondere: Spiel-, Aufbau- und Geltungstrieb. Die Arbeitsfreude, oder vielmehr der Drang zu ihr, ist ein natürlicher Zustand, der durch äußere Umstände zwar gehemmt oder befördert, nicht aber hervorgerufen oder aufgehoben werden kann. Die Grenzen innerhalb welcher dieser Drang Befriedigung findet sind z.T. innerer (subjektiver) z.T. äußerer (objektiver) Art [...]. Deshalb ergeben sich für die Masse der Arbeiterschaft die inneren Grenzen der Arbeitsfreude im Wesentlichen aus den äußeren Grenzen, die in der Natur des Arbeitszweckes und der Arbeitsaufgabe begründet sind. Diese äußeren Hemmungen sind dreierlei Art: technische, innerbetrieblich-soziale, außerbetrieblich-soziale. [...] Die wichtigste innerbetrieblich-soziale Hemmung der Arbeitsfreude entsteht heutzutage aus der Betriebshierarchie; insbesondere aus der Tatsache, dass die Funktionen der technischen Arbeitsdisziplinierung mit den Funktionen der sozialen Machtbehauptung verquickt werden, und aus dem Widerspruch, der empfunden wird zwischen demokratischer Staatsorganisation und militärisch-bürokratischer Herrschaft im Betriebe."[249]

Auch wer de Mans soziologische Annahmen über den „Drang zur Arbeitsfreude" kritisch beurteilt, findet in seinen empirischen Untersuchungen eine Menge soziologisch interessante Aussagen, insbesondere zum Zusammenhang von Technik, industrieller Arbeitsorganisation und der Einstellung von Arbeitern, Meistern und Angestellten. Die „ganzheitliche Betrachtung" des Menschen prägt die soziologischen Untersuchungen de Mans.

Hendrik de Man untersuchte in seinen empirischen und theoretischen Abhandlungen das Verhältnis zwischen Betrieb und sozialer Umwelt. Richtig ist, dass das betriebliche System hinsichtlich seiner organisatorischen Struktur und Zielstellung nicht als isolierte Einheit außerhalb der gesellschaftlichen Umwelt betrachtet werden kann. Der Betrieb als „soziales System" muss der Dyna-

---

[249] Vgl. de Man, Hendrik: Arbeitsfreude und Arbeitsunlust des Industriearbeiters, Vortrag 1929 in Anlage Nr. 12.

mik der Umwelt durch entsprechendes Verhalten gerecht werden, um bestehen und innovativ wachsen zu können.

Hendrik de Man ist in seiner zentralen These, dass der Erfolg eines Unternehmens entscheidend von der Anpassung an die gesellschaftliche Umwelt abhängt, zuzustimmen. Diese Betrachtung der betrieblichen Organisation als offenes sozio-technisches System impliziert die Interdependenzen zwischen Unternehmen und Umwelt.

Durch die Wechselbeziehungen zwischen Individuum und Gesellschaft entwickelt sich das Psychische zum Ethnischen, ein gemeinsames Ethos und eine gemeinsame Rangordnung von Zielen, die sich in den sozialökonomischen und politischen Institutionen widerspiegeln. Die menschlichen Triebe, die bei Gustav von Schmoller und Hendrik de Man nicht nur Eigennutz oder der von Wilhelm Roscher (1817–1894) hinzugefügte Gemeinsinn sind, werden durch ethische Forderungen und rechtliche Bestimmungen geformt und reguliert. So ist, zum Beispiel, der Erwerbstrieb „keine überall gleiche Naturkraft (sondern) er ist stets gebunden und gebändigt durch gewisse sittliche Einflüsse, Rechtssatzungen und Institutionen"[250].

---

250 von Schmoller, Gustav: Grundriss der allgemeine Volkswirtschaftslehre, Band 1, München/Leipzig 1919, S. 107; vgl. dazu auch Betz, Horst: Von Schmoller zu Sombart, in: Backhaus, Jürgen G. (Hrsg.): Gustav von Schmoller und die Probleme von heute, Berlin 1993, S. 221–242, insb. S. 231 f.

5. Hendrik de Mans politische Tätigkeit in Belgien ab 1933

Hendrik de Mans Rückkehr nach Belgien war bereits im Sommer 1932 mit Émile Vandervelde, Vorsitzender der Parti Ouvrier Belge (POB), vereinbart worden. Er sollte die belgische Arbeiterpartei aufgrund seiner Erfahrungen in Deutschland reformieren. Ein Generalstreik in den wallonischen Industrierevieren hatte gezeigt, wie überraschend schnell die Kluft zwischen Masse und Funktionären sich seit ein paar Jahren vertieft hatte. Die philofaschistischen Bewegungen (in Wallonien die von Léon Degrelle (1909–1994) geführten Rexisten und in Flandern die flämischen Nationalisten) gewannen vermehrten Auftrieb.[251] Die belgische Arbeiterpartei war nicht imstande, der deflationistischen Regierungspolitik und der grassierenden Arbeitslosigkeit, die die Kaufkraft der Arbeiter weiter senkte, ein entsprechendes Programm entgegenzustellen.

1933 bis 1935 arbeitete de Man im Studienbüro der belgischen Arbeiterpartei, um ein konstruktives Wirtschaftsprogramm zu entwickeln. Er war 1933 bis 1939 Vizepräsident und ab 1939 (nach dem Tode von Vandervelde 1938) bis 1940 Präsident der belgischen Arbeiterpartei.

Seine Erfahrungen in Deutschland, insbesondere mit der deutschen Sozialdemokratie und dem Aufstieg des Nationalsozialismus, waren nicht nur positiv geprägt.

Entsetzt war Hendrik de Man über die „geistige Verknöcherung" und Verbürokratisierung der deutschen Sozialdemokratie Anfang der dreißiger Jahre. Den Aufstieg Hitlers an die Macht erklärte Hendrik de Man aus Ursachen, die schon lange vor 1933 lagen:

„Die Ohnmacht der deutschen Sozialdemokratie im Abwehrkampf gegen den Nationalsozialismus […] war weitgehend die Folge ihrer Unfähigkeit, die Erscheinungen zu verstehen, die zu dieser Katastrophe führen musste. Die Hauptbedingung für den Erfolg Hitlers war das Versagen der sozialistischen Bewegung vor den Aufgaben, die der Marxismus so gern als seine historische Mission verkündete. Dass die sozialistische Bewegung die potenziell vorhandenen antikapitalistischen Kräfte weder zu sammeln

---

251 de Man, Hendrik: Gegen den Strom, S. 210.

noch mobil zu machen verstand, liegt letzten Endes daran, dass sie keine Augen hatte, für das, was außerhalb ihrer eigenen, faktisch auf die Industriearbeiterschaft beschränkten Organisationen vorging. […] Die Tatsache der Organisation selber, mit ihrer unvermeidlichen Hierarchisierung und Bürokratisierung, hatte jene wachsende Entfremdung zwischen den Schichten der besoldeten Funktionäre und der Masse hervorgerufen, die sich sogar auf der Stufe des betriebsrätlichen Vertretungssystems feststellen ließ."[252]

Die geistigen Einflüsse von Robert Michels[253] (1876–1936) werden hier sichtbar, denn auch Michels hatte immer wieder auf die zwangsläufige Bürokratisierung und Verkrustung repräsentativdemokratischer Organisationen hingewiesen und vor der Herausbildung sich abkapselnder, von der Parteibasis sich lösender Führungseliten gewarnt.

Seine Kritik an der Haltung der deutschen Sozialdemokratie hat Hendrik de Man allerdings nie in Versuchung gebracht, dem Nationalsozialismus irgendwelche ideologischen Konzessionen zu machen, im Gegensatz zu Robert Michels, der 1923 der „Partido Nazionale Fascista" beitrat.

Ende der zwanziger Jahre erkannte de Man als „Außenstehender" die sozial- und nationalpsychologischen Ursachen der Machtergreifung 1933 in Deutschland. Öffentlich äußerte er sich vehement gegen die totalitäre Gefahr in der Form des deutschen Nationalsozialismus. Eine Sozialphilosophie, die Macht über Recht stellte, die menschliche Person dem Machtwillen des Staates opferte und den humanistischen Glauben an die „Souveränität der Vernunft" und an die Allgemeingültigkeit der Wahrheit verleugnete – all das war Hendrik de Man im Innersten zuwider. Der deutsche Nationalsozialismus mit seinen zynischen Propagandamethoden und seinem systematischen Rekurs zu physischem Terror schreckten Hendrik de Man ab.[254]

Dass diese „Alchimie der Gefühle"[255] sich im damaligen Deutschland so überraschend leicht bewerkstelligen ließ, lag für

---

252 Vgl. ebenda, S. 201.
253 Vgl. Michels, Robert: Soziologie des Parteiwesens., 4. Aufl., Stuttgart 1989, insb. S. 24 ff. und 216 ff.
254 Vgl. seine Broschüren: de Man, Hendrik: Massen und Führer, Potsdam 1932; ders.: Sozialismus und Nationalfascismus, Potsdam 1931.
255 Vgl. de Man, Hendrik: Gegen den Strom, S. 203.

ihn größtenteils daran, dass „der Nationalfaschismus an Triebkräfte appellierte, die der Sozialismus im Laufe der letzten Jahrzehnte außer Acht gelassen hat."[256] Dazu gehörte der „Drang zu Mythos und Utopie, das Bedürfnis nach rücksichtsloser Kritik der bestehenden Institutionen, der Trieb zur Aktivierung der Massen, das Verlangen nach Führerpersönlichkeiten."[257]

Aufsehen erregte 1932 seine Vorstellung der Marxschen „ökonomisch-philosophischen Manuskripte von 1844" im Namen des Frankfurter Instituts.[258] Sein Hauptaugenmerk galt indessen weniger der reinen Lehre, sondern mehr der Stärkung der Sozialdemokratie im Kampf gegen den aufkeimenden Nationalsozialismus.[259]

Am Schluss seines Buches „Die sozialistische Idee" plädierte Hendrik de Man nicht nur für eine Kampffront mit den Kommunisten, sondern entwickelte das Konzept eines umfassenden „Plansozialismus"[260]. Dieses Konzept wurde 1933 als „Plan der Arbeit" nach seiner zwangsweisen Rückkehr aus Deutschland von der belgischen Arbeiterpartei akzeptiert.[261] Im Zentrum stand die Überführung des Bank- und Kreditwesens in vergesellschafteten Gemeinbesitz und die Vergesellschaftung der großen kapitalistischen Schlüsselindustrien. Eine Reduzierung auf Verteilungsfragen und finanzpolitische Gerechtigkeit reichten nach de Mans Vorstellungen keineswegs aus, um die Wirtschaftskrise zu bewältigen.[262]

Das Ziel des „Plans der Arbeit" war die Überwindung der Arbeitslosigkeit in Belgien. Die vorgeschlagenen Mittel bezogen sich einerseits auf die Konjunkturpolitik (Kreditverbilligung, Deflation, Arbeitsbeschaffungsprogramme, industrielle Umstellung von der Schwerindustrie auf die Konsumgüterindustrie etc.), andererseits auf Strukturreformen. Die nur vagen und unver-

---

256 Ebenda, S. 203.
257 Ebenda, S. 203.
258 de Man, Hendrik: „Der neu entdeckte Marx", in: Der Kampf, Heft 5/1932, S. 244 ff., Heft 6/1932, S. 267–277.
259 Vgl. de Man, Hendrik: Die sozialistische Idee, Jena 1933, insbesondere S. 240–248. Dieses Buch erschien Anfang 1933 und wanderte direkt auf die Scheiterhaufen in Deutschland.
260 Vgl. de Man, Hendrik: Die sozialistische Idee, S. 304 ff., S. 321 ff.
261 Vgl. zum „Plan der Arbeit" auch Dodge, Peter: Beyond Marxism. The faith and works of Hendrik de Man, The Hague 1966, S. 124 ff. Der „Plan der Arbeit" wurde bei Dodge in der Anlage A in französischer Sprache abgedruckt.
262 Vgl. de Man, Hendrik: Die sozialistische Idee, S. 326 f.

bindlichen Formeln bisheriger sozialistischer Anschauungen zur Sozialisierung wurden ersetzt durch eine Reihe von sofort zu verwirklichenden Maßnahmen, um die Kommandohebel der Wirtschaft (Monopolgewalt des Finanzkapitals und der Schlüsselindustrien) unter die öffentliche Gewalt zu bringen. Vor allem sollte der Staat in den Stand gesetzt werden, die Kreditverteilung zu lenken.[263]

Die Forderungen des „Plans der Arbeit" verlangten ipso facto einen „starken Staat". Insbesondere schlug der „Plan der Arbeit" vor, zur Ausübung der „wirtschaftlichen Gewalt" ad hoc öffentlich rechtliche Körperschaften zu bilden und bevollmächtigte Staatskommissare einzusetzen.[264] De Mans Forderung nach einer starken Exekutive veranlasste seine Gegner, ihn als „verkappten Faschisten" abzustempeln[265], wobei sie übersehen hatten, dass de Man eine mächtige Exekutive unter Beibehaltung der Kontrollbefugnisse des Parlaments herbeiführen wollte. Im Übrigen zielte der „Plan der Arbeit" vor allem auf die Verteidigung der nationalen Interessen gegen die Banken und Großkonzerne ab.

Mit dem „Plan der Arbeit" wurde Hendrik de Man 1935 Minister für das Verkehrs- und Bildungswesen, 1936 bis 1938 Finanzminister in der Regierung unter Premierminister Paul van Zeeland. Er konnte jedoch nicht einmal einen Teil der Planziele – insbesondere die Verstaatlichung der Banken – verwirklichen. Innerhalb der belgischen Arbeiterpartei machte sich schnell eine wachsende Gegenströmung bemerkbar. Statt vom „Plan der Arbeit" sprachen seine Gegner nur vom „Plan de Man", den sie zu diskreditieren suchten: Er sei das Werk eines „bärtigen, bebrillten, weltfremden deutschen Professors"[266]. Auch die Enttäuschung darüber, dass die meisten sozialistischen Minister für Strukturreformen sehr wenig Interesse zeigten, ließ ihn zum Parteigänger eines „autoritativen korporativen Sozialismus" werden.[267]

Während seiner Regierungstätigkeit in Belgien lastete auf ihm ein Gefühl der Ohnmacht, das paradoxerweise umso stärker wur-

---

263 de Man, Hendrik: Gegen den Strom, S. 211.
264 Vgl. ebenda, S. 212.
265 Vgl. Steuckers, Robert: Hendrik de Man. Ein europäischer Nonkonformist auf der Suche nach dem Dritten Weg, http://www.die-kommenden.net/dk/zeitgeschichte/ de_man.htm.
266 de Man, Hendrik: Gegen den Strom, S. 215.
267 Vgl. Hinrichs Peter, Um die Seele des Arbeiters, Köln 1981, S. 253f.

de, je weiter der formale Machtbereich sich ausdehnte.[268] Dass der „Plan der Arbeit" auf dem Gebiet der Strukturreform größtenteils toter Buchstabe blieb, lag für Hendrik de Man nicht zuletzt an Verfallserscheinungen des belgischen Staatswesens, der außenwirtschaftlichen Abhängigkeit der belgischen Volkswirtschaft und am Mangel an Gemeinsinn und Durchsetzungskraft des belgischen Parlamentarismus. Dass ihm als belgischer Minister mit seinem „Plan der Arbeit" nur Teilerfolge beschieden waren, ließ ihn an der parlamentarischen Form der belgischen Demokratie verzweifeln. Zutiefst bedauerte er die Tragik Belgiens zu dieser Zeit.[269] Widersprüchlich blieb sein Bekenntnis zur „konstitutionellen Monarchie". Unter den belgischen Verhältnissen sei es begreiflich, so schrieb er Anfang der dreißiger Jahre, dass die konstitutionelle Monarchie einen wesentlichen Stützpfeiler des Staates bildete:

„Gerade weil sie (die konstitutionelle Monarchie) ein beharrliches Autoritätsprinzip verkörpert, spielte sie im Kampf gegen die Autoritätskrise des parlamentarischen Systems eine heilsame Rolle. Es ist kein Zufall, dass die demokratischen Länder West- und Nordeuropas, in denen die parlamentarischen Institutionen am besten funktionieren, die konstitutionellen Monarchien sind [...] Ein Land wie Belgien, das erst seit 1830 als Staat existiert, zwei Nationalitäten zu vereinigen sucht und von jeher der Schauplatz sozialer und religiöser Kämpfe ist, wäre ohne die zentripetale Kraft, die vom monarchistischen Mittelpunkt ausgeht, schwerlich lebensfähig."[270]

Im belgischen Monarchen Leopold III. (1901–1983) sah Hendrik de Man einen „Hüter der Verfassung" und den obersten militärischen Befehlshaber.[271]

In den letzten Monaten vor dem Ausbruch des Zweiten Weltkrieges 1939 wurden die innerpolitischen Probleme fast ganz in den Hintergrund gedrängt durch die Streitfragen, die aus der gefährlichen außenpolitischen Lage Belgiens entstanden. Hendrik de Man wollte Belgien aus dem Kriege heraushalten und so

---

268 de Man, Hendrik: Gegen den Strom, S. 221.
269 Vgl. van Peski, Adriaan M.: Hendrik de Man. Ein Wille zum Sozialismus, Vorwort von Heinz-Dietrich Ortlieb, S. 183 ff.
270 de Man, Hendrik: Gegen den Strom, S. 221.
271 Zum Verhältnis Leopold III. und Hendrik de Man vgl. insbesondere Brélaz, Michel: Léopold III. et Henri de Man, Genéve 1988.

ergaben sich für ihn und die Außenpolitik Belgiens drei Zielsetzungen: Friedenspolitik, Verteidigungspolitik und Neutralitätspolitik.[272] Um diese Zielstellungen zu verwirklichen, führte er im Auftrag von Leopold III. Verhandlungen in Deutschland, Italien und England. Im Dezember 1938 bemühte sich Hendrik de Man um Verhandlungen zwischen der belgischen, der deutschen und der italienischen Regierung. Seine Besuche in Berlin und Rom zwangen jedoch bald zu der Schlussfolgerung, dass die Achsenmächte eine „Friedenskonferenz" nicht wünschten. Schon im Jahre 1936 war er zu der Überzeugung gelangt, dass Belgien, um die Erfolgschancen seiner Neutralitätspolitik im Rahmen des Möglichen zu steigern, sein militärisches Verteidigungssystem stärken und seiner besonderen Lage als potenzielles „Durchmarschland" anpassen müsse. Im Auftrag eines Sonderausschusses unterbreitete Hendrik de Man Vorschläge, die auf eine radikalere Form der belgischen Heeresorganisation hinausliefen. Der Grundgedanke Hendrik de Mans war dabei, dass das belgische Heer nicht länger als künftiger Bestandteil einer zu allen strategischen Zwecken verwendbaren Koalitionsarmee zu betrachten, sondern ausschließlich der Aufgabe der Verteidigung des belgischen Territoriums anzupassen sei. Er konnte seine Vorstellungen innerhalb der Regierung durchsetzen, die im Oktober 1936 durch die feierliche Proklamation der „sog. Unabhängigkeitspolitik" abgeschlossen wurden. Geprägt wurde seine Idee davon, dass der Krieg unvermeidlich sei, weil der deutsche Nationalsozialismus keinen anderen Weg gehen will.

Seine Standpunkte, die in seinem Manifest vom 28. Juni 1940[273] zum Ausdruck kommen, und seine Zusammenarbeit mit

---

272 Vgl. de Man, Hendrik: Gegen den Strom, S. 223.
273 Das Manifest, das er in Absprache mit dem belgischen König Leopold III. erstellte, hat bei den Anklagen, die später gegen Hendrik de Man erhoben wurden, eine kapitale Rolle gespielt. Die Behauptung, de Man hätte mit dem Manifest die Auflösung der belgischen Arbeiterpartei angeordnet hätte, lehnte de Man entschieden ab. Der entscheidende Grund, weshalb das Manifest so heftige Reaktionen auslöste, ergab sich wohl aus folgenden Sätzen: „Für die arbeitenden Klassen und den Sozialismus ist dieser Zusammenbruch einer morsch gewordenen Welt kein Unglück, sondern eine Befreiung. Trotz allem, was wir an Niederlagen, Schmerzen und Enttäuschungen erlitten haben, ist die Bahn frei für die Befriedung Europas und die soziale Gerechtigkeit." De Man, Hendrik: Gegen den Strom, S. 246 und vgl. in der Anlage 14 den Abdruck des Manifestes in englischer Sprache. Das war sicherlich kein Bekenntnis zum Nationalsozialismus, wohl aber eine völlige Fehleinschätzung der historischen

dem belgischen König lösten Proteste in der belgischen Arbeiterpartei aus. Die Führung der belgischen Arbeiterpartei unterstellte ihm, dass er mit diesem Manifest die Auflösung der Arbeiterpartei und die Gleichschaltung der Gewerkschaften angeordnet hätte und wertete dieses Manifest als „Bekenntnis Hendrik de Mans zum deutschen Nationalsozialismus". Hendrik de Man schien es einleuchtend, dass die militärische Überlegenheit Deutschlands auch eine politische Grundlage hatte. Bereits am 20. Mai 1940 notierte er in seinem Kriegstagebuch:

„Dieser Krieg ist in Wirklichkeit eine Revolution. Die alte soziale Ordnung, das alte politische Regime sind am zusammenstürzen. Hitler stellt eine Art elementarer oder dämonischer Kraft dar, die eine vermutlich notwendig gewordene Zerstörungsarbeit verrichtet [...] Ob Hitler die politische Einheit Europas zustande bringen wird, lässt sich nicht voraussagen; wahrscheinlich ist er vor allem ein Zerstörer, der Hindernisse aus dem Wege schafft."[274]

Aus dieser Einstellung entsprangen vermutlich seine Kollaborationsversuche mit den deutschen Besatzern[275], in denen er die „Hoffnungsträger" eines geeinigten Europas erblickte.[276]

„Die überspitzte nationale Aggressivität, die Hitler gefördert und die ihn an die Macht gebracht hatte, war durch die Art verursacht, wie die Siegerstaaten nach 1918 Deutschland drangsaliert und erniedrigt hatten. [...] Würde infolgedessen der gesättigte nationale Dynamismus sich künftig nicht als gesteigerter sozialer Dynamismus äußern? War es nicht schon oft vorgekommen, dass siegreiche Revolutionen sich auf diese Art mäßigten und vom Zerstörungswerk zur Aufbauarbeit übergingen?"[277]

Situation 1940 in Europa, die de Man später mit den Worten bereute: „Die Enttäuschung der Erwartungen, die ich nach der Kapitulation Belgiens und Frankreichs auf eine Neuordnung Europas gesetzt hatte, gehört zu den schlimmsten meines Lebens." De Man, Hendrik: Gegen den Strom, S. 270.
274 de Man, Hendrik: Gegen den Strom, S. 247.
275 Kollaborationsvorwürfe gegen de Man entstanden aus seinen Kontakten zu General Alexander von Falkenhausen (1940–1944 Chef der Militärverwaltung im besetzten Belgien), Otto Abetz (deutscher Botschafter in Paris) und zur deutschen Polizeidienststelle Dr. Hellwig in Belgien. Zu den deutschen Militärverwaltungen im besetzten Belgien vgl. Nestler, Ludwig: Die faschistische Okkupationspolitik in Belgien, Luxemburg und den Niederlanden 1940–1945, Berlin 1990.
276 Vgl. dazu de Man, Hendrik: Réflexions sur la Paix, Brüssel 1942.
277 de Man, Hendrik: Gegen den Strom, S. 250.

Diese Fragen bewegten Hendrik de Man während der deutschen Besatzung in Belgien. War das ein Bekenntnis zum deutschen Nationalsozialismus?

Das Programm vom 19. Juni 1940, das de Man im Auftrag Leopold III. entworfen hatte, zeigte deutlich national geprägte autoritäre Strukturen, wie u.a.
- Konsolidierung der konstitutionellen Monarchie,
- Entlassung der des Landes ausgewiesenen Minister und Bildung einer Regierung, die temporär mit der Ausübung der gesamten legislativen und exekutiven Gewalt beauftragt ist,
- Überprüfung der Verfassung in Hinblick auf ein Plebiszit zur Ersetzung der Abgeordnetenkammern durch beratende Institutionen auf körperschaftlicher Grundlage,
- Abschaffung der Parteien und Einsetzung der alleinigen nationalen Organisation im gewerkschaftlichen Bereich und
- Begrenzung der Pressefreiheit und der kommunalen Autonomie.

Programm vom 19. Juni 1940

Treue zum König und Konsolidierung der konstitutionellen Monarchie.

Entlassung der des Landes ausgewiesenen Minister und Bildung einer Regierung, die temporär mit der Ausübung der gesamten legislativen und exekutiven Gewalt beauftragt ist.

Überprüfung der Verfassung in Hinblick auf ein Plebiszit zur Ersetzung der Abgeordnetenkammern durch beratende Institutionen auf körperschaftlicher Grundlage.

Abschaffung der Parteien und Einsetzung der alleinigen nationalen Organisation im gewerkschaftlichen Bereich solidarisch und kooperativ, zur Zusammenführung der Jugend, der ehemaligen Kriegsteilnehmer usw.

Wiederaufbau der Presse auf den folgenden Grundlagen: öffentlicher Auftrag, geführt von körperschaftlichen Organisationen, spezielle Gerichtsbarkeit zur Bekämpfung falscher Informationen und der Verleumdung.

Wiederaufbau des Bildungssystems, um diesem alle Keime der religiösen und politischen Diskussion zu entziehen.

Nationale Einheit, sprachliche Gleichheit, kulturelle Autonomie, um die regierende Autorität außerhalb jeder politischen Diskussion zu sichern.

Begrenzung der kommunalen Autonomie durch die Zusammenführung von Großstadtgebieten und die Einsetzung von Bürgermeister-Funktionären.

Schutz der Volksgruppen und graduelle Erziehung der Ausländer, indem man die Gebote der Humanität respektiert und jede illegale Handlung unterdrückt.

Gründung eines ökonomischen und sozialen Regimes, das auf der Verpflichtung für alle zu arbeiten, der Unterordnung aller privaten Interessen unter die nationale Solidarität, der Abschaffung der Vermögensprivilegien, der progressiven Verminderung der sozialen Ungleichheiten basiert.

Unmittelbare Konzentration der Anstrengungen zur Verbesserung der öffentlichen Gesundheit, der Volksbildung, des Kinderschutzes.

Quelle: Dodge, Peter: Beyond Marxism. The faith and works of Hendrik de Man, The Hague 1966, Appendix C.

(hier übersetzt aus dem Französischen)

Im Juli 1941 wurde ein totales Redeverbot über Hendrik de Man verhängt. Außerdem schufen die deutschen Dienststellen einen besonderen Polizeidienst zur „Überwachung der Kreise um Hendrik de Man", dessen Leitung einem ehemaligen belgischen Offizier anvertraut wurde. Auch in den Akten der deutschen Abwehr figurierte de Man als „höchst verdächtig".[278]

Im Juni 1942 wurde seine Broschüre „Réflexions sur la Paix", auf „höheren Befehl" beschlagnahmt und verboten.[279]

Am 8. September 1942 wurde er vom deutschen Kommissar an der Universität Brüssel „aus deren Diensten entlassen". Vor seiner Flucht im Sommer 1941 in die Alpen und von dort aus ins Schweizer Exil beschrieb Hendrik de Man vor dem Hintergrund seiner belgischen Erfahrungen die Tragik der Demokratie:

„Wer in einer westeuropäischen Demokratie versucht, in der Regierungsarbeit etwas zum Wohle des Volkes zustande zu bringen und immer wieder durch die Unzulänglichkeiten des parlamentarischen Systems daran gehindert wird, gerät dann und wann in Versuchung zu sagen: In einem totalitären Staat wäre das längst gemacht. […] Ich bin nicht der Einzige, der sich schon solche Stoßseufzer entschlüpfen ließ. […] Sicherlich hat ein totalitäres Regime es aufgrund seines einheitlicheren Regierungsmechanismus leichter […]. Das wird aber teuer, viel zu teuer bezahlt mit dem Preis an menschlichen Werten, der dafür aufgebracht werden muss. Die psychologische Voraussetzung ist und bleibt eben jene erzwungene Gleichschaltung der Menschen, die Millionen von ihnen um das höchste Gut, die Integrität der Seele unter der Souveränität der Vernunft, gebracht hat."[280]

Nachdem de Man jede öffentliche Tätigkeit unmöglich gemacht wurde, beschloss er, Belgien zu verlassen, um in das unbesetzte Frankreich überzusiedeln. Die nächsten drei Jahre (1941–1944) verbringt Hendrik de Man in einer einsamen Berghütte in Savoyen.

---

278 de Man, Hendrik: Gegen den Strom, S. 261.
279 Ebenda, S. 257.
280 Ebenda, S. 260 f.

6. Hendrik de Man im Schweizer Exil ab 1944

Seit Herbst 1941 hält de Man sich in Savoyen auf, wo er sich dem Schreiben mehrerer historischer und autobiografischer Bücher widmet. Dazu gehören seine Schrift „Réflexions sur la Paix", wovon leider nur einige Exemplare vor der Einstampfung gerettet werden konnten, und eine Art inneres Tagebuch, das unter dem Titel „Cahiers de ma Montagne"[281] 1944 in Brüssel erschien. Auch hiervon ging der größere Teil der Auflage in den Kriegswirren des Sommers 1944 verloren.[282] Ein Buch über die „fremden Soldaten Napoleons" – eine militärpsychologische Studie über die gemischten Heere – wurde nicht fertiggestellt.

In der Abgeschiedenheit der Bergwelt erarbeitete Hendrik de Man eine Studie über den französischen Kaufmann und Finanzier des Königs Karl VII. von Frankreich, Jacques Coeur (1395–1456). Diese Studie erschien 1950 in deutscher Fassung.[283]

Unabhängig vom Zeitgeschehen schreibt er den ersten Entwurf von „Au delà du Nationalisme"[284]. Ein Werk, das 1946 in Genf erscheint und in dem de Man eine Art von „supranationalem Funktionalismus" befürwortet, der an eine humanistische Ideologie grenzt. Prophetisch sah er, dass Europa immer mehr von den Großmächten Washington und Moskau zurückwich – und forderte ein Gegengewicht Europas, um auch den Kulturverfall zu stoppen. Seine Studien zu den internationalen Beziehungen fanden jedoch kaum Beachtung.

Dank seiner Beziehungen zu Hans Oprecht, dem Präsidenten der Schweizerischen Sozialistischen Partei, setzte sich de Man 1944 in die Schweiz ab und erhielt politisches Asyl.

In seinem Schweizer Exil erfuhr Hendrik de Man im September 1946 zufällig durch Radio Beromünster, dass er von einem Sondergericht in Brüssel wegen „Förderung der Absichten des Feindes" zu zwanzig Jahren politischer Haft in Abwesenheit und zur Beschlagnahmung seines gesamten Vermögens verurteilt wor-

---

281 de Man, Hendrik: Cahiers de ma Montagne, Brüssel 1944.
282 de Man, Hendrik: Gegen den Strom, S. 246.
283 de Man, Hendrik: Jacques Coeur – Der königlicher Kaufmann, Tübingen und Basel 1950.
284 de Man, Hendrik: Au delà du Nationalisme, Genf 1946.

den war. Die Verhandlung war ohne Zeugenverhöre und Plädoyers als bloße Formsache erledigt worden. Hendrik de Man hielt es nicht für angebracht, dieses Urteil zu kommentieren. Selbst einer gerichtlichen Rehabilitierung, die er nie anstrebte, maß er „eine untergeordnete Bedeutung bei"[285]. Mit der Zeit hatte er für sich herausgefunden, dass ein „ungerechtes Urteil nicht schwer zu ertragen ist, wenn erkannt wird, dass, wer es gefällt hat, mehr Mitleid verdient als der, den es trifft. Es ist nicht das Opfer, das die Rehabilitierung am nötigsten hat."[286] Schlimmer für ihn waren die materiellen Folgen der Einziehung seines gesamten Vermögens und dass er seine Familie jahrelang nicht wiedersehen konnte. Ab 1946 war Hendrik de Man staatenlos.

1944, Hendrik de Man war inzwischen 59 Jahre alt, heiratete der stellenlose politische Flüchtling mit höchst unsicherer Zukunft zum zweiten Mal.

Nach seiner Verurteilung und unter dem Einfluss des Atombombenabwurfes in Japan untersuchte Hendrik de Man Möglichkeiten eines Weltstaates.[287] Bis zu seinem Tode 1953 bewegte ihn, wie die Menschheit des Atomzeitalters vor dem „Massenselbstmord" zu retten wäre.

In seinem letzten theoretischen Werk „Vermassung und Kulturverfall"[288] führte Hendrik de Man den Begriff der „Posthistorie" als Essenz seiner Erfahrungen in die sozialphilosophische Diskussion ein: Nach dem Stillstand der Geschichte treibe die Welt auf ihre Katastrophe zu. Es handelt sich um ein kultursoziologisches Buch, das erheblich vom kulturellen Konservatismus (Oswald Spengler (1880–1936), José Ortega y Gasset (1883–1955) und Friedrich Nietzsche (1844–1900)) geprägt wurde.

Die Tragik Hendrik de Mans lag wohl u.a. darin, dass er seine Kraft aus Idealvorstellungen schöpfte, die sich nicht verwirklichen lassen. Trotz aller sozialistischen Verblendung erkannte er die Erscheinungsformen der „Kulturverfallskrise" unserer Zeit. In der Vermassung, Bürokratisierung, Entpersönlichung, Eigengesetzlichkeit und Unlenkbarkeit der Riesenapparate, Hypertrophie der Nationalstaaten und Imperien etc. sah Hendrik de Man eine

---

285 de Man, Hendrik: Gegen den Strom, S. 283.
286 Ebenda, S. 283.
287 de Man, Hendrik: Au delà du Nationalisme, Genf 1946.
288 Vgl. de Man, Hendrik: Vermassung und Kulturverfall. Eine Diagnose unserer Zeit, Bern 1951, 2. Aufl., München 1952.

Kulturgefährdung, die das Weiterbestehen der Menschheit infrage stelle.[289] In dem Zusammenhang formuliert Hendrik de Man:

„In den größeren Gebilden […] scheitert das […] Funktionieren des Steuerungsmechanismus zuletzt an der Ungeheuerlichkeit seiner Dimensionen. Dadurch, dass zwischen Wähler und ausführende Behörden immer gewaltigere Institutionen und Körperschaften eingeschoben werden mussten, wurde diesen immer mehr die eigentliche Macht in die Hände gespielt. Die Erhaltung und Ausdehnung der staatlichen Maschinerie erhob sich somit zum Selbstzweck, der Leviathan wurde zugleich gewaltiger und ungelenkter und daher immer bedrohlicher."[290]

In seine kultursoziologische Abhandlung und Bewertung fließen insbesondere Elemente der Vorstellungen Oswald Spenglers „Der Untergang des Abendlandes"[291], Robert Michels „Soziologie des Parteiwesens"[292] und Ideen Ernst Jüngers ein. Bevor er nach Savoyen ging, war de Man in Paris Ernst Jünger begegnet. Er fühlte sich angesprochen von den Fragmenten des Tagebuchs „Gärten und Straßen". Der Verfasser „Auf den Marmor-Klippen"[293] zog de Man besonders wegen seines Scharfsinns, seines sachlichen Stils an und er sah in Ernst Jünger – trotz aller Kritik – einen Humanisten und Bewahrer der Werte inmitten eines geistigen Vakuums, das sich Moderne nennt.

In seinem Schweizer Exil 1953 antwortete Hendrik de Man auf die Frage, ob er heute immer noch Sozialist sei: „Jawohl. Nur hat das Wort nicht mehr denselben Sinn wie ehemals. Der Sozialismus hat sich verändert, und ich auch."[294]

Kurz vor seinem Tod 1953 äußert sich de Man rückblickend:

„Die Tragik all derer, die man als Weltverbesserer belächelt, liegt darin, dass sie ihre Kraft aus Idealvorstellungen schöpfen, die sich nicht verwirklichen lassen. Je deutlicher das Werk, dem sie sich widmen, Gestalt annimmt, je deutlicher wird auch, wie we-

---

289 Vgl. ebenda, S. 152 ff. und S. 173 f.
290 Ebenda, S. 173 f.
291 Spengler, Oswald: Der Untergang des Abendlandes, Bd. 1, Wien 1918; Bd. 2, München 1922.
292 Michels, Robert: Soziologie des Parteiwesens, 4. Aufl., Stuttgart 1989.
293 Jünger, Ernst: Auf den Marmor-Klippen, Hamburg 1939.
294 de Man, Hendrik: Gegen den Strom, S. 286.

nig diese Gestalt der ursprünglichen Vorstellung entspricht. Dass es keine vollkommene und keine gerechte Gesellschaftsordnung geben kann, wusste man schon im alten Athen. Ich bin zu dem gleichen Ergebnis gelangt."[295]

---

[295] Ebenda, S. 286.

II.

Zum Begriff der „Posthistoire" – Hendrik de Mans „Vermassung und Kulturverfall" – eine Diagnose unserer Zeit?

Sein gesamtes wissenschaftliches Schrifttum lässt erkennen, dass de Mans Kulturtheorie sowohl die Religion wie die Staats- und Wirtschaftsordnung als Teile eines kulturhistorischen Ganzen begreift.

In seinen letzten Werken „Gegen den Strom. Memoiren eines europäischen Sozialisten"[296] und „Vermassung und Kulturverfall"[297] setzte sich Hendrik de Man kritisch mit dem Begriff der „Posthistoire" auseinander und untersuchte die Erscheinungsformen einer Kulturverfallskrise. In der Vermassung, Bürokratisierung, Entpersönlichung, Eigengesetzlichkeit und Unlenkbarkeit der riesigen Apparate in Wirtschaft und Gesellschaft, Hypertrophie der Nationalstaaten etc. sah Hendrik de Man die entscheidenden Ursachen für den Werteverfall.

Fragt man Zeitkritiker nach einer begrifflichen Bestimmung unserer Zeit, so erheben sich zahlreiche Stimmen, die lautstark ihr Wortarsenal zur Deutung der Gegenwart zu Gehör bringen. Da heißt es, wir leben in der „Dienstleistungsgesellschaft" oder im „Zeitalter der Globalisierung". Andere sind der Meinung, wir leben in der „postindustriellen Gesellschaft", der „postmodernen Gesellschaft" oder der „Riskanten Moderne"[298]. Der Münchener Soziologe Ulrich Beck[299] spricht in diesem Zusammenhang von der „zweiten Moderne", die er auch „reflexive Moderne" nennt. In der fortgeschrittenen Moderne – so Ulrich Beck – gehe die gesellschaftliche Produktion von Reichtum systematisch einher mit der gesellschaftlichen Produktion von Risiken.[300]

Hendrik de Man stellte bereits Anfang der fünfziger Jahre die interessante Frage, ob wir uns im Zeitalter der „Posthistoire" befinden.[301]

---

296 de Man, Hendrik: Gegen den Strom, Memoiren eines europäischen Sozialisten, Stuttgart 1953.
297 de Man, Hendrik: Vermassung und Kulturverfall. Eine Diagnose unserer Zeit, 2. Aufl., München 1952.
298 Nolte, Paul: Riskante Moderne. Die Deutschen und der neue Kapitalismus, Bonn 2006.
299 Beck, Ulrich: Risikogesellschaft. Auf dem Weg in eine andere Moderne, Frankfurt am Main 1986.
300 Ebenda, S. 25 f.
301 Janssen, Koenraad: Ist unser Jahrhundert in der Posthistoire? Eine Rückbesinnung auf das Werk von Hendrik de Man anlässlich seines 110. Geburtstages, unveröffentlichter Vortrag vom 14. Oktober 1995 in der „Erasmushogeschool" in Brüssel. An dieser Stelle möchte ich Koenraad Janssen danken, dessen wertvolle Gedanken in die nachfolgenden Ausführungen eingeflossen sind.

Nach Meinung des französischen Soziologen Alain Touraine[302] (geb. 1925) sei jedoch bereits der Eintritt in die „Hypermoderne" vollzogen. Begriffe wie „Nachaufklärung", „postsozialistisches", „postchristliches", „poststrukturalistisches Zeitalter" usw. schließen sich im Laufe der Zeit an.

Die Begriffe erfuhren z. T. in der Öffentlichkeit eine breite Resonanz. Obwohl eine Vielzahl an Bezeichnungen auf den ersten Blick den ernsthaften Versuch einer geistigen Bewältigung unseres Zeitalters bekundet, so deutet sie jedoch lediglich auf die Rat- und Orientierungslosigkeit hin, die sich auch heute in Wissenschaft und Bildung, Wirtschaft und Politik immer offenkundiger breitmacht.

Wollte Hendrik de Man etwa auf die kollektive Ratlosigkeit in der Gegenwart hinweisen, als er in seiner brillanten zeitdiagnostischen Studie „Vermassung und Kulturverfall" die Vermutung äußerte, dass wir in eine Epoche eingetreten wären, die aus dem Rahmen der Geschichte herausfällt? De Man fühlte sich durch den französischen Mathematiker und Nationalökonomen Antoine Augustin Cournot (1801–1877) in der Annahme bestärkt, dass wir in der Entwicklung der europäischen Kultur eine außergeschichtliche Phase erreicht hätten, in der wir uns nunmehr angesichts des Verlustes an archetypischen Sinn- und Leitbildern lediglich mit einem Zustand gesellschaftlicher Stabilität zufriedengeben müssen. Diese Lage, in die wir uns hineinbegeben hätten, bezeichnet de Man in Rückgriff auf Cournot als „Posthistoire". In de Mans zeitkritischer Studie können wir nachlesen, was der französische Mathematiker Cournot mit diesem Begriff meinte:

„Cournot wollte damit die Lage bezeichnen, die entsteht, wenn irgendeine menschliche Erfindung oder Einrichtung so weit vervollkommnet worden ist, dass jede weitere morphologische Wandlung ausgeschlossen erscheint. Die sehr scharfsinnige und seither zu wenig beachtete Theorie Cournots (die u.a. die Begriffe der morphologischen Stabilisierung und des Archetyps schuf) kann, wenn man sie auf die heutige Lage anwendet, die Schlussfolgerung begründen, dass unsere Kultur ihren ‚archetypischen' Sinn erfüllt hat und somit in eine Phase der Sinnlosigkeit

---

302 Vgl. Touraine, Alain: Die postindustrielle Gesellschaft, Frankfurt am Main 1972.

eingetreten ist; die Alternative wäre dann, biologisch gesehen, entweder Tod oder Mutation."[303]

De Man bezieht sich hier vermutlich auf Cournots Werk „Traité de l'enchaînement des idées fondamentales dans les sciences et dans l'histoire", erstmals veröffentlicht im Jahre 1861. Dort setzt Cournot die Gegenwart als außergeschichtliche Zeit einer früheren historischen Phase entgegen. Die Menschheit habe eine Periode der großen Turbulenzen, der welthistorischen Umwälzungen, der Gründung und Zerstörung von Reichen, des Aufstiegs und Niedergangs bestimmter Bevölkerungsschichten verlassen und muss nunmehr mit einem unumkehrbaren Stabilisierungsprozess gesellschaftlicher Strukturen rechnen. Wir haben eine Vollendung moderner Lebensformen zu verzeichnen, wobei gleichermaßen die ihnen zugrunde liegenden historischen und kulturellen Grundbedingungen in die Sinnlosigkeit überführt werden. Die Gedanken Cournots bestätigen die Behauptung de Mans, dass archetypische Sinnbilder an Wirkungskraft eingebüßt haben, ja dass unsere Kultur ihren „archetypischen Sinn" erfüllt habe.

Insbesondere in seiner Schrift „Vermassung und Kulturverfall" zeigte sich, wie stark Hendrik de Man auch von der damaligen Strömung des Kulturnihilismus geprägt war – u.a. von Arnold Toynbee (1889–1975)[304], Friedrich Nietzsche[305], Oswald Spengler[306], Hans Freyer (1887–1969)[307] und José Ortega y Gasset[308].

Er differenzierte zwei Auffassungen in der Kulturtheorie. Die eine, die unitarische, fasst die Kultur als einen die ganze Menschheitsgeschichte umfassenden Gesamtprozess auf. Diese Betrachtung sei in ihrem Wesen nach schon deshalb optimistisch, weil sie einen „kumulativen Prozess" voraussetzt, der nur positive Mengen addiert.

---

303 de Man, Hendrik: Vermassung und Kulturverfall, S. 125.
304 Toynbee, Arnold: Civilisation on Trial, New York 1948 (dt.: Kultur am Scheidewege, Zürich 1949).
305 Nietzsche, Friedrich: Der Wille zur Macht. Versuch einer Umwertung aller Werte, in: Friedrich Nietzsche, Werke in zwei Bänden, hrsg. von August Messer, Leipzig 1930.
306 Spengler, Oswald: Der Untergang des Abendlandes. Umrisse einer Morphologie der Weltgeschichte, Band 1: Wien 1918, Band 2: München 1922.
307 Freyer, Hans: Revolution von rechts, Jena 1931.
308 José Ortega y Gasset: La rebelión de las masas, Madrid 1929 (dt.: Der Aufstand der Massen, Stuttgart 1936).

Die andere Auffassung, die Hendrik de Man als pluralistisch bezeichnete, beruht auf der Annahme, dass der Gang der Geschichte ein sich ständig wiederholendes Entstehen, Reifen und Sterben von verschiedenen Kulturen darstellt. Diese Annahme liege fast allen kulturpessimistischen Theorien zugrunde, da ein derart „repetitiver Prozess sich mit dem Glauben an ein sinnvolles Ziel" kaum vertrage.[309]

Hauptthema Oswald Spenglers Arbeiten war seine morphologische Sicht der Welt als Geschichte. Zentrale Thesen bei Spengler sind die Unfähigkeit seiner Zeit, kreativ zu wirken, die daraus folgende Verpflichtung des Bewahrens der von früheren Generationen geschaffenen Kultur, die Bewahrung angesichts der politischen Herausforderungen in Zeiten des Verfalls, bei dem der „Blick über die Kulturen hin" den Weg weisen soll. Eine Gedankenwelt, eine Geschichtsauffassung, die wohl auch nicht nur Hendrik de Man inspirierte.

Spenglers „Der Untergang des Abendlandes" war eines der erfolgreichsten und umstrittensten Werke, die seit 1918 erschienen sind. Der Erfolg des Werkes hatte vor allem zwei Gründe: Erstens erschien „Der Untergang des Abendlandes" zu einem Zeitpunkt, als der im 19. Jahrhundert entwickelte Fortschrittsoptimismus durch den Ersten Weltkrieg zutiefst erschüttert und durch ein umfassendes gesellschaftliches Krisenbewusstsein verdrängt wurde. Das Werk wurde als ausgesprochen aktuell wahrgenommen. Zweitens hatte es den Vorzug, eine unglaubliche Fülle an Daten aus den unterschiedlichsten Wissenschaftsdisziplinen zu einer Gesamtschau zu verarbeiten. Das Resultat war eine universalgeschichtliche, d.h. Vergangenheit, Gegenwart und Zukunft umfassende Darstellung der Entwicklung des Abendlandes, die viele Leser zu faszinieren vermochte. Umstritten waren insbesondere Spenglers Methode der „historischen Morphologie", also seine Herleitung geschichtlicher Analogien, die auch von Hendrik de Man kritisiert wurde, sowie die politischen Implikationen, die Spengler mit seiner Vorstellung vom Zyklus der Hochkulturen verband. In dem Zusammenhang schreibt Hendrik de Man:

„In der Verwendung der morphologischen Analogien liegt der methodologisch schwache Punkt der pluralistischen Lehren, die

---

309 de Man, Hendrik: Vermassung und Kulturverfall, S. 14f.

gerade auf diesem Gebiet neben etlichen interessanten, anregenden und vielfach glänzenden Betrachtungen viel Fragwürdiges oder gar Unhaltbares zutage gefördert haben. Die morphologische Betrachtungsweise hat für den Historiker einen besonderen Reiz, der [...] gefährlich werden kann."[310]

Der 1976 verstorbene Soziologe und Philosoph Arnold Gehlen (1904–1976) war es, der gleich nach Erscheinen von de Mans Werk „Vermassung und Kulturverfall" den Begriff der „Posthistoire" in die wissenschaftliche Diskussion einbrachte. Gehlen war übrigens ein Schüler Hans Freyers, der als Begründer der Leipziger Schule der Soziologie gilt und Kommilitone Hendrik de Mans in Leipzig war. Arnold Gehlen schrieb bereits 1952 die Abhandlung „Über die Geburt der Freiheit aus der Entfremdung"[311], wo er den Begriff „Posthistoire" erstmals benutzte. In regelmäßigen Abständen taucht seit dieser Schrift der Begriff in direkter Bezugnahme auf Cournot und de Man in seinen Werken auf.[312]

Eine Charakterisierung der „Posthistoire" in Gehlenscher Sicht bietet das folgende Zitat aus einem Vortrag aus dem Jahre 1961 unter dem Titel „Über kulturelle Kristallisation": Gehlen vertrat die Auffassung, dass „ideengeschichtlich nichts mehr zu erwarten ist, sondern dass die Menschheit sich in dem jetzt vorhandenen Umkreis der großen Leitvorstellungen einzurichten hat, natürlich mit der dann noch dazuzudenkenden Mannigfaltigkeit von allerlei Variationen [...] Ich exponiere mich also mit der Voraussage, dass die Ideengeschichte abgeschlossen ist, und dass wir im Posthistoire angekommen sind [...] Die Erde wird demnach in der gleichen Epoche, in der sie optisch und informatorisch übersehbar ist, in der kein unbeachtetes Ereignis von größerer Wichtigkeit mehr vorkommen kann, auch in der genannten Hinsicht überraschungslos. Die Alternativen sind bekannt, so wie auch auf dem Felde Religion, und sind in allen Fällen endgültig".[313]

---

310 Ebenda, S. 28.
311 Gehlen, Arnold: Über die Geburt der Freiheit aus der Entfremdung, in: Arnold Gehlen Gesamtausgabe, hrsg. von Karl Siegbert Rehberg, Bd. 4, Frankfurt am Main 1978, S. 366–379.
312 Vgl. u. a. Gehlen, Arnold: Post-Histoire (1962), in: Klages, Helmut; Quaritsch, Helmut (Hrsg.): Zur geisteswissenschaftlichen Bedeutung Arnold Gehlens, Berlin 1994, S. 885–895 und Gehlen, Arnold: Über kulturelle Evolutionen (1962), in: Gehlen, Arnold: Gesamtausgabe Bd. 6, hrsg. von Karl-Siegbert Rehberg, Frankfurt a. M. 2004, S. 315–329.
313 Gehlen, Arnold: Über kulturelle Kristallisation, Bremen 1961, S. 12–13.

Die Ideengeschichte sei an ihren Endpunkt angelangt, da die kulturellen Bestände zur gesellschaftlichen Neugestaltung einen Grad der totalen Erschöpfung erreicht hätten. Die archetypischen Möglichkeiten in der Gestaltung der Zeit scheinen tatsächlich vollkommen ausgenutzt worden zu sein. Gleichzeitig scheinen wir feststellen zu müssen, wie die geschichtlichen Strukturen sich zu dem allein bestimmenden und endgültigen Ordnungskonzept des technisch-industriellen Gesellschaftsgefüges verdichten. Dadurch müssten wir uns nach Gehlens Meinung auf einen „Zustand stationärer Dauer" vorbereiten. Mit dieser begrifflichen Umschreibung wollte der Soziologe auf die „Allmacht des industriell-bürokratischen Apparats" als alleinige Organisationsform moderner Industriegesellschaften aufmerksam machen. Dieser bürokratische Apparat kann augenscheinlich für seine Handlungsfähigkeit den menschlichen Zugriff entbehren. Er handelt unverdrossen, wie ein Automat, nach eigenen Gesetzen und weiß kleinere Störungen selbsttätig zu bewältigen. In diesem „Zustand stationärer Dauer" können Traditionen geradezu als „museale Prunkstücke" einer Sonderausstellung ihre Verwendung finden, oder, wie Gehlen in seiner Schrift „Ende der Geschichte?" schreibt: „Die stationäre Dauer kann nur eintreten, wenn die einst lebendige geschichtliche Tradition abgestorben ist und mit ihr der Grund für das Interesse an dem, was geblieben ist. Traditionelle Überlieferungen würden nicht mehr Motive in den Seelen der Menschen sein, sondern Sache gouvernementaler Denkmalpflege um einen Hohlraum der Nostalgie herum."[314] Geschichtliche Vorbilder und Überlieferungen verlieren in ihrer Funktion als unbedingt notwendige geistige Grundlagen der gesellschaftlichen Neugestaltung in zunehmendem Maße an Wirkungskraft, da sie für das gute Funktionieren der „gesellschaftlichen Maschinerie" überflüssig geworden seien.

Hendrik de Man und Arnold Gehlen erteilen Analytikern posthistorischer Tendenzen, insbesondere den Fortschrittsoptimisten, die meinen, eine plötzliche geschichtliche Umkehrung herbeiführen zu können, eine klare Absage. Statt in die weltfremde Vermessenheit von so etlichen „Verbesserungsakrobaten" zu verfallen, deuten die beiden hier behandelten Soziologen darauf hin, wie im Hinblick auf die Abschwächung geschichtlicher und traditioneller

---

314 Gehlen, Arnold: Ende der Geschichte?, in: Gehlen, Arnold, Einblicke, Frankfurt am Main 1975, S. 115–133, S. 127.

Leitbilder in unserer Gegenwart wir einer Zukunft entgegensteuern, deren Ausgang wir noch nicht einmal erahnen können.

Bereits in seinem ersten großen Werk „Zur Psychologie des Sozialismus"[315] hatte Hendrik de Man eine Lossagung von einer deterministischen Geschichtsauffassung vollzogen, die im Falle der marxistischen Geschichtsphilosophie besagt, dass das gesellschaftliche Geschehen von wirtschaftlichen Interessen gesteuert wird, und daher letztlich nur die wirtschaftlichen Verhältnisse den gesellschaftlichen Wandel bestimmen würden. In Anbetracht dieser wirtschaftlichen Umstände sei laut dieser Auffassung auf ein unausweichbares Schicksal zu schließen. Eine Meinung also, die den Menschen, mit seinen Wünschen und seinen unumstößlichen natürlichen, sowie traditionsgebundenen, Grundgegebenheiten völlig außer Acht lässt. Demgegenüber macht de Man in seinem Werk auf die Beständigkeit geschichtlicher und anthropologischer Triebfedern in der Entwicklung unserer Kultur aufmerksam und denkt dabei an die parallele Entwicklung in der Geistesgeschichte und in der Wandlung der Wirtschaftsformen.[316]

In seiner Studie „Die sozialistische Idee"[317], die auch als Fortsetzung der „Psychologie des Sozialismus" verstanden werden kann, finden wir in präziser Abfolge eine Darstellung der Erfolgsgeschichte des Bürgertums. Der Soziologe beschreibt dort, wie diese damals neu aufstrebende gesellschaftliche Schicht ihre kulturschöpferischen Leistungen und damit verbunden ihren Aufstieg einer christlichen Zuversichtslehre verdankte, die sich seit der Scholastik ausbreitete. Die Weltangst, die Angst vor den Naturkräften wich der christlichen Überzeugung, dass der Mensch die von Gott geschaffene Welt durch Arbeit und Erkenntnis weiter zu ordnen bzw. geistig zu beherrschen hätte und de Man verweist hierbei auf die Arbeitsethik des Heiligen Benedikt von Nursia (480–547) und des Thomas von Aquin (1225–1274), die der Arbeit die Bedeutung beipflichteten, dass durch sie der Mensch am Schöpfungswerk Gottes Anteil haben würde.[318] Für Hendrik de Man ist es historisch belegt, dass der Aufstieg „unserer" Kultur gleichbedeutend ist mit dem Klassenaufstieg des Bürgertums:

---

315 de Man, Hendrik: Zur Psychologie des Sozialismus, S. 107 ff.
316 Vgl. de Man, Hendrik: Gegen den Strom, S. 207.
317 de Man, Hendrik: Die sozialistische Idee, S. 29 ff. und S. 109 ff.
318 Vgl. Janssen, Koenraad: Ist unser Jahrhundert in der Posthistorie?, unv. Vortrag, Brüssel 1995.

„Die politische Lebensform des städtischen Bürgertums war von vornherein die Demokratie, die Regierung als Selbstverwaltung gleichberechtigter Personen. Die entsprechende Denkweise war ebenfalls von vornherein das, was man später humanistisch genannt hat. Humanistisch, das heißt, von dem Glauben beseelt, dass der Mensch seine Lebenszwecke in sich trägt und über die Mittel zu ihrer Verwirklichung verfügt – die materielle Existenz durch technische Bezwingung der Natur, die Erkenntnis des Wahren durch vernunftmäßiges Denken, das Seelenheil durch Erlebnis des Sittengesetzes. Der praktisch entscheidende, zentrale Gedanke war – im Gegensatz nicht nur zur agrarischfeudalen Vorstufe, sondern auch zu den antiken Hochkulturen – die Hochwertung der Arbeit. Arbeit war die einzig sittliche Grundlage des Besitzes, durch Arbeit sollte der Mensch die ihm von Gott zugewiesene Rolle im Weltenplan erfüllen."[319]

Die christliche Arbeitsethik verdichtete sich zur Norm wirtschaftlichen Handelns. Die religiösen Kräfte gaben dem Menschen den Antrieb zur und die Freude an der Gestaltung und Veränderung seiner Umwelt. Sie führten zu einer ungeheuren Dynamik wirtschaftlichen und auch wissenschaftlichen Schaffens. So ist es auch eine Tatsache, dass ohne solche geistige und materielle Entwicklung der Schritt in die moderne Industriestaatlichkeit am Anfang des 19. Jahrhunderts nie hätte vollzogen werden können.

Das Bürgertum fand die Beglaubigung für seine kulturschöpferischen Leistungen in einer „universalen" Ethik, die schließlich dann auch durch ihre Verinnerlichung zur ethischen Norm in der Bewertung gesellschaftlicher Umstände wurde. Es war daher kein Wunder, dass die industriekapitalistische Phase einen Konflikt der ethisch begründeten Ansprüche des Menschen auf der einen Seite mit der gesellschaftlichen Umwelt auf der anderen Seite auslöste. Die ursprüngliche Einheit von Arbeit und Besitz wurde zu einer Trennung zwischen abhängiger Lohnarbeit und dem Kapital, die eine zunehmende wirtschaftliche Ausbeutung der Arbeiterschaft bedingte. De Man sieht nun die Ursache der Unzufriedenheit der Arbeiterschaft in seiner Zeit nicht so sehr in der Beeinträchtigung ihrer gesellschaftlichen Interessen, sondern er deutet eher auf die Permanenz sittlicher und rechtlicher Empfindungen hin. Diese

---

319 de Man, Hendrik: Arbeiterbewegung und bürgerliche Kultur, in: Europäische Revue, S. 345.

Wertgefühle sind für ihn das Produkt einer langen Entwicklung sowohl christlicher Glaubensinhalte als auch demokratischer Bestrebungen, die, in der Antike angefangen, über die Städterepubliken des Hochmittelalters bis in die heutige Zeit hineinreichen.

Hendrik de Man leistete in seinem Werk „Die sozialistische Idee" diese zweifellos sehr überzeugende Darstellung gesellschaftlicher Entwicklungsprozesse nicht ohne praktische Erwägungen, denn es ging dem belgischen Sozialpsychologen dort ebenso um die Verwirklichung eines sozialpolitischen Vorhabens. Nicht in weltfremder Fortschrittsgläubigkeit, sondern im Anblick anthropologischer und geschichtlicher Tatbestände wünschte de Man sich die Realisierung einer neuen Sozialordnung. Er ebnete auf wissenschaftlicher Basis den Weg zu einer neuen Arbeitskultur, bei deren Verwirklichung man sich nach seiner Meinung an einem vorhandenen Bestand an kulturellen und christlichen Werten orientieren sollte. Beim gesellschaftlichen Umwandlungsprozess sollte daher die geschichtliche Substanz in den konkreten Zielsetzungen aufgehen. Die neue soziale Ordnung würde „auf einer Neuen, wenn auch überlieferten, konstante Bestandteile umfassenden Rangordnung der Werte" beruhen, wie de Man in seinen Memoiren aus seinem Todesjahr 1953 mit dem Titel „Gegen den Strom" bemerkte.[320] Die neue Gesellschaftsordnung müsste nach seiner Auffassung auf dem Dienst an der Gemeinschaft aufgebaut werden. Er schreibt in der „Sozialistischen Idee" dazu Folgendes: „[…] aller Sozialismus erstrebt eine gerechte, genossenschaftliche Ordnung der Gesellschaft […] eine Gesellschaft, in der die wirtschaftliche Tätigkeit durch Gemeinbesitz dem Gemeinwohl dienstbar gemacht wird".[321]

Die Trennung zwischen Arbeit und Kapital als Ursache der gesellschaftlichen Spannungen will de Man durch eine „genossenschaftliche Ordnung" auflösen, in der durch die Vergesellschaftung der Unternehmen die Verbindung des handwerklichen Interesses am Produkt mit der Erhaltung des industriellen Produktionsverfahrens geschaffen wird.

Für Hendrik de Man war somit die kulturelle und geschichtliche Wertesubstanz unentbehrliche Grundlage für eine mögliche gesellschaftliche Erneuerung.

---

320 de Man, Hendrik: Gegen den Strom, S. 207 f.
321 de Man, Hendrik: Die sozialistische Idee, S. 244.

Ist heute überhaupt eine Arbeitsethik in einer funktionalisierten industriellen Lebenswelt möglich oder müssen wir uns der Wahrnehmung de Mans anschließen, dass, wie er in seinem Werk „Vermassung und Kulturverfall" andeutet, die früher maßgebende Hierarchie der Werte vernichtet zu sein scheint.[322] Der industriell-bürokratische Mechanismus als die heute dominierende Organisationsform nimmt auf individuelle und qualitative Eigenarten wenig Rücksicht.

Als weiteres Indiz für die These, dass unsere Kultur sich „ausdefiniert" hätte, die Geschichte in der „Posthistoire" angekommen sei, wäre darin zu erkennen, dass die hoch entwickelte Industriekultur der Gegenwart nach einer Globalisierung als Welt-Industrie-Kultur strebt, wie der erwähnte Philosoph Arnold Gehlen schreibt. Die Kulturmuster der westlichen Welt haben sich über die ganze Erde verbreitet und setzen sich offenbar in einer gleichförmigen Weise durch, unabhängig von geschichtlichen und geografischen Besonderheiten. Das weltweite Vorhandensein identischer Organisationsformen macht globale Verflechtungen verständlich und führt zur Angleichung an einen Kulturtypus.

Hendrik de Man weist gleichfalls auf die Tatsache hin, wie anstatt der früheren Traditionsgebundenheit des Menschen heute nun in unserer total vernetzten Welt neue Bindungen entstehen:

„Auch außerhalb seiner Arbeitszeit ist der Durchschnittsangestellte nicht viel wehr als ein winziges Zähnchen in einem riesigen sozialen Räderwerk […] Notwendigkeit und Gewohnheit sind das Gesetz seines Handelns. Es fängt schon an, wenn er in seiner Vorortswohnung aufsteht, um jede sorgfältig berechnete Minute bis zur Abfahrt seines täglichen Zuges oder Straßenbahnwagens nach unveränderlichem Ritus auszunutzen; und es hört auf, wenn er am Abend die gleiche Zeitung liest oder das gleiche Radioprogramm anhört wie Millionen seiner Mitmenschen. Es ist die Maschinerie der Gesellschaft überhaupt, die wie eine riesige Walze die Linie seiner persönlichen Lebensgestaltung nivelliert und ihn standardisiert, als ob er selber das Produkt einer ungeheuren, unsichtbaren Maschinen wäre […]; und es braucht nur wenig Nachdenken über den Rahmen, in welchem sich das Leben des modernen Städters abspielt, um zu der Schlussfolge-

---

322 de Man, Hendrik: Vermassung und Kulturverfall, S. 120 ff.

rung zu gelangen, dass wir alle in irgendeiner Hinsicht Roboter sind."[323]

Ein unverfälschtes Verhältnis des Menschen mit seiner Umwelt muss einer Abhängigkeit von den anonymen Mächten der heutigen gesellschaftlichen Maschinerie weichen. Dieser kaum zu überblickende Apparat aus Industrie, Bürokratie, Technik, Medien, Sozialstaat usw. scheint sich immer mehr unserem Einfluss zu entziehen.

Hendrik de Man äußert sich in diesem Zusammenhang in seiner Zeitdiagnose von der „gesellschaftlichen Maschine", dass sie „[…] zu groß und schwer ist, als dass sie irgendein bewussteter, rationeller Wille bezwingen oder lenken könnte. Sie geht ihre eigenen Wege, ohne Rücksicht auf Personen, nach eigenen Gesetzen und auf eigene Ziele hin, die außerhalb […] des menschlichen Erkennens und Wollens liegen". Und dann schreibt er: „Damit ist freilich eine Situation beschrieben, die ein jeder von uns in weniger gigantischem Maßstab jedes Mal dann erleben kann, wenn er mit einer großen Einrichtung oder Unternehmung, also mit einer Bürokratie zu tun hat […] Wesentlicher als das Problem des Besitzes ist hier das der Leitung und Verwaltung. Unter diesem Gesichtswinkel aber leiden alle Riesenorganisationen, […] an dem Grundübel, das sich aus der bloßen Tatsache ihres Ausmaßes ergibt. Über eine gewisse Dimension hinaus werden die Dinge und die Menschen, die ein Wille von oben lenken will, mehr oder weniger beherrschbar". De Man führt fort mit folgendem treffendem bildlichem Vergleich: „Unsere Epoche gemahnt an das Bild, das die Paläontologen vom Verschwinden der großen Saurier gegen das Ende der Tertiärzeit aufhängen: Riesenkörper mit kleinen Gehirnen, die sich zuletzt als ohnmächtig erwiesen, die Tiere den veränderten Lebensverhältnissen anzupassen".[324]

Der „ständig komplizierter und subtiler werdende Gigantismus" unserer Epoche führt de Man auf das Versagen des Lenkapparates zurück.[325] In den größeren Gebilden, also besonders bei der Lenkung der ausschlaggebenden Großstaaten und Institutionen, scheitere das Funktionieren des Steuerungsmechanismus zuletzt an der Ungeheuerlichkeit seiner Dimensionen. Dadurch, dass zwischen Wähler und ausführenden Behörden immer gewaltigere

---

323 Ebenda, S. 48.
324 Ebenda, S. 124.
325 Ebenda, S. 125 f.

Institutionen und Körperschaften eingeschoben werden müssten, würde diesen immer mehr die eigentliche Macht in die Hände gespielt. Die Erhaltung und Ausdehnung der staatlichen Maschinerie erhebe sich somit zum Selbstzweck, der Leviathan werde zugleich gewaltiger und ungelenkter und daher immer bedrohlicher.[326]

Der staatliche Verwaltungsapparat erweist sich heutzutage als autonom und schließt in hemmungslosem Planungsfieber immer neue Lebensbereiche in sich ein. Die wachsende Bürokratisierung des Lebens bedingt eine Abhängigkeit des Individuums von der staatlichen Verwaltungsmaschine, die ihm damit die Möglichkeit entzieht, eigene Ideen zu verwirklichen, und die wenig Raum für Eigeninitiative und für die persönliche Verantwortung des Menschen übrig lässt. Vor dem riesigen industriell-bürokratischen Apparat steht der Einzelne in seinen innovativen Bemühungen nur erbärmlich da („Riesenkörper mit kleinen Gehirnen"). Arnold Gehlen bezeichnet in seiner Schrift „Ende der Geschichte?" in Bezugnahme auf Cournot diese Lage als einen Endzustand, in dem die Geschichte zu einem Stillstand gekommen sei, da angesichts des regelmäßigen Ganges der Räder der Verwaltung und der Industrie die heutigen Organisationsstrukturen nicht zum Tode verurteilt sind, und daher Erneuerungsbestrebungen zwangsläufig scheitern müssen.[327]

Die mögliche Zuspitzung von auseinanderklaffenden gesellschaftlichen Interessengegensätzen und damit verbunden ein in greifbarer Nähe sich befindlicher Revolutionsprozess haben sich durch die Entstehung des modernen Sozialstaats weitgehend erübrigt. Die ungeheuren Produktionszuwächse der vergangenen Jahrzehnte haben einen relativ breiten Massenwohlstand ohne Klassenkampf ermöglicht und die Widersprüche zwischen Kapitalisten und Proletariern in ein spannungsvolles Kooperationsverhältnis zwischen Kapital und Arbeit verwandelt. Dabei erscheint der Sozialstaat als ein unbewegliches System, das auf einer rationellen Verteilung des ökonomischen Wachstums beruht, und in dessen bequeme Abhängigkeit sich der Mensch ohne Zögern hineinbegibt. Dass wir gleichzeitig eine zunehmend ungleiche Verteilung der Einkommen, Vermögen und Chancen haben, hebt diesen Tatbestand nicht auf.

---

326 Vgl. ebenda, S. 173 f.
327 Gehlen, Arnold: Ende der Geschichte?, in: Gehlen, Arnold, Einblicke, Frankfurt am Main 1975, S. 126.

Wie erfasst de Man nun den „posthistorischen" Menschentypus? Er verbindet in „Vermassung und Kulturverfall" seine allgemeinen Aussagen über den Menschentypus seiner Zeit mit dem Hang zum Subjektiven in der zeitgenössischen Kunst. „Das Individuum wird durch die Auflösung von Stil und Tradition isoliert, [...] durch die Vernichtung des gegenständlichen Weltbildes aus der Perspektive geworfen. Der Einzelne ist ohnmächtig, die überwundenen Werte und Formen durch andere zu ersetzen [...]".[328]

Die „Emanzipation" des Menschen von Traditionen und Werten hat zur Folge, dass er in seiner Daseinsbewältigung auf die eigenen Kräfte zurückgeworfen wird, die jedoch keineswegs ausreichen, damit sich der Mensch bewusst der Außenlenkung durch unsichtbare gesellschaftliche Mächte entziehen könnte. Stattdessen verfällt der Mensch in einen verbrämten Subjektivismus, der sich sobald als Egoismus erweist, dazu noch der Drang einer grenzenlosen Daseinserfüllung als Höchstwert. Der Mensch scheint zwischen dem Gefühl der Anpassung einerseits, den Arnold Gehlen als „Konformismus durch gemeinsame Daseins-Abhängigkeit vom industriellen Mechanismus"[329] umschreibt, und dem des Ausbruchs aus der Gesellschaft andererseits zu schwanken.

Eine entscheidende Ursache des Kulturverfalls sieht Hendrik de Man in der „Vermarktung" der Kulturgüter: „Hier gilt nicht mehr der immanente geistige Wert der Kulturschöpfung, sondern der vom wirtschaftlichen Bedürfnis abhängige Marktwert. Dieser Zwiespalt zwischen dem kulturellen Ewigkeitswert und dem zivilisatorischen Marktwert ist die Tragik alles heutigen geistigen und künstlerischen Schaffens."[330]

In seiner Abhandlung zum Einfluss der Massenmedien in den modernen Industriegesellschaften auf die Menschen und ihr Verhalten ist de Man geradezu ein Prophet. Sind wir mehr als ein Rädchen in dem gewaltigen Getriebe der Kulturindustrie, deren Auswirkungen wir zu entkommen suchen?

Wir sehen uns heute mit einer „Freizeitkultur als Industriebetrieb" konfrontiert, so Hendrik de Man, der jeglichen individuellen Wunsch ignoriert, und von dem der Einzelne zusammen

---

328 de Man, Hendrik: Vermassung und Kulturverfall, S. 117.
329 Gehlen, Arnold: Ende der Geschichte?, S. 131.
330 de Man, Hendrik: Arbeiterbewegung und bürgerliche Kultur, in: Europäische Revue, S. 349.

mit Millionen seiner Schicksalsgenossen abhängig gemacht wird, zum Beispiel, „wenn er am Radio die gleiche Darstellung des Weltgeschehens zu hören bekommt wie Millionen anderer Menschen".[331] Er weist zugleich darauf hin, wie der heute die ganze Welt umfassende Medienbetrieb zu einer weltweiten kulturellen Nivellierung der Ansichten, Verhaltensweisen und Geschmacksrichtungen führe. In geschickter Weise könnten die Massenmedien beim Publikum wünschenswerte Reaktionen auf bestimmte Ereignisse auslösen. Sie wissen genau die Klaviatur der öffentlichen Meinung zu bespielen. Die Öffentlichkeit kann dabei, statt von realen durchlebten Erfahrungen, lediglich von „Erfahrungen zweiter Hand" (Arnold Gehlen), d.h. von Meinungen anderer über Erfahrungen und Inhalte, ausgehen. Der Mensch hat die Werte und Maßstäbe verloren, die er anlegen könnte, um Informationen auf ihren Wahrheitsgehalt zu überprüfen.

„Der entwurzelte, entmenschlichte, verzettelte Zeitgenosse […] hat den Maßstab verloren, den er früher in sich trug […] Der moderne Massenmensch […] hat in der Mehrzahl der Fälle nicht einmal mehr die Möglichkeit, zwischen den Eindrücken, die sich seinen Sinnen aufdrängen, eine bewusste Wahl vorzunehmen. Der ‚künstlichen Umwelt' gegenüber ist er großenteils zur Passivität verurteilt […]".[332]

Die öffentliche Meinung sei, statt Subjekt des Geschehens zu sein, zum Objekt geworden. Bei der öffentlichen Meinungsbildung werden weniger die vernunftmäßigen Fähigkeiten des Menschen angesprochen als vielmehr die Gefühle. Triebe und Emotionen hätten freien Lauf durch das Fehlen traditionsgebundener Zwischenstufen. In unserem Medienzeitalter müsse daher die Besonnenheit den kurzfristigen Ausbrüchen des öffentlichen Meinungsfiebers weichen[333], so Hendrik de Man.

Der Kulturhistoriker Jacob Burckhardt (1818–1897) hatte bereits Ende des 19. Jahrhunderts seine Zeitgenossen vor den „terribles simplificateurs" und den Folgen gewarnt. Aus dieser Linie des geringsten Widerstandes der Menschen leitete de Man seine These ab, dass die „Massenseele" nur noch auf primitive Schwarz-Weiß-Effekte reagiere. Je komplizierter die Welt geworden sei, umso

---

331 de Man, Hendrik: Vermassung und Kulturverfall, S. 45.
332 Ebenda, S. 97–98.
333 Vgl. ebenda, S. 98.

eher neige die „Massenseele" dazu, alle Detailunterschiede und Schattierungen zu ignorieren und sich an „primitiven rudimentären Bildern" zu halten.[334] In einer derartigen Epoche – warnte Hendrik de Man – werden die Ideologien selber militarisiert.

In seinen Vorstellungen verlieren Traditionen und Leitbilder zunehmend an Bedeutung. Sie seien nicht entscheidend für das gute Funktionieren der „gesellschaftlichen Maschine" und des Leviathans. Kennzeichnend für den gegenwärtigen Zustand sei der „Gigantismus" staatlicher Apparate, die sämtliche Lebensbereiche in sich einschließen und dadurch dem Menschen jede Initiative nehmen, sowie die Unbeweglichkeit der „modernen Sozialstaatlichkeit", die auch die zunehmende Anspruchserwartung der Bürger an den Staat bedingt. Kulturell sei eine durch die Massenmedien industriell erzeugte Nivellierung von Meinungen und Lebensgewohnheiten sowie eine Zerstörung historisch gewachsener Werte und Normen festzustellen.

Ist unser Jahrhundert nun wirklich im Zeitalter der „Posthistoire"? Sicherlich, es lassen sich viele der von Posthistoire-Analytikern gemachten Beobachtungen bestätigen.[335]

Es stellt sich die Frage, ob die hier beschriebenen Gestaltungsformen das einzige kulturbildende Prinzip der Zukunft sind und daher die Menschheit zu einem „Zustand stationärer Dauer" verdammen werden; oder werden neue Kräfte zur Geltung kommen können, die die zukünftige gesellschaftliche Entwicklung entscheidend prägen? Folgende Bemerkung de Mans soll daher unsere Aufmerksamkeit genießen: dass in Zeiten, in denen kulturschöpferische Leistungen geradezu auszuschließen sind, in Zeiten, in denen Werte eher verbraucht werden, als dass sie neu entstehen, es keineswegs unmöglich ist, dass neue Kräfte als Vorbedingung für künftige geschichtliche Umbrüche sich ansammeln. In seiner Schrift „Die sozialistische Idee" zieht Hendrik de Man im Hinblick auf diesen Gedanken den Vergleich mit geschichtlichen Abläufen:

„Auch Zeiten der Kulturkrise, wie die beiden Jahrhunderte zwischen dem Hochmittelalter und der Renaissance, die von manchen Gesichtspunkten als Epoche der Auflösung und des Verfalls gelten können, bedeuten deswegen im Hinblick auf das

---

334 Vgl. ebenda, S. 108.
335 Vgl. Janssen, Koenraad: Ist unser Jahrhundert in der Posthistoire?, unv. Vortrag, Brüssel 1995.

Endergebnis noch keinen Rückgang. Sie bereiten bestimmten Kräften, die in einer früheren Epoche entstanden, aber gehemmt waren, den Boden vor, auf dem sie später ihre schöpferische Tätigkeit frei entwickeln können".[336]

Zum Schluss sei die Frage gestellt, ob wir am Anfang des 21. Jahrhunderts noch in der Lage sind, aus unseren Kräften neu zu schöpfen und ob eine Rückbesinnung unserer Arbeitsgesellschaft auf ihre Grundbedingungen, von denen sie sich offenkundig losgesagt hat, noch möglich ist. Hat eine neue allgemein geltende Arbeitsethik noch eine Chance? Gibt es in dieser Frage einen Konsens? Wie soll diese neue Arbeitsethik aussehen? Oder werden wir weiterhin mit der postmodernen Beliebigkeit individueller Ethiken rechnen müssen, die sich im einseitigen Streben nach Selbstverwirklichung und Hedonismus verkörpert?

De Man stimmt mit dem Soziologen Hans Freyer darin überein, dass in unseren Tagen ein Gefühl des Zweifels bei den Menschen vorhanden ist, nämlich der Zweifel „am Sinn dessen, was das Leben von ihnen verlangt, [...] Ihr Tagewerk ist die geschäftige Ernsthaftigkeit vollendeter Narren: alles Einzelne ist höchst wichtig, aber das Ganze ist Unsinn, und eine Angst im Innern weiß, dass es Unsinn ist".[337] Der Mensch verliert den Sinn fürs Ganze aus dem Auge. Daher die Frage: Wird dennoch eine Mutation gelingen, werden wir abermals in der Lage sein, aus unseren Kräften und christlichen Werten zu schöpfen? Oder ist unsere Welt wirklich, wie de Man in seinem Buch „Vermassung und Kulturverfall" mit Verweis auf Shakespeares Hamlet bemerkt, „aus den Fugen"?

Eine moralische Beherrschung der industriell-technischen Gesetzlichkeiten und Eigendynamik unseres Daseins wird nur durch ein ihnen in den Fundamenten gegenläufiges Handlungs- und Wertesystem möglich sein, glaubte Hendrik de Man.

Hendrik de Mans Vorstellungen zum Wertewandel berühren natürlich auch staatsrechtliche Probleme und Schlüsselfragen des politischen Systems im Allgemeinen und der politischen Parteien im Besonderen. Die Qualität, die Leistung und Verantwortung von Politikern bestimmen auch die Handlungs- und Reformfähigkeit der Politik – ein Thema, das Hendrik de Man zeit seines

---

336 de Man, Hendrik: Die sozialistische Idee, S. 80–81.
337 Freyer, Hans: Revolution von rechts, Jena 1931, S. 122; und vgl. dazu auch de Man, Hendrik: Vermassung und Kulturverfall, S. 122.

Lebens bewegte und auch heute Themen wie Politik- und Staatsverdrossenheit prägt.

De Mans Grundthema ist der Widerspruch zwischen der demokratischen Wertordnung und der Realität der politischen Parteien in Deutschland, insbesondere der damaligen sozialdemokratischen Partei. Seine treffenden Analysen des Parteiwesens, die weitgehend auf Studien von Robert Michels beruhen, erstaunen heute umso mehr, als sie Anfang der zwanziger Jahre bereits entwickelt und veröffentlicht wurden. De Man sah die immer währenden Tendenzen zur Oligarchisierung aber nicht als ein spezielles Merkmal von modernen Demokratien, sondern grundsätzlich als Merkmal aller Herrschaftssysteme und Herrschaftsformen an. Drei Gründe führen nach de Man zur Oligarchisierung/Verbürokratisierung der Parteien:

- Die menschliche Natur
- Der politische Kampf der Parteien selbst und
- Die Organisation der Parteien.

Tugenden und Instrumente gegen die Oligarchisierung/Verbürokratisierung der politischen Macht sind nach seinen Vorstellungen:

- Kritikfähigkeit
- Transparenz
- Kontrolle
- Bildung und Etablierung eines christlichen Wertesystems

Die Globalisierung, der demografische Wandel mit seinen absehbaren Folgen, wirtschaftliche Strukturschwäche, die überzogene Erwartungshaltung der Bürger gegenüber dem Staat und die monströse Eigendynamik wirtschaftlicher und politischer Prozesse erfordern eine Neujustizierung des Verhältnisses zwischen den Menschen und dem Staat.

Ein Widerspruch, auf den Hendrik de Man schon aufmerksam machte, besteht darin, dass der Staat immer mehr Aufgaben an sich zieht, aber immer weniger Aufgaben tatsächlich lösen kann, zumal eine überzogene Erwartungshaltung der Bürger gegenüber dem Staat hinzukommt.

Der Staatsrechtler Paul Kirchhof schreibt in dem Zusammenhang zu Recht: „Der soziale Rechtsstaat verzettelt sich in Versprechungen, die er dann kaum erfüllen kann, er weicht aus in die Regulierungswut, in die Behäbigkeit der Bürokratie und eine Vielzahl von (Finanz)privilegien. Damit verliert das Recht seine Allgemeinheit, der Finanzstaat seine Neutralität."[338]

Paul Kirchhof fordert eine verständliche, klare Rechtskultur und die Verständigung über verbindliche Werte und Verhaltensmaßstäbe. Hier sind deutliche Parallelen zu den gesellschaftspolitischen Vorstellungen Hendrik de Mans erkennbar, die wegweisend auch für gegenwärtige Diskussionen – wie Deregulierung, ausufernder Sozialstaat, Reformfähigkeit des Staates, Unregierbarkeit und Demokratiegefährdung durch extremistische Parteien – sind.

Normalität, Stabilität, Sicherheit – dies sind keine Attribute, die zur Gegenwart und Zukunft passen. Drei Megatrends[339] – Globalisierung, demografischer Wandel, Klimawandel – verstärken und überlagern sich wechselseitig, prägen den Wandel so rasch und tief greifend, wie es seit Generationen nicht mehr der Fall war. Nicht wenige empfinden diese radikalen Veränderungen als Bedrohung, zumal die zunehmend ungleiche Verteilung der Einkommen, Vermögen und Chancen das Vertrauen in das politische und wirtschaftliche System schmälert und Orientierungslosigkeit bei den Menschen auslöst. Regierungen und Unternehmen benötigen – wie die weltweite Finanzkrise im Herbst 2008 belegt – ein neues Koordinationssystem zur Bewältigung der globalen Herausforderungen. Die zunehmende Rivalität um natürliche Ressourcen und Knappheiten darf keine (atomaren) Kriege auslösen – wie Hendrik de Man unheilvoll in seiner Schrift „Gegen den Strom" prophezeite.

Die Megatrends und daraus resultierende Knappheiten[340] (Menschen im leistungsfähigen Alter, Geist, Zeit, Energie, Macht und Ressourcen) erfordern Tugenden – eine Art Alltagsethik (Hendrik de Man) im Prozess der Globalisierung.

Nach Henrik Müller – Redakteur des „Manager Magazins" – gehören dazu insbesondere
- Kreativität und Innovation,
- Solidarität, um individuelle Risiken gesellschaftlich und familiär abzusichern,
- Offenheit,

---

338 Kirchhof, Paul: Die Erneuerung des Staates – eine lösbare Aufgabe, Freiburg 2006, S. 53.
339 Vgl. Müller, Henrik: Die sieben Knappheiten. Wie sie unsere Zukunft bedrohen und was wir ihnen entgegensetzen können, Frankfurt/a. M. 2008.
340 Vgl. ebenda, S. 7 ff.

- Kooperation, weil Eliten zukünftig lernen müssen, sich unter den neuen Bedingungen Regeln und Institutionen zu unterwerfen, wie die Finanzkrise in den USA im Herbst 2008 überdeutlich zeigt und
- Originalität, weil gewachsene kulturelle Traditionen stabile Verankerungen in der Globalisierung bilden.

Hendrik de Man ging es in seinen Werken „Der Kampf um die Arbeitsfreude" und „Zur Psychologie des Sozialismus" auch um die Arbeitsethik einer „bildungshungrigen Elite" in Deutschland. Nicht die „soziale Revolution" der Arbeiterschaft und Angestellten und auch nicht der Hedonismus standen im Mittelpunkt seiner Schriften, sondern Qualifizierung, Arbeitsfreude im Zuge der fortschreitenden Industrialisierung und Rückbesinnung auf soziale Werte. Damals genauso wie heute „Megatrends" und Tugenden der Globalisierung.

Hendrik de Man bei einer Radioübertragung in Frankfurt, zu Beginn der dreißiger Jahre.
Bildnachweis: International Institute of Social History (IISH) in Amsterdam

Literaturverzeichnis

de Man, Hendrik und de Brouckère, Louis: „Die Eigenart der belgischen Arbeiterbewegung", in: de Man, Hendrik und de Brouckère, Louis, Die Arbeiterbewegung in Belgien, Ergänzungsheft zur „Neuen Zeit", Nr. 9, Stuttgart 1911, S. 1–28.

de Man, Hendrik: Au Pays du Taylorisme, Brüssel 1919.

de Man, Hendrik: The Remaking of a Mind, London/New York 1919.

de Man, Hendrik: Zur Psychologie des Sozialismus, Jena 1926.

de Man, Hendrik: Der Sozialismus als Kulturbewegung, Berlin 1926.

de Man, Hendrik: Die Intellektuellen und der Sozialismus, Jena 1927.

de Man, Hendrik: Antwort an Kautsky, Jena 1927.

de Man, Hendrik: Der Kampf um die Arbeitsfreude, Jena 1927.

de Man, Hendrik: „Warum Überwindung des Marxismus?", in: Neue Wege: Blätter für religiöse Arbeit, 22. Jg., Heft 3, Zürich 1928, S. 100–107.

de Man, Hendrik: „Die Begründung des Sozialismus", Referat und Schlusswort, Sozialismus aus dem Glauben: Verhandlungen der Sozialistischen Tagung in Heppenheim, Zürich/Leipzig 1929.

de Man, Hendrik: „Arbeiterpsychologie", in: Giese, Fritz (Hrsg.): Handwörterbuch der Arbeitswissenschaft, Halle a. d. Saale 1930, Spalte 199–217.

de Man, Hendrik: „Verbürgerlichung des Proletariats?" in: Neue Blätter für den Sozialismus, 1. Jg., Heft 3, 1930, S. 106–118.

de Man, Hendrik: „Arbeiterbewegung und bürgerliche Kultur", in: Europäische Revue, VI. Jg., 2. Halbband, Berlin 1930, S. 553ff. Wiederabdruck in: Hamburger Jahrbuch für Wirtschafts- und Gesellschaftspolitik, 16. Jg., Tübingen 1971, S. 343–355.

de Man, Hendrik: Sozialismus und Nationalfascismus, Potsdam 1931.

de Man, Hendrik: „Der Sozialismus und die geistige Lage der Gegenwart", in: Neue Blätter für den Sozialismus, 3. Jg., Heft 1, 1932, S. 16–17.

de Man, Hendrik: Massen und Führer, Potsdam 1932.

de Man, Hendrik: „Der neu entdeckte Marx", in: Der Kampf, 25. Jg.; Heft 5, 1932, S. 244ff., Heft 6, 1932, S. 267–277.

de Man, Hendrik: Die sozialistische Idee, Jena 1933.

de Man, Hendrik: Pour un plan d'action, Brüssel 1933.

de Man, Hendrik: Le plan du travail, 1934.

de Man, Hendrik: Corporatisme et socialisme, Paris 1935.

de Man, Hendrik: Réflexions sur la Paix, Brüssel 1942.

de Man, Hendrik: Cahiers de ma Montagne, Brüssel 1944.

de Man, Hendrik: Au delá du Nationalisme, Genf 1946.

de Man, Hendrik: Cavalier seul: Quarante-cinq années de socialisme européen, Geneva 1948.

de Man, Hendrik: Jacques Coeur – Der königlicher Kaufmann, Tübingen und Basel 1950.

de Man, Hendrik: Vermassung und Kulturverfall. Eine Diagnose unserer Zeit, Bern 1951, 2. Aufl., München 1952.

de Man, Hendrik: Gegen den Strom. Memoiren eines europäischen Sozialisten, Stuttgart 1953.

de Man, Jan: Hendrik de Man: Gesamt-Bibliographie, bearbeitet von Jan de Man, Villingen 1962.

Sekundärliteratur

Antrick, Otto: Die Akademie der Arbeit in der Universität Frankfurt – M. Idee – Werden – Gestalt, Darmstadt 1966.

Backhaus, Jürgen G. (Hrsg.): Gustav von Schmoller und die Probleme von heute, Berlin 1993.

Baethge, Martin: Arbeit, Vergesellschaftung, Identität – Zur zunehmenden normativen Subjektivierung der Arbeit, in: Soziale Welt 42,1, 1991, S. 6–19.

Barnard, Chester I.: The Functions of the Executive, Cambridge 1938.

Beck, Ulrich: Risikogesellschaft. Auf dem Weg in eine andere Moderne, Frankfurt/a. M. 1986.

Beck, Ulrich: Jenseits von Stand und Klasse?, in: Beck, Ulrich; Beck-Gernsheim, Elisabeth (Hrsg.): Riskante Freiheiten, Frankfurt/a. M. 1994, S. 43–60.

Beck, Ulrich; Beck-Gernsheim, Elisabeth (Hrsg.): Riskante Freiheiten, Frankfurt/a. M. 1994.

Beck, Ulrich; Beck-Gernsheim, Elisabeth: Individualisierung in modernen Gesellschaften – Perspektiven und Kontroversen einer subjektorientierten Soziologie, in: Beck, Ulrich; Beck-Gernsheim, Elisabeth (Hrsg.): Riskante Freiheiten, Frankfurt/a. M. 1994, S. 10–39.

Becker, Lutz; Ehrhardt, Johannes; Gora, Walter: Führungskonzepte und Führungskompetenz, Düsseldorf 2006.

Bernays, Marie: Das Berufsschicksal des modernen Industriearbeiters, in: Archiv für Sozialwissenschaft und Sozialpolitik, Bd. XXXVI, 1912, S. 884–900.

Betz, Horst: Von Schmoller zu Sombart, in: Backhaus, Jürgen G. (Hrsg.): Gustav von Schmoller und die Probleme von heute, Berlin 1993, S. 221–242.

Biesecker, Adelheid: Kooperative Vielfalt und das „Ganze" der Arbeit. Überlegungen zu einem erweiterten Arbeitsbegriff, Wissenschaftszentrum Berlin für Sozialforschung, Berlin 2000

Bischoff, Joachim u.a.: Jenseits der Klassen? Gesellschaft und Staat im Spätkapitalismus, Hamburg 1982.

Bolte, Karl M.: Subjektorientierte Soziologie – Plädoyer für eine Forschungsperspektive, in: Bolte, Karl M.; Treutner, Erhard (Hrsg.): Subjektorientierte Arbeits- und Berufssoziologie, Frankfurt 1983, S. 12–36.

Borchers, Detlef: Hendrik de Man (1885–1953) – Am Rande der Soziologie, Kölner Zeitschrift für Soziologie und Sozialpsychologie, 37. Jg. 1985, S. 817–818.

Brede, Karola; Schweikart, Rudolf; Zeul, Mechthild: Subjektivität als psychische Dimension betrieblich-abhängiger Arbeit, in: Arbeit und Subjektivität, hrsg. von Rudi Schmiede, Bonn 1988, S. 212–232.

Brélaz, Michel: Léopold III. et Henri de Man, Genève 1988.

Brock, Ditmar; Vetter, Hans-Rudolf: Alltägliche Arbeiterexistenz. Soziologische Rekonstruktion des Zusammenhangs von Lohnarbeit und Biographie, Frankfurt/New York 1982.

Deborin, Abram: „Ein neuer Feldzug gegen den Marxismus", in: Unter dem Banner des Marxismus, 2. Jg., Heft 1/2, (März 1928), S. 44–67.

Diekmann, Andreas: Empirische Sozialforschung. Grundlagen, Methoden, Anwendung, Reinbek b. Hamburg 2006.

Dodge, Peter: Beyond Marxism. The faith and works of Hendrik de Man, The Hague 1966.

Durand, Claude; Touraine, Alain: Die kompensatorische Rolle der Werkmeister (1970), in: Industrie- und Betriebssoziologie, hrsg. von Zündorf, Lutz, Darmstadt 1979, S. 119–157.

Freyer, Hans: Revolution von rechts, Jena 1931.

Fürstenberg, Friedrich (Hrsg.): Industriesoziologie II. Die Entwicklung der Arbeits- und Betriebssoziologie seit dem Zweiten Weltkrieg, Darmstadt 1974.

von Friedeburg, Ludwig: Soziologie des Betriebsklimas. Studien zur Deutung empirischer Untersuchungen in industriellen Großbetrieben, Frankfurt/a. M. 1963.

Gatzemann, Andreas: Schule und Gewalt- Rekonstruktion der Biografie eines aggressiven und gewaltauffälligen Schülers und mögliche Handlungskonzepte im Umgang mit gewaltbereiten Kindern und Jugendlichen, Bamberg 2000

Gatzemann, Andreas: Die Erziehung zum „neuen Menschen" im Jugendwerkhof Torgau- Ein Beitrag zum kulturellen Gedächtnis, Münster, Berlin 2008

Gatzemann, Andreas: Der Jugendwerkhof Torgau- Das Ende der Erziehung, Münster 2009

Gehlen, Arnold: Über kulturelle Kristallisation, Bremen 1961.

Gehlen, Arnold: Ende der Geschichte?, in: Gehlen, Arnold, Einblicke, Frankfurt am Main 1975, S. 115–133.

Gehlen, Arnold: Über die Geburt der Freiheit aus der Entfremdung, in: Arnold Gehlen Gesamtausgabe, hrsg. von Karl Siegbert Rehberg, Bd. 4, Frankfurt am Main 1978, S. 366–379.

Gehlen, Arnold: Post-Histoire (1962), in: Klages, Helmut; Quaritsch, Helmut (Hrsg.): Zur geisteswissenschaftlichen Bedeutung Arnold Gehlens, Berlin 1994, S. 885–895.

Gehlen, Arnold: Über kulturelle Evolutionen (1962), in: Gehlen, Arnold: Gesamtausgabe Bd. 6, hrsg. von Karl-Siegbert Rehberg, Frankfurt a. M. 2004, S. 315–329.

Heidenreich, Martin: Die subjektive Modernisierung fortgeschrittener Arbeitsgesellschaften, in: Soziale Welt 47, 1,1996, S. 24–43

Heimann, Eduard: Kapitalismus und Sozialismus, Potsdam 1931.

Herbig, Albert F.: Führungstheorien und -konzepte. Grundlagen professioneller Mitarbeiterführung, Norderstedt 2005.

Heuß, Theodor: Zur Psychologie des Sozialismus, in: Berliner Börsen-Courier vom 23. Mai 1926.

Hinrichs, Peter: Um die Seele des Arbeiters. Arbeitspsychologie, Industrie- und Betriebssoziologie in Deutschland 1871–1945, Köln 1981.

Jahoda, Marie; Larzarsfeld, Paul F.; Zeisel, Hans: Die Arbeitslosen von Marienthal. Ein soziographischer Versuch über die Wirkungen langandauernder Arbeitslosigkeit, 2. Aufl., Allensbach 1960.

Janssen, Koenraad: Ist unser Jahrhundert in der Posthistoire? Eine Rückbesinnung auf das Werk von Hendrik de Man anlässlich seines 110. Geburtstages, unveröffentlichter Vortrag vom 14. Oktober 1995 in der „Erasmushogeschool" in Brüssel 1995.

José Ortega y Gasset: La rebelión de las masas, Madrid 1929 (dt.: Der Aufstand der Massen, Stuttgart 1936).

Jünger, Ernst: Der Arbeiter. Herrschaft und Gestalt, Hamburg 1932.

Jünger, Ernst: Auf den Marmor-Klippen, Hamburg 1939.

Kautsky, Karl: Das Erfurter Programm, Berlin 1891.

Kautsky, Karl: De Man als Lehrer. Eine Nachlese, in: Die Gesellschaft, 4. Jg., Heft 1, 1927, S. 62-67.

Kern Horst, Schumann Michael: Industriearbeit und Arbeiterbewusstsein, Frankfurt/a. M. 1985.

Kern, Horst; Schumann, Michael: Das Ende der Arbeitsteilung? Rationalisierung in der industriellen Produktion, München 1984.

Keyserling, Hermann: „Bücherschau", in: Weg zur Vollendung vom 12. August 1926, S. 333–335.

Kirchhof, Paul: Die Erneuerung des Staates – eine lösbare Aufgabe, Freiburg 2006.

Kirchhof, Paul: Das Gesetz der Hydra. Gebt den Bürgern ihren Staat zurück, München 2006.

Klages, Helmut (Hrsg.): Werte und Wandel. Ergebnisse und Methoden einer Forschungstradition, Frankfurt/a. M./New York 1992.

Klages, Helmut: Wertewandel in Deutschland in den 90er Jahren, in: von Rosenstiel, Lutz et al. (Hrsg.): Wertewandel. Herausforderungen für die Unternehmenspolitik in den 90er Jahren, 2. überarb. Aufl., Stuttgart 1993, S. 1–15.

Kleemann, Frank; Matuschek, Ingo; Voß, Günter G.: Zur Subjektivierung von Arbeit, Wissenschaftszentrum Berlin für Sozialforschung, Berlin 1999.

Kohli, Martin: Institutionalisierung und Individualisierung der Erwerbsbiographie, in: Beck, Ulrich; Beck-Gernsheim, Elisabeth (Hrsg.): Riskante Freiheiten, Frankfurt/a. M. 1994, S. 219–244.

Kropotkin, Peter: Gegenseitige Hilfe in der Tier- und Menschenwelt, Nachauflage 2005.

Kudera, Werner; Voß; Günter G.: Veränderungen der Arbeitsteilung von Personen. Neue Muster der individuellen Verteilung von Arbeit auf verschiedene Lebensbereiche, in: Arbeit und Subjektivität, hrsg. von Schmiede Rudi, Bonn 1988, S. 176–196.

Landauer, Carl: Stichwort Sozialismus, in: Handwörterbuch der Sozialwissenschaften, 9. Band, Stuttgart/Tübingen/Göttingen 1956, S. 494–501.

Lazarsfeld, Paul: Die Psychologie in Hendrik de Mans Marxkritik, in: Der Kampf, 20. Jg., Nr. 6, 1927, S. 270–274.

Lepinski, Franz: De Man überwindet den Marxismus, in: Jungsozialistische Blätter, 5. Jg., Heft 10, 1920, S. 310–313.

Leuscher, Udo: Entfremdung – Neurose – Ideologie, Köln 1990.

Levenstein, Adolf: Die Arbeiterfrage, München 1912.

Luxemburg, Rosa: Gesammelte Werke, Band 4, hrsg. vom Institut für Marxismus-Leninismus beim ZK der SED, Berlin 1974.

Maslow, Abraham H.: Motivation and Personality, New York 1954.

Mayo, Elton: The Human Problems of an Industrial Civilisation, New York 1960 (zuerst 1933).

Mayo, Elton: The Social Problems of an Industrial Civilisation, 1946 (dt.: Probleme industrieller Arbeitsbedingungen, Frankfurt/a. M. 1950).

Michels, Robert: Soziologie des Parteiwesens, 4. Auf., Stuttgart 1989.

Mikl-Horke, Gertraude: Industrie- und Arbeitssoziologie, München/Wien 1995.

Mommsen, Wilhelm: Max Weber, Gesellschaft, Politik und Geschichte, Frankfurt/a. M. 1974.

Müller, Henrik: Die sieben Knappheiten. Wie sie unsere Zukunft bedrohen und was wir ihnen entgegensetzen können, Frankfurt/a. M. 2008.

Nestler, Ludwig: Die faschistische Okkupationspolitik in Belgien, Luxemburg und den Niederlanden 1940–1945, Berlin 1990.

Nietzsche, Friedrich: Der Wille zur Macht. Versuch einer Umwertung aller Werte, in: Friedrich Nietzsche, Werke in zwei Bänden, hrsg. von August Messer, Leipzig 1930.

Nolte, Paul: Riskante Moderne. Die Deutschen und der neue Kapitalismus, Bonn 2006.

Ortlieb, Heinz-Dietrich; Stavenhagen, Gerhard: Stichwort Sozialisierung, in: Handwörterbuch der Sozialwissenschaften, 9. Band, Stuttgart/Tübingen/Göttingen 1956, S. 464–469.

Picot, Arnold; Reichwald, Ralf et al.: Die grenzenlose Unternehmung, 2. Aufl., Wiesbaden 1996.

Popper, Karl: Die offene Gesellschaft und ihre Feinde, Bd. 2, Stuttgart 1992.

Popper, Karl: Das Elend des Historizismus, Tübingen 2003.

Protokolle der sozialistischen Tagung in Heppenheim 1928, „Sozialismus aus dem Glauben", Zürich/Leipzig 1929.

Radbruch, Gustav: Überwindung des Marxismus? Betrachtung zu Hendrik de Man, in: Die Gesellschaft, 3. Jg., Heft 10, 1926, S. 368–375.

Schelsky, Helmut: Auf der Suche nach Wirklichkeit. Gesammelte Aufsätze zur Soziologie der Bundesrepublik, München 1979.

Schmidt, Gert; Braczyk, Hans-Joachim (Hrsg.): Materialien zur Industriesoziologie, Sonderheft 24 der Kölner Zeitschrift für Soziologie und Sozialpsychologie, Opladen 1982.

Schmidt, Karl-Heinz: Ökonomie und Technologie, in: Backhaus, Jürgen G. (Hrsg.): Gustav von Schmoller und die Probleme von heute, Berlin 1993, S. 261–276.

Schmiede, Rudi (Hrsg.): Arbeit und Subjektivität. Beiträge zu einer Tagung der Sektion Industrie- und Betriebssoziologie in der Deutschen Gesellschaft für Soziologie, Bonn 1988.

Schmiede, Rudi (Hrsg.): Virtuelle Arbeitswelten. Arbeit, Produktion und Subjekt in der „Informationsgesellschaft", Berlin 1996.

Schneider, Dieter: Schmoller und die Lehre von der Unternehmungsverfassung vor der Betriebswirtschaftslehre, in: Backhaus, Jürgen G. (Hrsg.): Gustav von Schmoller und die Probleme von heute, Berlin 1993, S. 243–259.

Schriftenreihe des Vereins für Socialpolitik, Auslese und Anpassung der Arbeiterschaft der geschlossenen Großindustrie, Bd. 133–135, Leipzig/Berlin 1911–1915.

Schumm, Wilhelm: Arbeit und Subjektivität in der jüngeren soziologischen Forschung, in: Arbeit und Subjektivität, hrsg. von Schmiede Rudi, Bonn 1988, S. 1–26.

Schütze, Fritz; Matthes, Joachim: Zur Einführung: Alltagswissen, Interaktion und gesellschaftliche Wirklichkeit, in: Arbeitsgruppe Bielefelder Soziologen (Hrsg.): Alltagswissen, Interaktion und gesellschaftliche Wirklichkeit, Reinbek 1973.

Sombart, Werner: Warum gibt es in den Vereinigten Staaten keinen Sozialismus?, Tübingen 1906.

Spengler, Oswald: Der Untergang des Abendlandes, Bd. 1, Wien 1918; Bd. 2, München 1922.

Staehle, Wolfgang: Organisation und Führung sozio-technischer Systeme, Stuttgart 1973.

Stavenhagen, Gerhard: Geschichte der Wirtschaftstheorie, 4. Aufl. 1969.

Steuckers, Robert: Hendrik de Man. Ein europäischer Nonkonformist auf der Suche nach dem Dritten Weg, in: Junges Forum, Heft 5–6/1985.

Tillich, Paul: Stichwort Sozialismus/religiöser Sozialismus, in: Handwörterbuch der Sozialwissenschaft, 9. Bd., Stuttgart/Tübingen/Göttingen 1956, S. 507–508.

Touraine, Alain: Die postindustrielle Gesellschaft, Frankfurt/a. M. 1972.

Toynbee, Arnold: Civilisation on Trial, New York 1948, (dt.: Kultur am Scheidewege, Zürich 1949.

Ulrich, Karl; Müller, Walter: Individualisierung und Standardisierung im Strukturwandel der Moderne. Lebensverläufe im Wohlfahrtsstaat, in: Beck, Ulrich; Beck-Gernsheim, Elisabeth (Hrsg.): Riskante Freiheiten, Frankfurt/a. M. 1994, S. 265–295.

Vandervelde, Émile: Jenseits des Marxismus, in: Die Gesellschaft, 5. Jg., 1928, Heft 3, S. 222–230.

van Peski, Adriaan M.: Hendrik de Man. Ein Wille zum Sozialismus, Vorwort von Heinz-Dietrich Ortlieb, in: Hamburger Jahrbuch für Wirtschafts- und Gesellschaftspolitik, 8. Jg., Tübingen 1963, S. 183–204.

Vollmerg, Birgit: Ein sozialpsychologischer Ansatz zum Verständnis von Subjektivität und industrieller Arbeit, in: Arbeit und Subjektivität, hrsg. von Schmiede, Rudi, Bonn 1988, S. 197–211.

von Ferber, Christian: Arbeitsfreude, Wirklichkeit und Ideologie, Stuttgart 1959.

von Rosenstiel, Lutz: Die motivationalen Grundlagen des Verhaltens in Organisationen. Leistung und Zufriedenheit, Berlin 1975.

von Rosenstiel, Lutz et al. (Hrsg.): Wertewandel. Herausforderungen für die Unternehmenspolitik in den 90er Jahren, 2. über. Aufl., Stuttgart 1993.

von Schmoller, Gustav: Grundriss der allgemeinen Volkswirtschaftslehre, 2 Bde., Leipzig 1900/1904, Faksimileausgabe, Düsseldorf 1989.

Voß, Günter G.; Pongratz, Hans J. (Hrsg.): Subjektorientierte Soziologie, Opladen 1997.

Voß, Günter G.; Pongratz, Hans J.: Der Arbeitskraftunternehmer. Eine neue Grundform der „Ware Arbeitskraft", in: Kölner Zeitschrift für Soziologie und Sozialpsychologie 50, 1, 1998, S. 131–158.

Voß, Günter G.; Pongratz, Hans J.: Arbeitskraftunternehmer – Erwerbsorientierungen in entgrenzten Arbeitsformen, Berlin 2003.

Voß, Günter G.; Moldaschl, Manfred (Hrsg.): Subjektivierung von Arbeit, München 2003.

Weber, Max: Wirtschaft und Gesellschaft – Grundriss der verstehenden Soziologie, Tübingen 1922 und 4. Auflage Tübingen 1956.

Weber, Max: Methodologische Einleitung für die Erhebung des Vereins für Socialpolitik über Auslese und Anpassung (Berufswahl und Berufsschicksal), in: Gesammelte Aufsätze zur Soziologie und Sozialpolitik, hrsg. von Mariane Weber, Heidelberg 1924, S. 1–60.

Wundt, Wilhelm: Grundzüge der physiologischen Psychologie, Leipzig 1874.

Zapf, Wolfgang: Staat, Sicherheit und Individualisierung, in: Beck, Ulrich; Beck-Gernsheim, Elisabeth (Hrsg.): Riskante Freiheiten, Frankfurt/a. M. 1994, S. 296–304.

Zeisel, Hans: Zur Geschichte der Soziographie, in: Jahoda, Marie; Larzarsfeld, Paul F.; Zeisel, Hans: Die Arbeitslosen von Marienthal. Ein soziographischer Versuch über die Wirkungen langandauernder Arbeitslosigkeit, 2. Aufl., Allensbach 1960, S. 101–138.

Zoll, Rainer (Hrsg.): Ein neues kulturelles Modell? Der soziokulturelle Wandel in Westeuropa und Nordamerika, Opladen 1992.

Emile Vandervelde und Hendrik de Man (Belgien), vermutlich
am 12. Mai 1917
Bildnachweis: http://www.labourhistory.net/stockholm1917/sk014.php

Anhang – Anlage 1

SATZUNG
der Akademie der Arbeit in Frankfurt a. M.

§ 1

Die Akademie der Arbeit in Frankfurt am Main hat die Aufgabe, nicht akademisch vorgebildeten Personen aus den Kreisen namentlich der Arbeiter, Angestellten und Beamten eine hochschulmäßige Ausbildung zur Vorbereitung auf eine Tätigkeit in der wirtschaftlichen, sozialen und politischen Selbstverwaltung zu vermitteln. Die Akademie der Arbeit schließt den Charakter der Fachschule und der Parteischule aus; sie soll eine systematische Hochschulbildung übermitteln und nach Ziel und Methode von kurzfristigen Kursen zur Schulung von Betriebsräten und Arbeiterführern grundsätzlich verschieden sein.

§ 2

1. Die Lehrgänge der Akademie der Arbeit dauern neun Monate; sie beginnen am 1. Oktober und enden am 30. Juni.
2. Als Hörer werden Männer und Frauen zugelassen, die das zum erfolgreichen Besuch der Akademie der Arbeit ausreichende Alter und die notwendige Reife des Geistes und Charakters besitzen und eine bestimmte Berufsbildung und bestimmte Berufstätigkeit nachweisen.
3. Die Spitzenverbände der deutschen Arbeiter-, Angestellten- und Beamtengewerkschaften wählen die von ihnen entsandten Hörer nach eigenem Ermessen aus, jedoch unter Berücksichtigung des Ergebnisses der von dem Lehrkörper der Akademie der Arbeit gestellten Prüfungsarbeiten.
4. Die Unterrichtsverwaltung kann nach Anhörung oder auf Vorschlag des Verwaltungsausschusses geeignete, von anderer Seite, insbesondere von wirtschaftlichen oder kommunalen Verbänden und Unternehmungen vogeschlagene Personen unter den gleichen Bedingungen zulassen.
5. Die Hörer zahlen eine Hörergebühr an die Akademie-Kasse, deren Höhe vom Ministerium festgesetzt wird.

§ 3

1. Der Unterricht umfaßt hauptsächlich Wirtschafts- und Gesellschaftslehre, Rechts- und Staatslehre. Er wird hochschulmäßig unter besonderer Betonung der Arbeitsgemeinschaft als tragender Lehrform gestaltet.
2. Der Lehrplan eines jeden Lehrganges wird vom Lehrkörper entworfen, mit dem Hörerausschuß besprochen, dem Verwaltungsausschuß unterbreitet und dann unter Beifügung der Äußerung des Verwaltungsausschusses dem Ministerium zur Genehmigung vorgelegt.

§ 4

1. Die Behandlung der pädagogischen Fragen steht dem Kollegium der hauptamtlichen Dozenten der Akademie der Arbeit zu.
2. Die Ernennung der hauptamtlichen Dozenten erfolgt nach Anhörung des Ver-

waltungsausschusses durch den Herrn Minister für Wissenschaft, Kunst und Volksbildung.
3. Bei der Auswahl der hauptamtlichen und der in § 6 Abs. 2 genannten Lehrkräfte wird auf den ausgesprochenen Willen der Spitzenverbände der deutschen Arbeiter-, Angestellten- und Beamtengewerkschaften angemessene Rücksicht genommen.
4. Die Anstellungsbedingungen der hauptamtlichen Lehrkräfte regelt die Unterrichtsverwaltung.

§ 5

1. Die Tätigkeit des Leiters der Akademie der Arbeit wird von einem hauptamtlichen Dozenten übernommen. Für jedes Lehrjahr wechselt die Leitung der Akademie der Arbeit turnusmäßig zwischen den hauptamtlichen Dozenten. Der jeweilige Leiter ist nicht Vorgesetzter der hauptamtlichen Dozenten. Die Berichte des Akademie-Leiters, die sich auf pädagogische Fragen erstrecken, sind vor Absendung mit dem Kollegium der hauptamtlichen Dozenten zu besprechen. Alle Berichte an das Ministerium sind *vor* Absendung dem Verwaltungsausschuß vorzulegen.
2. Der Leiter wird vom Ministerium bestätigt. Er ist in allen Fragen des Unterrichts ausschließlich dem Ministerium verantwortlich.
3. Bei Krankheit oder Abwesenheit wird der Leiter der Akademie der Arbeit durch den letztjährigen Leiter vertreten.

§ 6

1. Zur Ausgestaltung des Unterrichts werden Universitätslehrer und andere geeignete Persönlichkeiten (auch Praktiker) als nebenamtliche Dozenten herangezogen. Ihre Berufung erfolgt nach Anhörung des Verwaltungsausschusses durch das Kollegium der hauptamtlichen Dozenten, in dessen Namen der Leiter die Verhandlungen führt und abschließt.
2. Bei der Behandlung grundsätzlich wichtiger Fragen werden den Weltanschauungen der Hörer nahestehende Dozenten beteiligt.

§ 7

Die Hörer wählen nach den Grundsätzen der Verhältniswahl für je ein Semester sechs Vertreter in den Hörerausschuß, der die Wünsche der Hörer in Angelegenheiten des Unterrichts bei dem Akademieleiter, dem Lehrkörper und gegebenenfalls dem Verwaltungsausschuß geltend machen kann.

§ 8

1. Zur Unterstützung des Leiters in der äußeren Verwaltung wird ein Ausschuß von 13 Mitgliedern gebildet, dem der jeweilige Leiter als Vorsitzender angehört. Die übrigen Mitglieder des Verwaltungsausschusses sind

   a) zwei Vertreter des ADGB (Allgemeiner Deutscher Gewerkschaftsbund),
   b) ein Vertreter des Deutschen Gewerkschaftsbundes,

c) ein Vertreter des Deutschen Beamtenbundes,
d) ein Vertreter des Afa-Bundes,
e) ein Vertreter des Gewerkschaftsringes,
f) ein Vertreter des Allgemeinen Deutschen Beamtenbundes,
g) ein Vertreter der Frankfurter Bildungsinstitute,
h) ein Vertreter der Universität,
i) ein Vertreter des Lehrkörpers der Akademie der Arbeit,
k) ein Vertreter des Reichsministeriums des Innern,
l) ein Vertreter der Stadt Frankfurt am Main.

Der Verwaltungsausschuß kann zu seinen Verhandlungen Sachverständige mit beratender Stimme heranziehen.
2. Der Leiter ist verpflichtet, dem Verwaltungsausschuß jede Information zu erteilen, die ein Mitglied des Ausschusses in Angelegenheiten der Akademie der Arbeit verlangt.
3. Der Verwaltungsausschuß ist befugt, zu den ihm vorgelegten Berichten an das Ministerium Stellung zu nehmen.
4. Kompetenzstreitigkeiten entscheidet das Ministerium.
5. Die Verantwortung für die äußere, namentlich die finanzielle Verwaltung trägt gegenüber dem Staat der jeweilige Akademieleiter.

§ 9

1. Die Universität Frankfurt am Main stellt die nötigen Unterrichtsräume mit Heizung, Beleuchtung und Reinigung, sowie ihre Lehrmittel und Verwaltungseinrichtungen der Akademie der Arbeit kostenlos zur Verfügung.
2. Den Hörern steht vorbehaltlich der Zustimmung des Leiters der Akademie der Arbeit die Teilnahme an den Vorlesungen und Übungen der Universität frei; sie haben ohne weiteres die Rechte und Pflichten der Gasthörer im Sinne der Universitäts-Satzung.

Anlage 2

LEHRPLAN DES ZEHNTEN LEHRGANGES 1930/31

Grundlegung

1. Die geschichtlichen Kräfte Europas in der Neuzeit	Studienrat Mackauer	30 Stunden
2. Grundlegende Arbeitsgemeinschaften: Wirtschaft, Gesellschaft, Staat, Recht	Dr. Michel, Dr. Sturmfels	80 Stunden
3. Abschließende Arbeitsgemeinschaften	Dr. Michel, Dr. Sturmfels	8 Stunden
	Insgesamt	118 Stunden

Wirtschaftslehre

A. Grundlagen

1. Wirtschaftskunde (mit Übungen)	Dr. C. Mayer	90 Stunden
2. Verkehrsgeographie	Prof. Schrepfer	14 Stunden
3. Industrielle Betriebskunde	Prof. Heidebroek	14 Stunden
4. Kaufm. Betriebskunde (mit Übungen)	Prof. Kalveram	30 Stunden
5. Typen und Formen der industriellen Arbeit	Prof. Woldt	12 Stunden

B. Wirtschaftspolitik

Allgemeine Wirtschaftspolitik

1. Allgemeine Handelspolitik	Prof. Nölting	15 Stunden
2. Spezielle Handelspolitik	Dr. Halasi	15 Stunden
3. Bank, Börse, Geld und Kredit	Bankier Leopold Merzbach	12 Stunden

Das deutsche Wirtschaftsproblem der Gegenwart

1. Strukturwandel der deutschen Wirtschaft nach dem Kriege	Dr. C. Mayer	15 Stunden
2. Das Reparationsproblem	Dr. C. Mayer	15 Stunden
3. Das Finanzproblem	Dr. C. Mayer	15 Stunden
4. Das Agrarproblem	Güterdirektor Schneider-Kleeberg	10 Stunden
Probleme der Weltwirtschaft	Dr. C. Mayer	12 Stunden
Übungen zu Fragen der Wirtschaftspolitik	Dr. C. Mayer	30 Stunden

C. Wirtschaftstheorie

1. Theorie der Wirtschaft	Prof. Nölting	20 Stunden
2. Lohntheorie und Lohnpolitik	Prof. Nölting	10 Stunden
	Insgesamt	329 Stunden

Rechtslehre

A. Grundlagen

1. Einführung in das Recht	Dr. Ernst Fränkel	12 Stunden
2. Grundbegriffe des geltenden Rechts	Dr. Franz Mestitz	16 Stunden

B. Arbeitsrecht

1. Grundlagen des Arbeitsrechts	Dr. Franz Mestitz	8 Stunden
2. Individuelles Arbeitsrecht	Dr. Franz Mestitz	
a) Arbeitsvertragsrecht		28 Stunden
b) Arbeiterschutzrecht		10 Stunden
3. Kollektives Arbeitsrecht	Dr. Franz Mestitz	
a) Das Recht der Berufsorganisation (Koalitionsrecht, Arbeitskampfrecht, Tarifrecht, Schlichtungsrecht)	Tarifrecht: Dr. Alex Lorch	38 Stunden
b) Das Recht der Betriebsorganisation (Betriebsräterecht)		16 Stunden
4. Arbeitsprozeßrecht	Stadtrat Dr. Max Michel	14 Stunden
5. Besprechungen über das gesamte Gebiet des Arbeitsrechts (Arbeitsrechtliche Universitätsvorlesung)	Prof. Sinzheimer	48 Stunden
6. Arbeitsrechtliche Seminare	Dr. Franz Mestitz	30 Stunden
7. Besprechung von Akten des Schlichtungswesens und Arbeitsgerichts	Stadtrat Dr. Max Michel	16 Stunden

C. Sonstige Rechtsgebiete

1. Allgemeines Staatsrecht	Prof. Giese	14 Stunden
2. Die Weimarer Verfassung	Prof. Giese	14 Stunden
3. Verwaltungsrecht	Prof. Giese	14 Stunden
4. Beamtenrecht (für Beamte)	Prof. Giese	6 Stunden
5. Strafrecht und Strafprozeß	Geh.-Rat Prof. Heimberger	12 Stunden
6. Grundlagen der Gerichtsverfassung und des Zivilprozesses	Dr. Alex Lorch	12 Stunden
7. Recht der Erwerbsgesellschaften	Prof. Klausing	10 Stunden
8. Kartelle, wirtschaftliche und soziale Selbstverwaltungskörper	Dr. Franz Neumann	12 Stunden
9. Fürsorgerecht (Jugendrecht, Soziale Gerichtshilfe usw.)	Stadtrat Dr. Max Michel	12 Stunden
	Insgesamt	342 Stunden

Staatslehre und Politik

1. Allgemeine Staatslehre	Dr. Ernst Michel	14 Stunden
2. Aufbau und Geschichte des modernen europäischen Staates	Dr. Ernst Michel	14 Stunden
3. Grundfragen der auswärtigen Politik	Prof. Dr. Riezler	3 Stunden
4. Europäische Politik seit dem Weltkriege	Dr. Scharp	10 Stunden
5. Faschismus und Bolschewismus	Dr. Ernst Michel	10 Stunden
6. Seminar zur Staatslehre	Dr. Ernst Michel	20 Stunden
7. Seminar über Gegenwartsfragen der Innen- und Außenpolitik	Dr. Ernst Michel	28 Stunden
8. Kolloquium über kommunalpolitische Fragen	Stadtrat Asch	10 Stunden
	Insgesamt	109 Stunden

Gesellschaftslehre und Sozialpolitik

A. Soziallehre

1. Grundzüge der Soziologie	Dr. Sturmfels	20 Stunden
2. Die Gesellschaftslehre von Karl Marx	Dr. Sturmfels	10 Stunden
3. Psychologie der industriellen Arbeit	Dr. Hendrik de Man	16 Stunden
4. Sozialerkrankungen im Arbeitsleben	Prof. v. Weizsäcker	8 Stunden
5. Seminar über Fragen des Gesellschaftslebens	Dr. Sturmfels	20 Stunden
6. Kolloquium über Christentum und Gesellschaft	Dr. Ernst Michel	12 Stunden
7. Das sozialpädagogische Problem auf der Grundlage der gegenwärtigen Berufskunde	Prof. Dr. Mennike	6 Stunden

B. Sozialpolitik

1. Grundzüge der Sozialpolitik	Dr. Sturmfels	10 Stunden
2. Sozialversicherung	Präsident Neumann	14 Stunden
3. Arbeitsvermittlung und Arbeitslosenversicherung	Stadtrat Dr. Max Michel	16 Stunden
4. Arbeitspsychologie im Dienste der Fürsorge (mit Führungen)	Dr. Bappert	6 Stunden
5. Städtisches Wohlfahrtswesen	Bürgermeister Dr. h. c. Gräf	6 Stunden

C. Gewerkschaftspolitik

1. Gewerkschaftslehre und Gewerkschaftspolitik	Dr. Sturmfels	16 Stunden

2. Aufgabe und Politik der Arbeit- geberverbände	N. N.	6 Stunden
3. Betriebspolitik	Dr. Sturmfels	6 Stunden
4. Seminar über Gewerkschaftspolitik	Dr. Sturmfels	20 Stunden
	Insgesamt	192 Stunden

Führungen

Führungen durch einheimische Industrien — Führungen durch die Wohlfahrtseinrichtungen der Stadt — Besichtigung landwirtschaftlicher Betriebe — Wirtschaftsgeographische Exkursion — Studienreise in das mitteldeutsche Industriegebiet.

Einzelvorträge

Die Angestelltenbewegung — Die Beamtenbewegung — Technik und Methode der geistigen Arbeit — Das deutsche Volksbildungswesen — Die gewerkschaftliche Bildungsarbeit — Das kooperative Wirtschaftssystem — Außerdem eine Vortragsreihe „Probleme der Zeit", mit verschiedenen Rednern.

Anlage 3

Name	Alter	Wohnort	Verbandszugehörigk[eit]
Acker, Georg	30	Frankfurt a.M.	Dtsch.Metallarb.Verb.
Amthor, Heinrich	39	"	Staats-u.Gemeindearb.
Berneiser, Wilhelm	29	Linden/Ruhr	Bergarbeiter Verb.
Bichtler, Ernst	26	Oggersheim/Pf.	Dtsch.Holzarb.Verb.
Birnstock, Rudolf	22	Gera/Thür.	Holzarb.Verb.
Bohrmann, Adam	22	Sulzbach/Ta.	Kommunalbeamten u.Angestellten Verb.Pr.
Brandt, Otto	31	Lüdenscheid	Dtsch.Metallarb.Verb.
Brausch, Klaus	32	Kirkel-Saar	Zentr.d.Angestellten
Brausse, Willy	27	Frankfurt a.M.	Gewerkschaftsb.d.Angestellten
Brenner, Eugen	20	"	Bd.d.techn.Angestellten u.Beamten
Collasius, Berta	25	Mainz	./.
Debus, Karl	25	Darmstadt	Metallarb.Verb.
Drews, Albert	33	Königsberg	Fabrikarb.Verb.
Ellert, Gertrud	33	Berlin-Charl.	Zentralverb.d.Ang.
Fleckenstein, Nikolaus	22	Frankf.Höchst	Christl.Fabrikarb.Ver.
Franzen, Jakob	25	Frankfurt a.M.	" Metallarb.Verb.
Gagelmann, Fritz	28	Hameln/W.	./.
Geist, Wilhelm	22	Frankfurt a.M.	Christl.Metallarb.Ver.
Gössling, Werner	23	Oberjöllenbeck	Christl.Textilarb.Ver.
Gundlach, Alfred	33	Dortmund	Fabrikarb. Verb.
Hantke, Willi	39	Ffm.-Praunheim	Kommunalbeamten Verb.
Hartenstein, Kurt	26	Chemnitz	Gemeinde-u.Staatsarb.
Hartmann, Fritz	23	Höchst a.M.	Dtsch.Baugewerksbund
Heider, Michael	32	Eger/C.S.R,	Eisenbahner Verb.
Hemmann, Willy	32	Leipzig	Zentralv.d.Zimmerer
Hessmer, Werner	24	Solingen	Dtsch.Metallarb.Verb.
Hillbrand, Hans	28	Meiningen	Eisenbahner Verb.
Hofacker, Ludwig	41	Frankfurt a.M.	Dtsch.Verkehrsbund
Kaminski, Georg	35	Hannover	Christl.Metallarb.Ver.
Kissel, Karl	37	Frankfurt a.M.	Gemeinde-u.Staatsarb.Verb.
Koch, Erwin	36	Ludwigsburg	Eisenbahner Verb.
Krall, Gustav		Frankfurt a.M.	Dtsch.Metallarb.Verb.
Krallmann, Emil	28	Höchst a.M.	Zentr.Masch.u.Heizer
Kruss, Walter	34	Berlin	Verb.d.dtsch.Buchdruck.
Kutting, Franz	33	Ahrweiler,	Bd.dtsch.Reichssteuerbeamten
Leichsenring, Paul	28	Stuttgart	Gemeinde-u.Staatsarb.
Lühders, Friedrich	30	Frankfurt a.M.	Kommunalbeamten u.Angestellten Pr.
März, Philipp	29	Augsburg	Dtsch.Baugewerksbund
Meyer, Heinz	31	Bremen	Gewerksch.Bd.d.Angest.
Meyer, Wilhelm	38	Bremen	Eisenbahner Verb.
Mühmel, Hans	23	Leipzig	Dtsch.Holzarb.Verb.
Rebetzky, Gustav	28	Ohlau/Schl.	Dtsch.Baugewerksbund
Ress, Johann	29	Frankfurt a.M.	Dtsch.Metallarb.Verb.
Richter, Walter	22	Mittweida/Sa.	Dtsch.Baugewerksbund
Röfs, Fritz	24	Frankfurt a.M.	Verb.d.Maler usw.
Röhrich, Alfons	24	Freystadt/Schl.	Zentr.christl.Lederarbeiter
Rüffer, Paul	29	Neumünster/Holst.	Christl.Lederarb.Verb.
Schauer, Hermann	30	Zeuchern	Maschin.u.Heizer
Scheu, Heinrich	32	Frankfurt a.M.	Reichsverb.dtsch.Post-u.Telegraphenbeamte
Schick, Albert	33	Offenbach	Gemeinde- u.Staatsarb.
Schlingmann, August	27	Lüdenscheid	Dtsch.Metallarb.Verb.
Schmidt, Walter v	24	Bochum/Weitmar	Verb.d.Bergbauindustriearbeiter
Schödel, Hans	30	Münshberg/Bayern	Dtsch.Textilarb.Verb.
Schuck, Julius	31	Frankfurt a.M.	Staats-u.Gemeindearb.
Schüssler, Wilhelm	26	Mengerskirchen	Zentr.christl.Bauarb.
Seifert, Oswald	30	Bonn	Dtsch.Holzarb.Verb.
Spatzier, Herbert	22	Dresden	Gärtnerverband
Stockhaus, Karl	28	Dortmund	Bergarbeiter Verb.
Ströbel, Wilhelm	26	Karlsruhe	Dtsch.Verkehrsbund
Teuber, Gustav	33	Kauffung	Fabrikarbeiter Verb.

Anlage 4

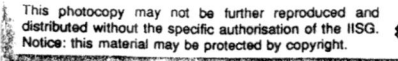

F r a g e b o g e n.

1.) Beruflicher Werdegang: Schulbildung, gewerblicher Unterricht, Lehre, Wanderjahre usw. Wichtige Wechsel der Arbeitsstätte und der Beschäftigungsart.

2.) Genaue Beschreibung der eigenen Arbeitstätigkeit an der letzten Arbeitsstätte und im Falle wichtiger Abweichungen, an den vorigen (mit allen Einzelheiten in Bezug auf den Grad der erforderlichen Qualifizierung, der Gelegenheit zur Ausübung von Jnitiative, der Abwechslung von Arbeits+Pause: und Bereitschaftszeiten, des Lohnsystems, der Betriebshygiene, des Durchschnittsverdienstes, der Erlaubsgelegenheiten, der Betriebshierarchie, der Kameradschaft und aller anderen Zustände, die auf das seelische Wohlbefinden im Betrieb einen Einfluss haben.

3.) Von welchen Gefühlen sind Sie beherrscht? (falls in verschiedenen Stellungen verschiedene Erfahrungen gemacht, jedesmal Umstände angeben) gegenüber:
   a) den von Jhnen benutzten sachlichen Arbeitsmitteln (Werkzeug, Maschinen, Betriebsausstattung)
   b) den Arbeitskollegen im Betrieb
   c) den Vorgesetzten im Betrieb,
   d) Jhrer Arbeitstätigkeit überhaupt,
   e) Jhren gewohnten Tätigkeiten ausserhalb des Betriebes.

Zu Punkt 3 gehören insbesondere die Fragen Arbeitsfreude oder Arbeitsunlust, zeitliche Verschiedenheiten in Arbeitsneigung und Arbeitsleistung, Art und Grad der physischen und geistigen Ermüdung, Empfindung von Eintönigkeit oder Langeweile, Befriedigung über eigene Arbeitsleistungen, bei der Arbeit übliche Gedanken und Gefühle.

Ausserdem können folgende Fragen beantwortet werden:

1.) Besteht nach Hörer eigenen Erfahrung ein Zusammenhang zwischen Arbeitsfreude und a) der Einrichtung der Betriebsräte, b) der Tätigkeit der gewerkschaftlichen Organisation, c) der allgemeinen sozialen Einstellung des einzelnen Arbeiters?

2.) Halten Sie in Jhrem Beruf einen höheren Grad an Arbeitsfreude für möglich und wenn ja auf Grund welcher Veränderungen?
   a) der Arbeitstechnik (nach den jetzt vorhandenen Möglichkeiten)
   b) der Arbeitsorganisation im Betriebe.
   c) der gesellschaftlichen Organisation überhaupt.

3.) Wie würden Sie Jhre Vorstellung einer besseren gesellschaftlichen Ordnung aus Jhren eigenen Lebenserfahrungen (also abgesehen von allen literarischen oder sonstigen fremden Einwirkungen) erklären?

4.) Welche sonstigen Bemerkungen haben <u>Sie aus Jhrer eigenen Erfahrung heraus</u> über andere in meinen Kurse bisher behandelte Fragen zumachen?

Anlage 5

Erich Harmuth, z.Zt. Frankfurt a.M., November 1929
Berlin-Steglitz. Akademie der Arbeit,

Zu 1.) Geb. 20.9.1900. Volksschule bis Oberklasse (1.Abgangszeugnis)
Eintritt in die kaufm. Lehre. Kaufm. Fachfortbildungsschule.
Obersekundareife (Einj.) Ständig im gleichen Fach (Kohlengross-
handel) und bei ein und derselben Firma - worauf ich noch zurück-
komme - tätig gewesen. (1915-1924). Jn der Tätigkeit gewechselt
je nach dem zwischen einer solchen im Hauptbüro und auf den
Betriebsstellen (Lagerplätzen). - Ueber meine jüngste Tätigkeit
bei einer kaufmännischen Berufsgewerkschaft möchte ich mich noch
nicht eingehener äussern, da es sich mehr um eine Eingangsstel-
lung handelte, die mich von dem eigentlichen gewerkschaftlichen
Betrieb sehr isolierte. Jch werde aber einiges Persönliche darüber
sagen.

Zu 2.) und

3.) Dem Hauptbüro lag die allgemeine kaufm. Verwaltung ob. Jch wurde
hier als Lehrling nach einfachen Büroarbeiten im Anfang (Regi-
stratur u.ä.), fortschreitend (aber stets mit einer gewissen
Reserve)(Prokurist) mit Kenntnis und Uebung der Buchführung ver-
traut gemacht. Eine andere,und auch beliebtere Aufgabe war die
der Bedienung der Kundschaft, sowohl am Telefon als am Verkaufs-
tisch. Sehr schwierig konnte mitunter beides sein, das Letztere
war sicher interessanter (Menschenkenntnis) und erforderte meist
auch mehr Gewandtheit. Es wurde in der Bestellannahme - Expedi-
tion ← auch nicht jeder herangelassen. So war es denn auch denn
auch kein Zufall, dass diese Abteilung als erster Expedient
eigentlibh der tüchtigste Mensch vorstand und heute noch vor-
steht, den wir im Betriebe hatten, der nicht nur seinen Kram
kannte,

über Betriebsrat und Angestellten.

Mehr als die Beschäftigung im Zentralbüro lag mir die Tätigkeit auf den Lagerplätzen, weil sie lebendigerer Art ist. Ich war auch denn die längste Zeit entweder auf einem Platz mit Bahnanschluss im östlichen Berlin, oder auf einer grösseren in Charlottenburg (westliches Gross-Berlin) am Spreebord gelegenen Betriebsstelle tätig, welch letzterer Kran- Entlöschungsanlage mit Hochbahn mit über den ausgedehnten Lagerplatz verfahrbaren Brücken aufweist. Neben all diesen Technischen, das sehr viel des Interessanten bot (für fast alles eigene Werkstätten und Handwerker) dann ein grosses Magazin), war das Hervorstechendste der umfangreiche Fuhrbetrieb, sodass die Tätigkeit der Expeditionsbeamten derjenigen in einem Speditionsgeschäft sehr nahe kommt Da kommt es sehr darauf an, dass gut bis ins Einzelne hinein disponiert wird; es liegen hier Ersparnismöglichkeiten, die niemand zu drücbrauchen.

Ich fühlte auch, dass ich wohl über kurz oder lang in einen anderen Beruf - Arbeit auf sozialem Gebiete aus der Einstellung der Jugendbewegug heraus und aus politischer Veranlagung - überspringen würde; es bereitete sich das im Unterbewusstsein bereits vor. Nunmehr bin ich seit längerem auf dem Wege zu diesem Beruf,

- 1 -

Georg A m l u n g ,28 Jahre, Mainz Leibnizstrasse 23, Beruf: Dreher.

1.) Nachdem meine Schuljahre,die ich in der Volksschule verbrachte beendigt waren,trat ich einer kleinen Armaturenfabrik als Messingdreherlehrling ein. Während der Lehrzeit besuchte ich an Stelle der Fortbildungsschule die im Lehrvertrag vereinbarte Gewerbeschule zu Mainz, in der vorwiegend auf das Fachzeichnen Wert gelegt wurde. Kurz nach beendigter Lehrzeit,erfolgte mein Eintritt in die Werkstätte der Städt. Strassenbahn Mainz als Dreher, die noch bis heute meine Arbeitsstätte ist.

2.) Während in meinen Lehrjahren als Messingdreher es primär auf meine eigene Handfertigkeit ankam (schneiden von Gewinden,abdrehen und schlichten von Messinggussstücken,oder einer ungeformten Masse eine gewisse schöne Form zu verleihen,vermittels Handstählen) ist Letzteres bei der Tätigkeit in der Strassenbahnwerkstätte, bei vorwiegender Bearbeitung von Eisen,Stahl, Eisenguss udgl. harten Metallen,verdrängt worden durch reine maschinelle Tätigkeit der Drehbank.Dennoch erfordert auch die maschinelle Bearbeitung der Rohstoffe in angeführtem Beruf eine erhöhte Qualifikation. Gewindeberechnungen,Anfertigen von geeigneten Drehstählen,sowie wie richtiges und rechtzeitiges Bedienen der Supporthebel,setzen Geschicklichkeit und Selbstständigkeit voraus.

Die Arbeitszeit ist eine 8½ stündige mit 1½ Stunden Mittagspause und freiem Samstagnachmittag. Ausserdem verrichtet jeder vorhandene,ins Schlosserfach einschlagende Handwerker alle sechs bis sieben Wochen einen Sonntagsdienst (Bereitschaft) in der Wagenhalle,damit der Schichtwechsel von Früh - Spät- u.Nachtschicht mit der tariflich geregelten Freizeit ermöglicht wird.

Entlohnt wird nach bezirklich vereinbartem Stundenlohn.Der Durchschnittslohn beträgt zur Zeit 33.-- Mk. bis 35.-- Mk. pro Woche.

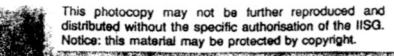

Jm Jahre 1922 habe ich in dem Betrieb ein Gesangsquartett ins Leben gerufen. Anfänglich bestand dasselbe aus acht Mann die einen Trauerchor einstudierten, um verstorbenen Kollegen am Grabe das letzte Geleit zu geben. Jedoch mit der Zeit hat sich die Quartettsstärke durch stimmbegabte Arbeitskollegen auf 28 Mann erhöht und wir gingen dazu über Familie Kinder- und Weihnachtsfeste zu feiern, bei denen mit wenigen Ausnahmen die gesamte Belegschaft mit Familie vertreten waren. Das da Gebotene hatten sic die Arbeitskollegen immer zu ihrer eigenen Aufgabe gestellt. Die Hoffnungen die ich an diese Veranstaltungen knüpfte, gingen zum grössten Teil in Erfüllung. Das gesellige Zusammensein ausserhalb der Arbeitsstätte brachte es mit sich, dass sich die Arbeitskollegen sowie deren Angehörigen gegenseitig mehr und mehr verstehen lernten. Dieser Umstand spiegelte sich in der Werkstätte wider. Die Kollegialität, das harmonische Zusammenarbeiten der einzelnen Berufsschichten untereinander hat sich wesentlich gehoben und dem zufolge auch das seelische Wohlbefinden im Betrieb. Ausnahmen sind selbstverständlich auch hier festzustellen.

3.) Von meinen Lehrjahren, in denen ich fast ausnahmslos meine Arbeiten mit selbstangefertigten Handdrehstählen verrichtete, kann von eine durchaus gehobenen Arbeitsfreude gesprochen werden, da ich hier die rohgegossenen Weinhahnen, Schlauchverbindungen und viele andere Dinge versandfertig herstellte. Jn meiner derzeitigen Arbeitsstätte, wo vorwiegend wie unter 2. schon bemerkt härtere Metalle bearbeitet werden, folglich mit

- 3 -

Supportstählen gearbeitet werden muss,die nicht eine direkte, sondern indirekte Handfertigkeit verlangen ist im Gegensatz zur ersten Berufsart di Arbeitsfreude mehr geschwunden. Eine gewisse erhöhte Lust an der Arbeit ist festzustellen,bei Arbeiten,die präzise ,genaue Ausführung erfordert, wie z.B.Lagerung von Motoranker,ausbüchsen von Motorgehäusen und ähnliche Verrichtungen.Eine gewisse Arbeitsunlust konnte ich wahrnehmen bei Massen arbeiten,die tagelange oft wochenlange ein und dieselben Bewegungen und Handgriffe erforderten. Auch ist zu bemerken,dass bei letztgenannter Betätigung,die als eine eintönige ,langweilige Arbeitsleistung betrachtet werden muss,die physische und geistige Ermüdung eine grössere ist, als be der zuerst geschilderten.

Auch das Verhältnis zwischen Vorgesetzten und Arbeitern ist mit dem Grad der Arbeitsfreude vielfach in Verbindung zu bringen. Als Gesamtbetriebsratsvors. habe ich zur Zeit in den kommunalen Betrieben die beste Gelegenheit dies zu beobachten. Dort, wo ein harmonisches Verhältnis zwischen Vorgesetzten und Arbeitern besteht, ist unbedingt ein höherer Arbei wille und Arbeitsfreude festzustellen,als bei umgekehrtem Verhältnis.

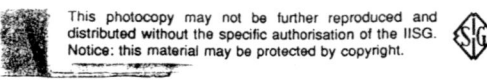

Frankfurt a/M den 2 Jan.25.

An Herrn
    Dr. De M a n .

Betr. Beantwortung des Fragebogens.

Heinrich S a u e r geb 16 Nov 1893 wohnhaft in Griesheim a/M.
Beruf Zimmerer seit 1922 Gewerkschaftsbeamter.

    Ich besuchte die Volkschule in Griesheim a/M bis zum Jahre 1907 dann trat ich in ein Zimmergeschäft in die Lehre um das Handwerk der Zimmerer zu erlernen. Während dieser Zeit besuchte ich die Gewerbliche Fortbildungsschule ebendortselbst bis zu Beendigung meiner Lehrzeit . In Jahre 1910 ging ich auf die Wanderschaft und habe bis zum Jahre 1914 in den verschiedensten Städten Deutschlands und auch des Auslandes gearbeitet. In dieser Zeit arbeitete ich bei 28 Meister. Bei einigen war die Beschäftigung von sehr kurzer Dauer sie währte oft nur einige Stunden bei anderen wieder mehrere Monate lang. Kurz vor dem Krieg kam ich als Zimmerer in eine grosse Chemische Fabrick in meiner Heimat in Griesheim. Von derselben wurde ich vom Kriegsdienst freigestellt und war für die Dauer des Krieges mit Montagearbeitern in den verschiedensten Gegenden Deutschlands in den Filialen der Firma tätig. Schon lange vor dem Kriege war ich in vielen Arbeitsstellen Vertrauensmann meiner Berufsorganisation und der Soz.Dem Partei.

    Auch im Kriege war ich Vertrauensmann der Partei und der Gewerkschaften. In den Novembertagen 1918 wurde ich von meinen Kameraden in den Arbeiterrat gewählt und in dieser Eigenschaft verblieb ich auch bis mich 1922 meine Organisation in Frankfurt a/M in ihren Dienst stellte.

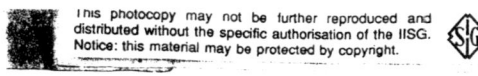

Meine grösste Aufmerksamkeit war stets auf den Schutz der Bauarbeiter gerictet. Ich selbst war in der Zeit des Krieges Mitglied der Bauarbeiterschutzkommission die von den Gewerkschaften des Baugewerbesin Frankfurt a/m gebildet worden war. Verbandskasten, Scgutzgerüste, und Unterkunftsräume mussten im in der besten Verfassung sein und oftmals habe ich die Polizei und andere Aufsichtsbehörden veranlasst einzugreifen und Missstände zu beseitigen.

Als Mitgl. des Betriebsrates eines werkes mit eine Belegschaft von uber 3000 Arbeiter war ich Vorsitzender der Unfall und Gesundheitskommision. In dieser Eigenschaft fand ich auch ein reichliches Arbeitsfeld in einer chemischen Fabrik die zum aller grossten Teile Giftige Produckte herstellte. In der Abteilung für Anilinfabrikation wurden auf meine Veranlassung Unfangreiche Verbesserungen in Hygienischer Einsicht durchgeführt ebenso in der Chromat und in der Säurefabrikation.

In meinem berufen war in der Zeit vor dem Kriege Urlaub etwas unbekanntes. Der Zimmermann bekam seinen Urlaub im Winter wenn das Baugewerbe still lag oder nahm ihn wie ich das öfter in meiner Wanderzeit tat anselben im Frühjahr wenn wie ein Fachausdruck
1/
die "Tppellei" los ging. In der Chemie bekam ich den ersten Urlaub im Kriege allerdingsnicht in der Form von Arbeitsruhe sondern in Geld ausgezahlt weil zu dieser Zeit Urlaub als Landesverrat betrachtet wurde.

— 3 —

In der Nachkriegszeit benutzte ich meinen Urlaub um grössere Wanderungen zu unternehmen die mich an den Bodensee den Schwarzwald den Algäu und nach Tirol brachten. Immer hatte ich in dieser Zeit das Bedürfniss den Urlaub über die Zeit hin auszudehnen.

Auf dem Kriegsrusse lebte ich immer mit den Vorgesetzten mein letzten Arbeitstelle wenigstens. Im Kriege war es die Politische Einstellung die den Zorn meiner Vorgesetzten erregte und dann auch meine Gewerkschaftliche Betätigung. Wenn es irgend möglich war haben meine Vorgesetzten es veranlasst, dass ich Montage arbeiten in den Fillialen des Werkes auszuführen hatte. Nach ihrer Ansicht hatte ich dort weniger Gelegenheit die Leute "Durcheinander zu machen als in dem Hauptbetrieb.

Ich muss sagen es giebt keine grössere Kameradschaft als bei den Zimmer leuten um das zu verstehen muss man selbst Zimmerer sein. Man kennt sich Gegenseitig wie in keinem anderen Berufe. Durch den dauernden Wechsel in der Arbeitstelle werden alle bekannt miteinander sobald sie längere Zeit in einer Stadt arbeiten. Als Gewerkschaftsangestellter in dessen Verwaltungsbezirk 2000 Zimmerer arbeiten kann ich behaubten alle Zimmerer nicht nur persönlich sondern auch zum grossen Teil noch ihre Familien zu kennen darin beruht ein Teil wenn auch nur ein kleiner unserer Organisatorischen Stärke

In meiner freien Zeit betätigte ich mich besonders auf politischem Gebiet. Jahrelang war ich Mitglied des Bezirksvorstand der Arbeiterjugend in Frankfurt. Auch auf Komunalpolitischem Gebiet betätigte ich mich in den letzten Jahren. Wandern war auch wieder in der Nachkriegszeit eine meiner Tätigkeiten in der Zeit der Muße.

Lohagen

Zu 1. Ich besuchte 8 Jahre die Volksschule, darauf 1 Jahr lang die städt. Handelsschule. Seither bin ich als Stenotypistin in verschiedenen Büros (Handels- u. Fabrikbüros und Behörden) tätig gewesen. Meine Stellung wechselte ich oft, was bei meiner Betätigung, die ja keine branchenmässige ist, ohne Nachteil war.

Zu 2. Meine Arbeit war hauptsächlich eine mechanische zu nennen, eben das Übersetzen von Diktaten auf der Schreibmaschine. Auch was damit zusammenhängt, Registrieren von Briefen, Führung von Journalen, Anfertigung von Statistiken etc., waren Arbeiten ausführender Art.

Meine Arbeiten waren mehr oder minder selbständig. Selbständig insofern, als ich die Korrespondenz selbst ausarbeitete, oder einer Filiale allein vorstand, oder Art und Weise der Arbeit selbst bestimmte. Unselbständig insofern, als ich nur reine Übertragungsarbeiten ausführte, eine bestimmte Menge täglich zu leisten hatte, wie z.B. in meiner letzten Stellung in einem Fabrikbüro, wo ich jedoch nur vier Monate tätig war. Das Büro war nach amerikanischer Art eingerichtet: ein grosser Saal, die einzelnen Abteilungen waren durch Holzverschläge mit Glasverkleidungen abgegrenzt. Der bürovorstehende Prokurist konnte von seinem Arbeitsplatz aus seine Abteilung überschauen; man befand sich so unter ständiger Aufsicht, jede Minute konnte gewissermassen kontrolliert werden. Die Flucht nach dem Abort, bezw. dem anschliessenden Garderobenraum spielte hier eine grosse Rolle. Das war der einzige Ort, an dem man sich unbeaufsichtigt bewegen konnte.

Der 8½ stündige Arbeitstag wurde von einer 2stündigen Mittagspause unterbrochen.

Ich möchte noch bemerken, dass ich schon seit drei Monaten aus dem Büro Lorkus bin, was nicht ohne Einfluss auf diesen Bericht bleiben kann. Überhaupt wird die Ada die Berichte stark färben, was m.E. sehr berücksichtigt werden muss.

Zu 3) Die Mechanisierung der Arbeit ist nicht aufzuhalten. Ich sehe in diesen Prozess ein Freiwerden von der physischen Arbeit. Die Arbeiter werden immer weniger werden im Betrieb. Die Maschine wird einmal die Maschine selbst bedienen und beaufsichtigen. Die eigentliche Arbeit der Menschen wird sich immer mehr vergeistigen.

Zu 3. Mein hauptsächlichstes Arbeitsmittel war die Schreibmaschine. In der Schule schon machte mir das Tippen besondere Freude. Auch heute tippe ich ab und zu einmal ganz gern, aus reiner Freude an Fingerspiel. Aber eingezwängt in dieser Arbeit lernte ich sie hassen.

Anlage 6

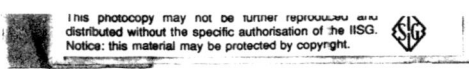

Dr. ing. A. Krieger Düsseldorf-Oberkassel, den 22.Aug.1928
Kaiser-Friedrich-Ring 20
Fernsprecher 3172

Herrn
    Hendrik de Man, Flims/Graubünden.

Sehr geehrter Herr de Man!

    Ihre Untersuchungen über das Problem der Arbeitsfreude, wie Sie sie in Ihrem Buche"Der Kampf um die Arbeitsfreude"niedergelegt haben, begegnen auch in Unternehmerkreisen grossem Interesse.Ich gestatte mir desshalb in meiner Eigenschaft als Vorsitzender der Düsseldorfer Arbeitgebervereinigung/Eisenindustrie/ die höfliche Anfrage, ob Sie wohl bereit wären einmal vor Arbeitgebern über dieses Thema zu sprechen. Der genannte Verband hat die Gepflogenheit zu seiner Hauptversammlung im Beisein vieler Gäste und Vertreter sämtlicher Behörden von irgend einer Autorität auf sozial- oder wirtschaftspolitischem Gebiete einen Vortag halten zu lassen.

    Es versteht sich von selbst,dass Sie bei diesem Vortrage trotz des Forums,vor dem er gehalten würde,Ihrer Weltanschauung keinen Zwang anlegen sollen.Im Gegenteil,es wäre mir sogar erwünscht, wenn Sie ganz besonders die Hemmungen in der Arbeitsfreude hervorheben würden,die Ihrer Meinung nach in einer falschen Einstellung oder unrichtigen Massnahmen des Arbeitgebers liegen.

    Es ist beabsichtigt,die Versammlung in der 2.Hälfte Januar n. J.abzuhalten.Sollten Sie bereit sein meine Bitte zu erfüllen,so bitte ich Sie mir Ihre Bedingungen,unter denen Sie kommen würden,bekannt zu geben.Durch Ihren Aufenthalt hier würden Ihnen keine Unkosten enstehen

                            Hochachtungsvoll

                            Krieger

Anlage 7

Stadt-Anzeiger, Düsseldorf

Ausschnitt aus der Nummer vom: 9. FEB. 1928

Aufrichtigkeit und Ehrlichkeit!
Der Standpunkt der Industrie.

Im Anschluß an den Vortrag wies der Vorsitzende, Herr Dr.-Ing. Krieger, indem er aus der Fülle des Stoffes einige Punkte heraushob, darauf hin, daß das Problem der Arbeitsfreude nicht ausschließlich durch materielle Mittel befriedigend gelöst werden könne; sie müßten vielmehr durch geistige und ideelle Werte ergänzt werden, wenn man die richtige seelische Einstellung zur Arbeit gewinnen wolle. Er führte etwa folgendes aus:

Was die Frage der Betriebsvorgesetzten anlangt, so ist man sich in der Industrie mit Dr. de Man einig, daß diese Frage einer ganz besonders sorgfältigen Behandlung bedarf, daß aber die Zeiten, wo sich der Vorgesetzte der besonderen Gunst des Unternehmers erfreute, der am meisten schnauzen sich am besten „nach oben bücken" und am rücksichtslosesten „nach unten treten" kann, im allgemeinen doch der Vergangenheit angehört. Jeder verantwortliche Arbeitgeber weiß heute, daß es beim Arbeitervorgesetzten neben tüchtiger Fachkenntnis zu allererst auf den Charakter und auf die Fähigkeit richtiger Menschenbehandlung ankommt und daß danach die Auswahl zu erfolgen hat.

Zugegeben ist, daß die Unsicherheit der Erwerbsgelegenheit, die Schwankungen der Löhne und ähnliches die Arbeitslust hemmen. Leider sind hier die tatsächlichen Verhältnisse stärker als der gute Wille. Der Lohn wird wohl immer zwischen Unternehmer und Arbeiter ausgehandelt werden müssen, weil der Lohn aus dem Wert der Ware bezahlt wird und dieser Wert schwankt. Ein Ausgleich der Schwankungen auf Kosten der Dividende ist nicht möglich, da diese bei den meisten Eisen verarbeitenden Werken auf ein Minimum herabgesunken ist. Trotzdem wird nach wie vor der Unternehmer dem Arbeiter als brutaler Ausbeuter und als Betrüger hingestellt und der Arbeiter als vergewaltigter Lohnsklave. Wo soll bei dieser Unaufrichtigkeit der berufenen Führer der Arbeiterschaft dann die Arbeitsfreude herkommen? Wir müssen verlangen, daß diese Führer den Mut zur Wahrheit aufbringen, dann würde die seelische Einstellung zur Arbeit sofort eine andere werden. Niemand, der in der deutschen Eisenindustrie in Arbeit steht, braucht heute zu hungern, und niemand braucht an der Möglichkeit sozialen Aufstieges zu verzweifeln. Es ist auch nicht wahr, daß zwischen der kleinen Zahl Besitzender und der riesengroßen Zahl besitzloser Arbeiter eine unüberbrückbare Kluft steht. Warum wird diese tröstliche, ausgleichende Gerechtigkeit nicht den Arbeitern vorgestellt? Hält man sich nur für ein Opfer der Tücke des Objektes, dann muß man Pessimist werden, dann hat die Arbeit keinen Sinn. Hält man sich aber selbst für seines Glückes Schmied, dann macht das Schaffen Freude. Und deshalb ist das Problem der Arbeitsfreude nicht allein durch materielle Mittel lösbar, sie müssen durch seelische und geistige Faktoren ergänzt werden. Trennend zwischen Unternehmer und Arbeiter steht im allgemeinen nicht die Sache selbst, sondern meist nur der Mangel an Erkenntnis der wirklichen Verhältnisse und Vorgänge, und dieser Mangel läßt sich bei gutem Willen beider Teile beseitigen: **Durch Aufrichtigkeit und Ehrlichkeit.**

Anlage 8

Dr. Hendrik de Man: Tötet die Maschine die Arbeitsfreude?

Tötet die Maschine die Arbeitsfreude des Arbeiters? Wenn man diese Frage stellt, erhält man recht verschiedene Antworten. Ein fast einstimmiges, überzeugtes Ja im gebildeten Bürgertum; unter der Industriearbeiterschaft aber manchmal ein Ja, manchmal ein Nein, am häufigsten unentschiedene oder vorsichtig ausweichende Antworten.

Schon dieser Unterschied gibt zu denken. Die Antwort der sogenannten Gebilde-ten erweckt den Eindruck, als ob so ziemlich alle Leute, denen geistige und kulturelle Werte am höchsten liegen, in der Maschine einen Feind der Menschheit sähen – besonders aber ein Feind des Menschen, der an ihr arbeitet. Der durchschnittliche Gebildete unserer Tage steht stark unter dem Einfluss einer weitverbreiteten pessimistischen Auffassung gegenüber dem kulturellen Wert des technischen Fortschritts überhaupt; er wirft ihm gern Verflachung der Kultur und Förderung eines seelenlosen Materialismus vor. Wir brauchen hier zum Glück nicht zu entscheiden, ob diese Anklagen gegen die maschinelle Technik vom Standpunkt der Kulturgeschichte berechtigt oder unberechtigt sind. Aber ganz gleich, ob wir die Anklage gegen die Maschine oder die Verteidigung vorziehen, in bei den Fällen ist es gut, dass wir von richtiger Erkenntnis der Tatsachen ausgehen. Und zur Feststellung der Tatsache, ob die Maschine die Arbeitsfreude tötet, müssen wir in erster Linie die Menschen fragen, die an Maschinen arbeiten. Wenn man dies tut, so sieht man gleich, dass die Frage nicht so glatt zu lösen ist, wie es die meisten Leute glauben, die mehr von vorgefaßten literarischen Meinungen ausgehen als von eigenem Erlebnis.

Am häufigsten findet man in der Literatur die Vorstellung, als ob die Maschine den Arbeiter in ein seelenloses Anhängsel, sozusagen selbst in ein Stück Maschine verwandelte. Zur Erhärtung dieser Ansicht wird gewöhnlich ein Vergleich gezogen zwischen dem zünftigen Handwerker von ehemals und dem Fabrikarbeiter von heute. Ein durchaus einleuchtender Vergleich, wenn man nur acht gibt, dass man keine unzulässigen, übereilten Folgerungen aus ihm zieht.

Da heißt es ganz richtig: Der Handwerker des Mittelalters arbeitete in eigener Werkstatt mit eigenem Rohmaterial ein fertiges Produkt aus, das er selbst an den Kunden verkaufte. Er sah das Erzeugnis unter seinen Händen Gestalt gewinnen; das Ganze war von ihm erdacht und wurde von ihm ausgeführt; seine Arbeit war eine Schöpfung, sie gewährte ihm Schöpferfreude.

In alledem ist der heutige Fabrikarbeiter sein Gegensatz: Dieser arbeitet in fremder Umgebung mit fremdem Material an Produkten, von deren Verkauf und Bestimmung er nicht einmal weiß. Er erzeugt übrigens kein fertiges Produkt; seine Aufgabe ist nur Teilarbeit, eine manchmal winzige, unzählige Male wiederholte Teilverrichtung in einem großen Produktionsprozess, den er nicht überblicken und nicht beeinflussen kann. Er braucht dabei nur auszuführen, was seine Vorgesetzten geplant und ausgearbeitet und befohlen haben; aus einem Schöpfer ist somit ein Handlanger der Maschine geworden.

Soweit der übliche Vergleich. Ich wiederhole, dass ich ihn für durchaus richtig und treffend halte. Nur muss. man nicht vergessen, dass hier zwei, wie man sagt, idealreine Typen einander gegenübergestellt werden; nicht jedes Produzentenschicksal im Mittelalter entsprach dem hellen Bilde dieses Idealhandwerkers, und nicht jedes heutige Arbeiterschicksal entspricht dem extremen entgegengesetzten Beispiel. Vor allem aber sollte man sorgfältig unterscheiden, was nun an dieser Entwicklung unmittelbare Wirkung der Maschine ist und was man auf entferntere soziale Ursachen zurückzuführen hat, also nicht auf die Beziehung von Menschen zu Maschinen, sondern auf die Beziehung von Menschen zu Menschen.

Gewiß, der Vergleich des typischen Fabrikarbeiters mit dem typischen Handwerker ist sehr aufschlußreich für die tiefsten Ursachen der Unzufriedenheit der Arbeiter mit ihrem Schicksal. So versteht man erst, wie da das geringe Einkommen an sich nur eine, oft nicht einmal die schlimmste Ursache dieser Unzufriedenheit darstellt. Viele Bauern und Handwerker von heute verdienen weniger als viele Arbeiter, finden aber mehr Zufriedenheit in ihrer Arbeit, denn sie ist selbständiger, initiativreicher, abwechselnder, schöpferischer.

Das typische Arbeiterschicksal dagegen heißt: Entwurzelung aus dem natürlichen Boden der eigenen Werkstatt oder der eigenen Scholle, Entfremdung den Arbeitsmitteln und dem Arbeitszweck gegenüber, Existenzunsicherheit, dauernde Angst vor Entlassung, Verzweiflung an der Möglichkeit des eigenen Aufstiegs, Unterwerfung unter eine erzwungene Betriebsdisziplin, befohlene und überwachte ausführende Arbeit, Hemmung der schöpferischen Triebe durch initiativarme, wiederholte Teilarbeit. Daher jene geringere Arbeitsfreude und Lebensfreude, die es tatsächlich erlaubt, von einer Zerstörung von Kulturwerten zu sprechen.

Allerdings: Dieses Bild wäre zu schwarz gemalt, wenn es als Ausdruck der ganzen Wirklichkeit gelten wollte. Es wird damit nur ein typischer Zustand gekennzeichnet, von dem es viele Ausnahmen und Abweichungen gibt.

Bleibt die Frage: welche Rolle spielt dabei die Maschine? Also eigentlich eine Frage, die man an die Hauptbeteiligten, d.h. an die Arbeiter selber stellen sollte.

Vor hundert Jahren war die Antwort auf diese Frage viel eindeutiger als jetzt. Europa stand damals noch am Anfang der sogenannten industriellen Revolution, der Umwälzung der Industrie infolge der Verdrängung der Handarbeit durch Maschinenarbeit. Massenweise wurden Handwerkerexistenzen vernichtet, überall entstanden neue Fabriken, die ihre Arbeiterschaft aus den ärmsten Schichten der Bevölkerung rekrutierten. Die meisten Maschinen waren damals so geartet, dass sie von ungelernten Arbeitern, vielfach auch von Frauen und ganz jungen Kindern bedient werden konnten.

Durch die Literatur werden uns noch heute Schreckensbilder enthüllt, von denen man kaum glauben kann, dass sie noch für unsere Urgroßväter Wirklichkeit gewesen sind: sechzehnstündige Arbeitstage, Hungerlöhne im buchstäblichsten Sinne des Wortes, Kinder bis zu sieben Jahren hinunter als Arbeiter, kurzum eine zum Himmel schreiende Ausbeutung, ohne die geringste Hemmung durch gewerkschaftliche Organisation oder Schutzgesetze.

Es ist darum kein Wunder, dass die Arbeiter, sobald sie sich gegen diesen Zustand aufzulehnen begannen, ihre Empörung auch gegen die Maschine richteten. Die ersten Streiks der Fabrikarbeiter sind fast immer von gewaltsamer Zerstörung der Maschinen begleitet gewesen.

Der Umschwung in der Stimmung der Arbeiterschaft seither ist nicht zu bestreiten. Ich habe selber über die Ursachen von Arbeitsfreude und Arbeitsunlust bei Arbeitern der verschiedensten Berufe eine Untersuchung durchgeführt, deren Ergebnisse ich in einem Buch „Der Kampf um die Arbeitsfreude" mitgeteilt und erörtert habe. Dabei zeigte sich, dass bei ungelernten Arbeitern zwar zwei Drittel sich zu überwiegender Arbeitsunlust bekannten, bei den Gelernten aber zwei Drittel zu überwiegender Arbeitsfreude. Der Grad der Arbeitsfreude wächst also mit dem Grad der Qualifiziertheit der Arbeit. Das ist an sich nichts überraschendes, denn gelernte Arbeit befriedigt natürlich den Drang zur schöpferischen Initiative, das persönliche Geltungs- und Ausdrucksbedürfnis besser und bringt außerdem günstigere Arbeitsbedingungen mit sich. Überraschende Ergebnisse zeigen sich aber, sobald man dabei nach dem Verhältnis zur Maschine fragt. Dann findet man nämlich folgendes: Die ungelernten Arbeiter, deren Arbeitsunlust am größten ist, sind keineswegs alle an Maschinen beschäftigt. Nur eine Minderheit ist in dem Falle gezwungen, an der Maschine ungelernte Teil- und Wiederholungsarbeit leisten zu müssen. Beispiele dafür sind etwa Zigarettenarbeiterinnen im Maschinenbetrieb, Stanzen in Blechfabriken und dergleichen; das äußerste und schlimmste Beispiel dieser Arbeitsart ist wohl das berüchtigte laufende Band in der Fordschen Automobilfabrik in Detroit.

Indessen, die meisten und unzufriedensten ungelernten Arbeiter leisten vielfach schwere körperliche Arbeit, wofür Maschinen noch nicht verwendet werden können oder verwendet werden. Beispiele dafür sind Transportarbeiter, Erdarbeiter, Strekkenarbeiter der Eisenbahn usw. Und nun kommt das Interessanteste: All diese Arbeiter erklären, dass ihre Arbeit weniger eintönig, weniger ermüdend, weniger entseelend wäre, wenn sie statt mit der Hand oder dem Werkzeug mit Hilfe der Maschinen vollzogen würde. Ihre Parole ist: Schafft Maschinen her! Laßt Maschinen für uns arbeiten!

In der Wirklichkeit steht es heute lange nicht mehr so, dass die Masse der Arbeiter nur noch seelenlose Anhängsel der Maschine sind. Dass es so werden würde, konnte man freilich zur Anfangszeit der industriellen Revolution glauben, als der ungelernte Maschinensklave den Handwerker ersetzte. Heute aber ist es anders geworden. Was vom alten Handwerk durch die Maschine zerstört werden konnte, ist meist schon längst zerstört worden; das, was sich in bestimmten Produktionszweigen trotzdem vom Handwerk behauptet hat, zeigt im allgemeinen eher eine Neigung, sich weiter zu behaupten oder gar zu entwickeln: Auf jeden Fall verdrängt heute die Maschine nicht mehr den Handwerker, sondern eine vollkommenere Maschine verdrängt eine unvollkommenere.

Der Arbeiter aber, der an einer vollkommeneren Maschine arbeitet, ist weniger ein Anhängsel, ein Diener der Maschine, als der an der weniger vollkommenen Maschine stehende. Denn die Vervollkommnung der Maschine geht durchweg dahin, dem Arbeiter gerade die Verrichtungen abzunehmen, die ihm am lästigsten und eintönigsten waren: das Füttern der Maschine mit Material, die Handhabung des Materials während der Fabrikation und seine Weiterbeförderung nachher, die Transportaufgaben innerhalb des Betriebes, die anstrengende Arbeit mit Handantrieb usw. Jeder Arbeiter hat den Wunsch, dass ihm gerade diese Aufgaben von der Maschine abgenommen werden. Dadurch wird er immer weniger zum Diener der Maschine und immer mehr zu ihrem Herrn. Er kann sich dann mehr und mehr darauf konzentrieren, die Maschine in Stand zu halten, zu beaufsichtigen, zu lenken, ihren Gang zu erleichtern, ihre gute Arbeit zu sichern, ihre Tücken abzuwehren, ihre Störungen zu beheben.

Das sind aber Aufgaben, die mehr Intelligenz, mehr Initiative, mehr Selbständigkeit erfordern, deshalb auch eine bessere allgemeine Vorbildung und eine höhere berufliche Qualifiziertheit. Darum gibt es in der heutigen Entwicklung eine Neigung, die ich Neigung zu Requalifizierung der Arbeit durch die Maschine genannt habe.

Die Maschine hat also keineswegs, wie sie es am Anfang der industriellen Revolution zu tun drohte, alle Arbeiter in ungelernte Maschinensklaven verwandelt. Im Laufe ihrer späteren Entwicklung näherte sie sich immer mehr dem Typ der automatischen Vollmaschine, die die schwersten und geistlosesten Verrichtungen dem Arbeiter abnimmt. Deshalb herrscht zur Zeit in technisch rückständigeren Produktionszweigen zwar noch eine Neigung zur Dequalifizierung vor, in den fortgestrittensten aber eine Neigung zur Requalifizierung der Arbeit.

So entsteht eine neue Scheidelinie zwischen zwei Arbeiterkategorien, zwischen derjenigen, die unter der Maschine steht und derjenigen, die über ihr steht. Die ersteren sind Maschinendiener, die anderen sind Maschinenlenker. Als Beispiele für letzteren Typ möchte ich anführen: den Maschinenmeister, den Mechaniker, den Elektrotechniker, den Maschinensetzer, den Lokomotivführer usw. Man könnte diesem Typ den ingenieurmäßigen nennen, denn er verlangt vom Arbeiter Kenntnisse und Fähigkeiten, die denen des Werkingenieurs sehr nahe kommen.

Unter den gelernten Arbeitern ist dieser Typ heute schon mindestens so zahlreich vertreten, als der handwerkliche Typ der Maurer, Zimmerer und dergleichen. Deren Handfertigkeit ist eher im alten zünftigen Sinn eine berufliche, weil sie einen Beruf kennen, d.h. im Stande sein müssen, mit Werkzeugen ein Produkt ganz fertigzustellen. Der qualifizierte Maschinenlenker dagegen braucht wie der Ingenieur neben gute Allgemeinbildung nur Spezialfertigkeit in der Handhabung einer Maschinenart. Seine Arbeitsfreude ist natürlich eine ganz andere, als die fast triebhafte, spontan-schöpferische des Handwerkers. Sie ist mehr geistiger Natur, weniger auf das Endprodukt an sich als auf die wohlgelungene Teilverrichtung und auf die Beherrschung der Maschine gerichtet. Deshalb ist sie auch gewürzt mit Freude der Herrschaft über widerspenstiges Material und gewaltige mechanische Kräfte.

Diese Arbeiterkategorie, die über der Maschine steht, empfindet darum in ihrer Mehrheit eine echte Arbeitsfreude. So weit diese Arbeiter auch Arbeitsunlust empfinden, ist sie immer zurückzuführen auf soziale Ursachen, die nicht durch die technische Eigenart der maschinellen Arbeit bedingt sind.

Als solche Ursachen möchte ich nennen: undemokratische Betriebsdisziplin, als ungerecht empfundene Lohnsysteme, das soziale Klassenschicksal überhaupt.

Jedoch diese Arbeiter empfinden so sehr ihre Stellung über der Maschine als die Grundlage ihres günstigeren Schicksals, dass sie jeden Fortschritt der maschinellen Technik wie eine weitere Verbesserung begrüßen. Zugleich vermehrt dieser Fortschritt die Zahl dieser Arbeiterschicht. Der immer noch weitverbreitete Glaube, dass die sogenannte technische Rationalisierung die Zahl der ungelernten Arbeiter auf Kosten der gelernten Arbeiter vermehrt, ist durchaus irrig. Die deutlichste Widerlegung dieses Irrtums findet man in Amerika. In den Vereinigten Staaten entfielen beim jährlichen Zuwachs der Arbeiterzahl in den letzten Vorkriegsjahren zwei Drittel auf die ungelernten und ein Drittel auf die gelernten Arbeiter. In den Nachkriegsjahren (1921–1926) hat sich das Verhältnis mehr wie umgekehrt: auf jeden neueingestellten ungelernten Arbeiter drei gelernte. Letztere sind natürlich keine Handwerker, sondern meist hochqualifizierte Maschinenlenker. Ihre Zahl wächst in dem Maße, wie arbeitersparende Maschinen und Methoden ungelernte Hilfsarbeiter und Handlanger überflüssig machen.

Das laufende Band ist ja selber nichts anderes, als ein Ersatz für schwere Transportarbeiten, die früher von Handlangern verrichtet wurden.

Für die bevorrechtete requalifizierte Arbeiterschicht gibt es also zweifellos eine befriedigende Lösung der Frage der Arbeitsfreude, und diese Lösung liegt auf der Linie des weiteren maschinellen Fortschritts.

Aber wie steht es nun mit jener anderen Schicht, die unter der Maschine oder gar am laufenden Band arbeitet? Entwickelt sich hier nicht ein fünfter Stand, eine Art von abendländischen Kulis, die zu fortschreitender Entseelung ihrer geistlosen Fron verdammt sind?

Ich möchte mich am Ende dieser Ausführungen nicht auf das ungeheuer große und schwierige Gebiet der sozialen und kulturellen Probleme begeben, wo die Lösung dieser Frage zu suchen wäre. Ich kann hier nur sagen, dass ich grundsätzlich an die Möglichkeit dieser Lösung glaube, und zwar auch in diesem Falle auf Grund weiterer technischer Entwicklung. Denn weitere Mechanisierung bedeutet erhöhte Produktivität: sie schafft infolgedessen die Möglichkeit für die Gesellschaft, die tägliche und jährliche Arbeitszeit dieser wirklich mechanisierten Arbeiter noch sehr stark zu verringern. Diese Verringerung kann grundsätzlich so weit getrieben werden, dass tages- und saisonweise Verbindung dieser mechanischen Fron mit anderen Arbeitsarten möglich wäre, wie Feld- und Gartenarbeit, selbständige Heimarbeit usw. So würde zumindest Abwechslung die völlige Abstumpfung dieser Arbeiterschicht durch seelen- und lustlose Arbeit verhindern.

Das ist lange nicht so utopisch, wie es für manche Ohren klingen mag, in Bezug auf Wechsel der Arbeitsart nach den Jahreszeiten ist es schon Sitte bei vielen amerikanischen Arbeitern, und auch der tägliche Wechsel rückt dort immer mehr in den Bereich der Möglichkeit, wo man sich immer mehr der siebenstündigen Arbeitszeit und der fünftägigen Arbeitswoche nähert. Wenn die Entwicklung in Bezug auf die Arbeitszeit in demselben Tempo weitergeht, wie seit einem halben Jahrhundert, so ist das, was jetzt als Utopie erscheint, in weniger als einem weiteren halben Jahrhundert schon weitverbreitete Möglichkeit.

Für heute aber wollen wir diese Zukunftsperspektiven nicht weiter verfolgen. Begnügen wir uns mit der Feststellung von Tatsachen, die eine Antwort geben auf die Frage, ob die Maschine die Arbeitsfreude tötet. Diese Tatsachen möchte ich zum Schluß so zusammenfassen: Im Anfang ihrer Entwicklung hat die Maschine zweifellos einen allgemeinen Schwund der Arbeitsfreude bewirkt. Im jetzigen Stadium ihrer Entwicklung aber verringert sich die Zahl der Arbeiter, für die das noch gilt, und es wächst die Zahl derjenigen, die der vervollkommneten Maschine höhere Qualifiziertheit und größere Arbeitsfreude verdanken.

Für beide Arbeiterkategorien steht also der Weg offen zu menschenwürdigeren und freudigeren Arbeiten, und dieser Weg führt nicht hinter die maschinelle Vergangenheit zurück, sondern er weist in die Zukunft, wo maschinellen Hilfsmittel der Industrie noch zweckmäßiger lästige Arbeit ersparen werden – eine Zukunft, wo allerdings die Grundsätze rationeller Organisation auch auf die Wirtschaft und die Gesellschaft überhaupt Anwendung finden werden. Wenn letztere Bedingung ebenfalls erfüllt ist, dann fallen die sozialen Ursachen, weshalb so viele Arbeiter heutzutage im technischen Fortschritt noch eine Bedrohung ihrer Existenz sehen müssen, ebenso weg, wie die technischen Ursachen weggefallen sind, die noch vor hundert Jahren die Maschine zur Feindin des Arbeiters machten.

Anlage 9

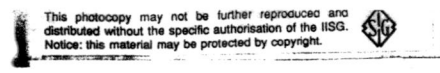

Die Seele des Industriearbeiters.

Vortrag für die deutsche Welle, 15. XI. 29.

von

Dr. Hendrik de Man.

Meine werten Hörer und Hörerinnen!

Man hat gesagt, das zwanzigste Jahrhundert wäre das Jahrhundert der Psychologie, wie das neunzehnte Jahrhundert das der Naturwissenschaften war. Das stimmt jedenfalls für die Sozialwissenschaften. Das neunzehnte Jahrhundert hat vor allem jene äusseren Erscheinungen des sozialen Lebens erforscht, die man wie Dinge behandeln konnte : Einrichtungen, statistisch erfassbare Massenerscheinungen, verdinglichte Begriffe und so weiter. Dabei wurden einmal vom Gesichtspunkt der Wirtschaft, ein anderes Mal von dem des Rechtes, ein drittes Mal von dem der Ideengeschichte und so weiter wichtige Teilausblicke eröffnet; zuletzt aber musste man immer wieder sagen: Sie haben die Teile in ihrer Hand, fehlt leider nur das geistige Band.

Seit einigen Jahren kommt man darauf, dass im Mittelpunkt jeder Wissenschaft vom Menschen der Mensch zu stehen hat- nicht der Mensch als Sache, als blosser Gegenstand für das Walten blinder Naturgesetze, sondern der Mensch als beseeltes Wesen, als unteilbare lebendige Gestalt, der Mensch als Mass aller Dinge, der Mensch als Zweck alles menschlichen Handelns.

Das wichtigste Problem der heutigen Sozialwissenschaft, das Problem der Industriearbeiterschaft, wird darum heute ganz anders aufgefasst als früher. Früher sah man den Arbeiter in dinglicher Gestalt, unter den verschiedensten Teilgesichtspunkten: als Produzent, als Konsument, als Staatsbürger, als Rechtsobjekt, als Träger einer Klassenidee, und so weiter. Heute erkennt man, dass all diese

Teilgesichtspunkte nicht viel nutzen, wenn die Blicklinien sich nicht in dem einen Brennpunkt schneiden, wo die wirkliche Gestalt der Person sichtbar wird.

Das neue Interesse der Wissenschaft an der Arbeiterpsychologie ist nicht nur das Ergebnis einer theoretischen Entwicklung. Es hat auch durchaus konkrete, praktische Gründe im gesellschaftlichen Geschehen selber. Und zwar hauptsächlich von zwei Seiten her: von der Unternehmerseite und der Arbeiterseite.

Bis vor wenigen Jahren konnten sich die Unternehmer und Wirtschaftsführer tatsächlich damit begnügen, die Industriearbeiterschaft als blosses Menschenmaterial zu betrachten, mit dem man schalten und walten konnte, wie mit anderen Dingen auch. Der Arbeiter erschien in der Lohnpolitik als Gegenstand von Marktgesetzen, in der Betriebsorganisation als Gegenstand des Unternehmerwillens, im Bildungswesen als Gegenstand der Erziehung, in der Politik als Gegenstand der Gesetzgebung, sogar in der Sozialpolitik als Gegenstand der Fürsorge. Das alles hat sich seither gründlich gewandelt. Durch die Arbeiterbewegung hat die Arbeiterschaft aufgehört, blosses Objekt des Willens von oben zu sein; sie ist mit einem eigenen Willen auf den Plan getreten und hat sich auf allen Gebieten des Lebens ein Mitbestimmungsrecht erobert. Im Zeitalter der Demokratie ist der Arbeiter gleichberechtigter Bürger des Staates geworden. Unter dem alten Arbeitsrecht hatte er bloss Sachrechte als Verkäufer von Arbeitskraft, unter dem neuen Arbeitsrecht hat er Personenrechte, in erster Linie ein Recht auf gesicherte, menschenwürdige Existenz. Durch die gewerkschaftlichen Tarifverträge und die Betriebsräte ist er auch in Wirtschaft und Betrieb zur mitbestimmenden Person geworden. Verkürzte Arbeitszeit und Rationalisierung haben dazu geführt, dass die Ausnutzung der Arbeitskraft immer intensiver wird; der Ertrag der Industriearbeit hängt darum mehr und mehr ab nicht

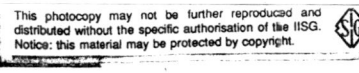

3.

nur von der Berufstüchtigkeit des Arbeiters, sondern von seinem Arbeitswillen und seiner Arbeitsfreudigkeit. Es gibt also sehr reale und unmittelbare Interessen, die die Machthaber in Wirtschaft und Gesellschaft veranlassen, sich in wachsendem Masse um Arbeiterpsychologie zu kümmern. Aber auch von Seiten der Arbeiter und der Arbeiterbewegung selber gibt es so etwas wie eine Entdeckung der Seele. Um die neuen Rechte in Staat, Wirtschaft und Betrieb a u s n ü t z e n zu können, müssen psychologische Bedingungen erfüllt sein, die weit über das hinausragen, was man zur E r o b e r u n g dieser Rechte erforderlich war. Manches revolutionäre Experiment hat bewiesen, dass neue Macht wenig nützt, wenn die Menschen, die sie ausüben sollen, nicht auch in ihren seelischen Antrieben umgestaltet werden. Elend und Unterdrückung können einer unteren Klasse wohl die Antriebe zur revolutionären Auflehnung geben, sie gewähren aber noch nicht die Eigenschaften, die dazu gehören, die obere Klasse in der Führung zu ersetzen; proletarische Not wäre nur dann proletarische Tugend, wenn es nicht die Laster der Unterdrückten gäbe. Die mächtig anwachsende Kulturbewegung der Arbeiterschaft ruft jeden Tag neue Probleme persönlicher Gesinnung und Lebensgestaltung hervor, die nicht bloss auf Grund von Masseninteressen gelöst werden können. Von diesen Problemen hatte schon August Bebel eine Vorahnung, als er sich darüber beunruhigte, dass die Arbeiterbewegung mehr in die Breite als in die Tiefe wachse. Es genügt eben nicht, der Quantität nach zu wachsen, wenn man nicht zugleich die Qualität der Einzelnen verändert. Man merkt also auch auf der Arbeiterseite immer mehr, dass die grossen Bataillone auf die Dauer nichts helfen, wenn man die Seele des Einzelnen nicht er-

4.

fasst. Aber um sie zu erfassen, muss man sie verstehen.
Daher auch hier das wachsende Interesse für Fragen der
Arbeiterpsychologie.

Nun würde auch das nicht viel nützen, wenn die Sozial
psychologie selber der Schablonisierung und Verdinglichung
der Begriffe verfiele, aus der die Sozialwissenschaft
gerettet werden soll. In dieser Hinsicht liegt in Ausdrük-
ken wie "Die Seele des Industriearbeiters" eine gewisse
Gefahr des Missverstandenwerdens. Um es gleich vorwegzu-
nehmen: es ist sehr zu begrüssen, dass man sich endlich
um die Seele des Industriearbeiters kümmert; aber der näch
ste Schritt sollte dann die Erkenntnis sein, dass es die
Seele d e s Industriearbeiters eigentlich garnicht gibt.
Es gibt ebensoviele Seelen, wie es Industriearbeiter gibt.
Und ein weiterer wertvoller Schritt liegt in der Erkenntnis, dass diese Seelen - Menschenseelen sind wie andere
auch.

Mit anderen Worten: Was die Angehörigen verschiedener Gesellschaftsschichten von einander unterscheidet,
ist nicht die angeborene seelische Veranlagung, wohl aber
das gesellschaftliche Schicksal. Die Seele ist etwas
persönliches, unteilbares, bei allen Menschen verschiede-
nes. Aber in den Lebensbedingungen einer Klasse lassen
sich gewisse gemeinsame Züge erkennen, und daraus lässt
sich so etwas wie ein typisches Schicksal der Klasse ab-
leiten. Was die Arbeiterpsychologie wohl erfassen kann,
ist das gemeinsame oder typische Verhalten, wodurch der
Arbeiter als Mensch auf sein Schicksal als Arbeiter reagiert. Und da das Schicksal ein gewohnheitsmässiges ist,
ergeben sich aus der gewohnheitsmäsigen Reaktion darauf

5.

~~gewisse Gefühls-~~ und Denkgewohnheiten, die man als typisch für die Schicht ansprechen darf.

Fragen wir also zuerst, wodurch sich das typische Arbeits- und Lebenschicksal der Industriearbeiterschaft von dem der anderen Klassen unterscheidet. Da es sich hierbei um allgemein bekannte, nur nicht immer bewusst gegenwärtige Dinge handelt, beschränke ich mich auf einige kurze Stichworte, um dieses Schicksal zu kennzeichnen:
1) Lohnarbeit, also Loslösung vom Eigentum der Produktionsmittel; 2) Industriearbeit, also Loslösung vom Boden; 3) Mechanisierte Teil- und Repetitivarbeit, also Loslösung des Arbeitsziels vom Erzeugnis; 4) Ausführende, fremdbestimmte Arbeit, also Loslösung des Lebensziels vom Arbeitsziel; 5) Gefahr der unfreiwilligen Arbeitslosigkeit, also Existenzunsicherheit; 6) ~~Kollektive~~ Arbeit, also Abhängigkeit von der Masse; 7) Wohnung in Städten und Arbeitervierteln, also Loslösung von der Natur; 8) Geringe individuelle Aufstiegsmöglichkeit, also Gefühl der Klassegebundenheit; 9) Entwertung der industriellen Handarbeit im allgemeinen Urteil, also Gefühl der gesellschaftlichen Zurücksetzung der Klasse.

Natürlich sind dies nur Fingerzeige für einige besonders wichtige Merkmale des proletarischen Daseins. ~~Man kann gewiss darüber streiten, ob dieser oder jener Zug dabei nicht zu schroff gezeichnet ist, oder ob andere wesentliche Züge dabei nicht im Dunkeln gelassen sind.~~ Es gibt übrigens innerhalb der Industriearbeiterschaft sehr grosse Schicksalsunterschiede, es gibt ungelernte und gelernte Arbeiter; unter den Ungelernten gibt es Schwerarbeiter mit der Hand und Leichtarbeiter an der Maschine; unter den Gelernten gibt es Handwerker und Maschinenmeister, es gibt Gelegenheitsarbeiter mit chronischer Arbeitslosigkeit und eine festangestellte Arbeiteraristokratie; es gibt Bewohner von Mietskasernen in der Weltstadt und kleine Hausbesitzer auf dem Lande; es gibt Existenzen an der Grenze des Lumpenproletariats und andere an der Grenze des Kleinbürgertums - aber im Ganzen lassen sich doch gemeinsame Züge feststellen, die in stärkerer oder schwächerer Ausprägung das typische Industriearbeiterleben kennzeichnen.

Es ist andererseits klar, dass nicht zwei Menschen auf dieselbe Umwelt genau gleich reagieren werden. Der Eine fühlt sich ganz wohl, ein Anderer rebelliert, ein Dritter geht zu Grunde, ein Vierter findet irgend einen Trost, ein Fünfter passt sich an, und so weiter. Dennoch handelt es, ebenso wie es trotz der Verschiedenheit der Verhältnisse ein typisches Arbeiterschicksal gibt, trotz der Verschiedenheit der Veranlagung eine typische Reaktion darauf, ein typisch proletarisches seelisches Verhalten. Denn aus jeder Schicksalsgemeinschaft erwächst eine Charaktergemeinschaft. Denn Gewisse seelische Merkmale sind eben allen Menschen gemeinsam oder erscheinen zum mindesten normal. Es gibt bestimmte schlechthin menschliche Triebe und Bedürfnisse, nach deren Befriedigung jeder Mensch strebt - der eine mehr, der andere weniger, aber im Allgemeinen doch so, dass die Nichtbefriedigung als Hemmung der natürlichen Anlage, als lebensfeindlich betrachtet wird. Es tut nur wenig zur Sache, wie man die einzelnen triebhaften Aeusserungen dieses natürlichen Lebensdranges umschreibt; das Wesentliche daran ist jedem Menschen aus eigener Erfahrung bekannt, und jeder kennt dieses Wesentliche aus den Hemmungen, die die gesellschaftliche Umwelt ihm auferlegt. Denn Jeder Mensch stös

2.

durch die sozialen Verhältnisse, in denen er leben muss;

auf solche Hemmungen, sie unterscheiden sich von Schicht zu Schicht nur nach ihrer Art und Schwere. Die ~~eigentümlichen~~ dem proletarischen Dasein eigentümlichen ~~besonders schweren~~ Triebhemmungen sind auch ausserhalb der Arbeiterschaft nicht ganz unbekannt, obwohl sie da meist nicht so niederdrückend auftreten. So ziemlich alle Stadtbewohner leiden - z.B. ob sie es wissen oder nicht - unter der Trennung von der Natur; so ziemlich alle Erwerbstätigen, auch Intellektuelle, Angestellte und Beamte, leiden in ihrer Arbeitsfreude unter der Zerstückelung der Arbeitsaufgaben unter und der Wirtschaftsangst, die das Zeichen unseres mechanisierten Zeitalters sind. Aber nirgends ist die Spannung *natürlichen Lebensbedürfnissen* zwischen ~~menschlicher Natur~~ und sozialem Schicksal so gross, wie beim Industriearbeiter. Welcher Art diese Triebhemmungen sind, die er erleidet, das kann man am besten *Ersatz oder* herausfinden, wenn man sieht, welche Art Ausgleich gesucht wird.

Nehmen wir einige Erscheinungen als Beispiele, die jeder beobachten kann.

Um jede deutsche Grossstadt zieht sich ein Gürtel von sogenannten Schrebergärten hin, die grossenteils von Arbeitern bebaut werden. Jedesmal, wenn ich eine derartige Vorortlandschaft etwa vom Zug aus sehe, ergreift mich ein eigentümliches Gefühl, eine Mischung von Rührung und *Unwille*. *Rührung,* ~~Hemmt~~, weil eine so winzige Parzelle Boden zwischen Bahnböschungen und Fabrikmauern genügt, den aus der Natur entwurzelten Menschen das Gefühl der Wiederverwurzelung zu geben. *Unwille* darüber, dass der natürliche Drang des Menschen zum Boden keine ~~~~ *sinnvollere* Befriedigung findet, als solche Miniaturausgaben von Aeckern und Gärten, die man in langer Fahrt aufsuchen muss, wo mehr Zäune zu wachsen scheinen als

Hälfte

8.

Kohlköpfe, wo ~~knapp~~ auf ~~jeden~~ *alle paar* Quadratmeter Boden ein Gerät *Stück*
entfällt. Aber gerade, dass die Leute sich mit einem so
kümmerlichen Ersatz begnügen, zeigt die Gewalt des gehem
ten Triebes, der hier Befriedigung sucht. Der Stadtmensc
flüchtet aus seiner Stein- und Asphaltwüste hierhin an
Luft und Sonne, aus dem Lärm in die Ruhe; ~~der~~ Industriearbeiter ~~aber insbesondere kann hier sich~~ *hier* endlich auch
einmal nach eigenem Belieben ~~und für sich selbst schinden~~ *arbeiten*
endlich auch einmal etwas natürlich wachsen sehen, endlic
auch einmal ein Arbeitserzeugnis sein eigen nennen. Was
hier gesucht wird, ist Ausgleich für Loslösung vom Boden,
für Entwurzelung aus der Natur, aber auch für fremdbestim
mechanische Arbeit, für die Kasernenatmosphäre des Massen-
betriebs. In der Fabrik muss man, nach einem Ausdruck
Werner Sombarts, die Seele in der Garderobe abgeben; im
Schrebergarten braucht man sie nicht gegen eine Kontroll-
marke umzutauschen, hier ist man auch beim Arbeiten noch
ein Vollmensch. Hier *kann sich wenigstens einigermassen*
der gehemmte Bauer ausleben...
Es steckt aber auch in jedem ...
gehemmter Handwerker, und der lebt sich vorzugsweise im Basteln aus. Gleic
viel, ob dabei ein Radioapparat oder ein Taubenschlag
gebaut wird - auch hier kann der Mensch, der sonst nur für
irgend eine A. .-G. Teilarbeit ausführt, mal mit eigenem
Material und nach eigener Methode pfuschen. Da braucht
er sich an keinen Arbeitszeitel zu halten, da muss er nicht
an die Akkordtermine denken, da schleicht kein Aufpasser
herum, und vor allem, da sieht er etwas gebrauchsfertige
werden, das er selbst geschaffen hat und das ihm selbst
gehört. Und wenn es noch so kümmerlich ist, und wenn es
noch so viel Mühe kostet - ~~was macht es, hier ist wahres~~ *man*
Arbeitsglück, bei dem die Stunden vergisst.

9.

Die ermüdende Eintönigkeit des Arbeitserlebnisses erklärt auch für einen grossen Teil der Industriearbeiterschaft den Drang zu jener Art von Zerstreuungen, die für ein Mindestmass an geistiger Anstrengung ein Höchstmass an Gefühlsreizen bieten. Es gehört in vielen Fällen heldenhafter Mut dazu, nach einem Tag in der Fabrik ein ernstes Buch zu lesen oder einen belehrenden Vortrag zu hören. Das Wunder ist nicht, dass so W e n i g e diesen Mut aufbringen, sondern dass es immerhin noch so V i e l e sind. Die natürliche Reaktion auf eintönige Arbeit ist die Suche nach starken elementaren Sinnesreizen, nach Aufpeitschung des Gefühlslebens. Dies erklärt manche Erscheinung des heutigen Vergnügungswesens in Städten und Industriebezirken, namentlich auf dem Gebiete von Kino und Sport - vom Alkoholgenuss und vom Tanzboden ganz zu schweigen.

Nun liegt es auf der Hand, dass Ersatz noch kein voller Ausgleich ist. Viele von den so gesuchten Ersatzmitteln namentlich solche, die eigentlich mehr Betäubungsmittel sind, befriedigen auf die Dauer nicht ; ja sie gehören vielfach zu jenen falschen Heilmitteln, die das Uebel verschlimmern, statt es zu heilen. Vor allem genügen sie nicht, dem Industriearbeiter das Gefühl zu nehmen, dass er einer unteren Klasse angehört. ~~Eine untere Klasse auf Grund ihrer Besitzlosigkeit, auf Grund ihrer sozial abhängigen Stellung, auf Grund ihrer Existenzunsicherheit, auf Grund der geringen Achtung, die man allgemein der körperlich ausführenden Arbeit entgegenbringt.~~ Denn hierbei wird eine triebhafte Neigung gehemmt, die zu den stärksten Neigungen unserer Rasse gehört: der Geltungstrieb, das Bedürfnis als Person sich selbst zu achten und geachtet zu werden.

10.

Im normalen Industriearbeiterdasein wird dieser Trieb allenthalben gehemmt: bei der Arbeit, weil das Arbeitsverhältnis ein Unterordnungsverhältnis ist, weil die Teilarbeit nur selten den Stolz auf das Erzeugnis begünstigt; ausserhalb der Arbeit, weil ~~auch hier~~ das Gespenst der Arbeitslosigkeit schon genügt, dem Industriearbeiter das Gefühl der sozialen Abhängigkeit zu geben.

Gehemmter Geltungstrieb nun führt bekanntlich zur Bildung eines sogenannten Minderwertigkeits~~komplex~~ gefühls. Man fühlt sich entwertet, und man strebt infolgedessen mit allen Kräften danach, das in irgend einem Punkte herabgedrückte Selbstgefühl in einem anderen Punkte zu steigern. Sofern kein befriedigender Ausgleich gefunden wird, entsteht ein (sogenanntes Ressentiment, ein) Groll gegen die Umwelt. Dieser Groll kann auf die Dauer zur Neurose führen. Man hat mit Recht gesagt dass heutzutage alle Menschen mehr oder weniger Neurotiker sind: der rücksichtslose Existenzkampf in der Geldwirtschaft, die Unnatürlichkeit des Stadtlebens, die Triebhemmungen der spezialisierten, automatisierten Arbeit, das alles vieles andere noch führt zu massenhaften Neurosen, und zwar nicht bloss unter der Industriearbeiterschaft. Man kann dennoch von einer besonderen proletarischen Massenneurose sprechen, die aus dem besonderen Klassen-Minderwertigkeitsgefühl der Industriearbeiterschaft entsteht. Die Zeichen dieser Neurose sind allbekannt. In ihrer gelinden Form zeigt sie sich in dem Gesichtsausdruck, der bei so vielen Arbeitern auffällt. Beobachter so verschiedener Art wie Bernard Shaw und Werner Sombart haben ihn mit dem gleichen Wort gekennzeichnet: Gleichgültigkeit. Aber diese Gleichgültigkeit verschleiert einen Hass; sobald sie gereizt wird, schlägt sie je nach den Umständen in spötti-

11.

schen Zynismus oder in offene Feindseligkeit um. Die gesteigertste Form der proletarischen Neurose ist die soziale Zerstörungs- und Rachwut, die sich mitunter in Revolutionen auslebt. Der kämpfende Proletarier erlebt dann eine Hebung des sozialen Selbstwertgefühls, die dem arbeitenden Proletarier versagt war. "Mit dem Werkzeug in der Hand wurde ich verachtet, mit dem Gewehr in der Hand werde ich gefürchtet". - Dieses Gefühl ist die massenpsychologische Erklärung der Revolution als Rache der Verzweifelten.

Der Klassenhass spielt dabei für die Masse dieselbe Rolle, wie der Machtwille für den einzelnen Neurotiker, den man mit Recht als entmutigten Menschen bezeichnet hat: um sich selbst höher werten zu können, entwertet man alles Klassenfremde. So beantwortet die Verachtung von unten die Verachtung von oben.

Zum Glück ist die Klassenrose ebensowenig wie die Einzelneurose ein unentrinnbares Schicksal. Es gibt andere Auswege aus dem Minderwertigkeitsgefühl, als die Entfesselung der Rache- und Zerstörungswut. Sie bestehen darin, dass man die Höherwertung positiv statt negativ erstrebt das heisst, dass man nicht die Anderen entwertet, sondern dass man selber durch Leistungen höhere Werte schafft.

Ein solcher Ausweg ist nicht nur theoretisch denkbar er wird auch von einem sehr grossen Teil der Industriearbeiterschaft begangen. Es ist der Weg jener Form der Klassensolidarität, die ich die positive nennen möchte, weil sie statt gemeinschaftszerstörend gemeinschaftsbildend

wirkt; mit anderen Worten, weil sie von neuem Gemeinschaftsgefühl getragen wird und auf den Aufbau von neuen Ge-
meinschaftseinrichtungen gerichtet ist.

Freilich entsteht dies neue Gefühl der Gemeinschaft
aus der Klassengebundenheit, des Schicksals. Das ist nicht
verwunderlich, denn die Erfahrung lehrt den Arbeiter, daß
es nur zwei Möglichkeiten des sozialen Aufstiegs gibt:
entweder die Flucht aus dem Proletariat und die ist nur
Wenigen möglich und verändert das Schicksal der Klasse nicht
- oder der Aufstieg der Klasse als solcher. Der Weg zur
erhöhten Selbstschätzung des Proletariers führt über die
erhöhte Selbstschätzung des Proletariats. Das ist der einzige Weg, den die geschichtliche Erfahrung als gangbar
erwiesen hat. Aber was aus der Klasse entsteht, braucht
nicht bei der Klasse stehen zu bleiben. Das Klassengefühl
kann sich zum Beispiel so zum Gemeinschaftsgefühl erweitern, dass man der Klasse Ziele steckt, die aus der Gedankenwelt der gesamtmenschlichen Kulturgemeinschaft stammen und die Umgestaltung der allgemeinen Rechtsordnung
bezwecken. Das Klassenbewusstsein in diesem Sinne hat für
die Heilung der proletarischen Massenneurose genau dieselbe Bedeutung, wie die Erziehung zum Gemeinschaftsgefühl,
wodurch die sogenannte Individualpsychologie den einzelnen
Neurotiker von der Entmutigung zu befreien sucht. Es sind
auch dieselben Stichworte, die den Heilungsprozess bezeichnen: Erhebung der Triebhemmungen aus dem Unterbewusstsein
ins Bewusstsein und Auflösung des Grolls in Gemeinschaftsgefühl. Das Klassenbewusstsein in diesem Sinne bedeutet
Bewusstsein der wahren, das heisst allgemeinen Ursachen
des Gemeinschaftsschicksals, und Bewusstsein der Aufgaben,
die der Wille zur Verbesserung dieses Schicksals stellt.

Klassensolidarität in diesem Sinne bedeutet Ueberwindung der seelischen Entwurzelung aus der Gesellschaft durch Verwurzelung in einer neuen Gemeinschaft, die sich zur Gesellschaft zu erweitern sucht. Die Mittel dieser Erweiterung sind die der politischen Demokratie, das heisst der Meinungsbildung zu dem Zwecke, mit Hilfe der bestehenden Rechtsmittel die Rechtsordnung umzugestalten; es sind ferner die der wirtschaftlichen Demokratie, das heisst der gewerkschaftlichen und genossenschaftlichen Selbsthilfe zur Erweiterung des Gebietes, auf dem der eigene Wille das eigene wirtschaftliche Schicksal bestimmen kann.

In der Wirklichkeit leben im Klassenbewusstsein und in der Klassenbewegung des Industrieproletariats die beiden Tendenzen nebeneinander, das heisst sowohl das neurotische, zerstörerische Rachegefühl wie das gesunde, aufbauende Gemeinschaftsgefühl. Welches von beiden die Oberhand behält, hängt in erster Linie davon ab, was jeweils am stärksten wirkt: die Entmutigung durch das Klassenschicksal, das man erleidet, oder die Ermutigung durch die Klassenleistung, durch die man das Schicksal anders gestaltet. Schlimmere Armut, gesteigerte Arbeitslosigkeit und Existenzunsicherheit, verschärfte Gewaltpolitik der Machthaber entmutigen den Reformwillen und lenken ihn auf Rache und Zerstörung; und wenn man das Sicherheitsventil der freien Meinungsäusserung abschliesst, so bedroht die gehemmte Expansionskraft des Dampfes den Kessel mit der Explosion, die Revolution heisst. Gelingt es aber, der Arbeiterschaft das Gefühl zu geben, dass sie auf dem Wege langsamer, experimenteller Umgestaltung der Einrichtungen aus sozialer Minderwertigkeit zu sozialer Ebenbürtigkeit aufsteigen kann, dann verliert die Klassenminderwertigkeit

14.

aufsteigen kann, dann verliert das Klassenminderwertigkeitsgefühl seinen Stachel, dann wirkt der Lebensdrang des Proletariats zu Freiheit und Menschenwürde als Teil der lebendigen Antriebskraft, die Staat und Wirtschaft vorwärtstreibt.

Gleichviel welche praktischen Schlussfolgerungen man au alledem zieht - und sie werden je nach den verschiedenen gesellschaftlichen und geistigen Standorten verschieden sein - man kann die gewaltigste soziale Erscheinung der Geschichte, die Arbeiterbewegung, nur dann verstehen, wen: man ihre Triebfedern in der Psychologie des Industriearbeiters sucht. Man wird gewiss dabei noch manches finden, was ich in dieser flüchtigen Skizze nicht einmal andeuten konnte. Das Wesentliche aber kann dem nicht entgehen, der von dem Grundgedanken ausgeht: nicht die seelische Veranlagung, nur das gesellschaftliche Schicksal unterscheide Mensch und Klassen voneinander. Es gibt demnach für den, de nicht selber Industriearbeiter ist, ein sehr einfaches Rezept, die Seele des Industriearbeiters verstehen zu lernen : Erkenne die Umwelt, in der sich die Arbeit und das Leben dieses Arbeiters abspielen, und frage Dich dann, wie Du der Mensch in Dir auf diese Umwelt reagieren würdest.

Anlage 10

Vortrag für die Deutsche Welle am 29. November 1930.
Von Dr. Hendrik de Man.
Berufsdasein und Lebenswelt des Industriearbeiters.

Das mir aufgetragene Thema heisst: Berufsdasein und Lebenswelt des Industriearbeiters. Die Frage lautet also: Inwiefern erhält die Lebensgestaltung des Industriearbeiters Sinn und Ziel vom Sinn und Ziel des Berufs? Da erhebt sich gleich eine Vorfrage: Inwiefern hat der heutige Industriearbeiter noch einen Beruf? Die meisten Leute gebrauchen heutzutage noch immer das Wort Beruf in einem Sinne, der zu veralteten Verhältnissen passt. Es ist vor vierhundert Jahren von Luther in die deutsche Schriftsprache eingeführt worden. Damals bedeutete es eine Tätigkeit, zu der man von Gott berufen ist. Beruf und Berufung waren zu jener Zeit noch austauschbare Begriffe. Denn es war die Zeit der erblichen Ständeordnung. Wie der Stand, so bedeutete der Beruf damals ein Amt, also nicht Tätigkeit für den blossen Gelderwerb, sondern Arbeit für die Gemeinschaft im Auftrage einer höheren Macht. Diese Auffassung war natürlich in einer Zeit, wo die Wirtschaftsordnung ganz anders war als heute. Die gewerbliche Produktion war damals noch reines Handwerk. Der Handwerker war in jedem Sinn ein selbständiger Produzent. Er war technisch selbständig, weil er durch seine Berufsausbildung instande war, ein gebrauchsfertiges Produkt ganz herzustellen mit eigenen Arbeitsmitteln und nach eigenem Arbeitsplan. Er war gesellschaftlich selbständig, weil er nicht für einen Unternehmer arbeitete, sondern unmittelbar für den Verbraucher. Es leuchtet ein, dass heutzutage nur noch ein sehr kleiner Teil der Industriearbeiter in diesem Sinne einen Beruf hat. Die handwerkerliche Tätigkeit ist zwar aus keiner Industrie ganz verschwunden, aber der überwiegende

Teil der Industrieproduktion ist Maschinenarbeit. Gewiss sind lange nicht alle Arbeiter durch die Maschine zu blossen ungelernten Handlangern herabgedrückt. Es gibt sogar eine Minderheit, an deren Tätigkeit die vervollkommneten Maschinen recht hohe geistige Ansprüche stellen. Aber auch für diese obere Schicht von gelernten Maschinenmeistern ist keine eigentliche Berufsausbildung im Sinne des alten Handwerks mehr erforderlich. Sie sind nicht ausgebildet für die Herstellung eines fertigen Produkts, wohl aber für eine bestimmte maschinelle Teilverrichtung. Sogar die gelerntesten Facharbeiter in der heutigen Maschinenindustrie machen eine Lehre durch, die statt auf ein Ganzprodukt auf die Lenkung bestimmter Maschinenarten gerichtet ist. Handwerkerliche Schmiede gibt es nur noch in wenigen Werkstätten, die allermeisten Metallarbeiter sind Modellmacher, Dreher, Bohrer, Fräser, Schleifer, Monteure usw. Sie sind entweder nach einem Teilvorgang oder nach einer Maschinenart spezialisiert. Darum nennt man sie gewöhnlich und am richtigsten nicht Berufsarbeiter sondern Facharbeiter. Wenn der Beruf derart für die gelernte Oberschicht einen grossen Teil seines alten Sinnes verloren hat, so gilt das erst recht für die grosse Masse der ungelernten Industriearbeiterschaft. Was in den allermeisten Fällen vom heutigen Industriearbeiter an Kenntnissen und Fähigkeiten verlangt wird, ist das gerade Gegenteil der alten beruflichen Spezialisierung. Die heutige Arbeitswissenschaft hat dafür den Ausdruck Wendigkeit geprägt. Der Arbeiter soll nicht bloss auf ein Produkt eingestellt sein, er soll vielmehr möglichst wendig sein, d.h. sich leicht neuen Verrichtungen anpassen. Das alte Handwerk hing ab von konservativer Überlieferung, oft sogar von ererbter Spezialisierung. Der heutige Industriearbeiter braucht im Gegenteil eine möglichst allgemeine Eignung zur Handhabung verschiedener Maschinen und muss leicht von einer Arbeitsart zur

- 3 -

zu einer andern übergehen können. Die Industriearbeit hat auch längst aufgehört, individuelle Leistung zu sein wie die der alten Handwerker. Die Industriearbeit geschieht in der Regel in grösseren Betrieben, in denen Hunderte oder Tausende von Menschen mit verschiedenen Teilverrichtungen beschäftigt sind. Die allermeisten dieser Tätigkeiten sind nicht mehr wie früher Schöpfung aus freien Stücken und nach eignem Arbeitsplan. An die Stelle der schöpferischen Fantasie ist die vernunftmässige, ausführende Genauigkeit getreten. Maschinelle Produktion erfordert genaue Planung der zahllosen Teilverrichtungen, streng geregelte Einordnung der Aufgaben und Unterordnung der Menschen unter eine Betriebsdisziplin. Die Planung geschieht im Kontor, im Arbeitssaal muss nur noch ausgeführt werden. Für einen grossen Teil der Arbeiter bedeutet dies eine geisttötende, stete Wiederholung von Handgriffen an einer Teilverrichtung. Von dem Arbeitsstolz des Handwerkers, der sein Arbeitserzeugnis sozusagen bis zur Vollendung wachsen sah, bleibt in dem Falle nicht viel übrig. Ist der Arbeiter derart zum Anhängsel der Maschine herabgedrückt, dann kann er sich noch am glücklichsten schätzen, wenn seine Arbeit so automatisch ist, dass er überhaupt nicht an sie zu denken braucht. In einem solchen Falle pflegt man zu sagen, dass die Arbeit die Gedanken frei lässt. Dann ist das ganze Sinnen des Arbeiters auf das Ende der Arbeit gerichtet, auf den Ertrag, den sie ihm einbringen soll. Es gibt freilich auch hochqualifizierte Arbeiter, deren fast ingenieurmässiges Können in gespannter Aufmerksamkeit beansprucht wird. Aber auch für diese Bevorrechteten richtet sich die Aufmerksamkeit weniger auf das Produkt als auf den Produktionsvorgang. Wenn sie aufpassen, dass die Maschine gut läuft, dann brauchen sie sich um das Produkt nicht mehr zu kümmern. Dies ist übrigens in der Regel ein Teilprodukt, dessen weitere Verwendung den einzelnen Arbeiter nicht berührt.

- 4 -

diese Arbeitsart nicht mehr zutreffend. Der Beruf gehört in der Industrie einer immer mehr untergehenden Welt an. Man muss deshalb im Falle der allermeisten Industriearbeiter statt von Beruf von Erwerbstätigkeit reden oder, wie es die Arbeiter selbst zu tun pflegen, von Arbeit schlechthin. Die Verhältnisse sind so, dass für die allermeisten Menschen der wesentliche Sinn der Arbeit nur noch im Erwerb des Lohnes liegt. Eine Folge dieses Sinnverlustes der Arbeit ist, dass man das Lebensziel mehr und mehr ausserhalb der Arbeit sucht. Das ist heutzutage eine allgemeine Erscheinung. Sie findet sich auch ausserhalb der Industriearbeiterschaft, vor allem unter den Angestellten, deren Arbeit ja vielfach nicht weniger eintönig ist als die der Fabrikarbeiter. So wird Lebensgestaltung mehr und mehr blosse Freizeitgestaltung. Für die grosse Masse der Industriearbeiterschaft aber bedeutet die Trennung von Lebensziel und Arbeitsziel einen erheblichen Sinnverlust der Freizeitgestaltung selber. Es besteht ein innerer Zusammenhang zwischen dem Sinn- und Qualitätsverlust des Freizeiterlebnisses. Das ist der Grund, weshalb das allermeiste, was den Massen heutzutage an Erholungs- und Vergnügungsmöglichkeiten geboten wird, so unaussprechlich schal und geistlos ist. Wenn einem Menschen die Arbeit wirklich Beruf ist, d.h. persönlicher Selbstausdruck, dann hat die Erholung für ihn einen ebenso hohen, man könnte fast sagen heiligen Sinn wie die Arbeit selber. Dann bedeutet sie in erster Linie Ausruhen von der Ermüdung, in zweiter Linie freies Spiel und Betätigung der Freude an all den Schönen, das die Welt auch ausserhalb der Arbeit zu bieten vermag. Sogar schwere körperliche Anstrengung, wenn sie nicht zur Uebermüdung führt, ist dann seelisch und körperlich gesund und findet einen Ausgleich in gesunder Erholung. Ganz anders steht es mit der Form der Ermüdung, die leider den grösseren Teil de

mechanisierten Arbeit kennzeichnet. Die Eintönigkeit dieser
ruft statt einer allseitigen, gesunden Betätigung der Arbeitstriebe durch ihre Einseitigkeit Triebhemmungen und geistige
Abstumpfung hervor. Die allen Menschen angeborenen Triebe zum
Selbstausdruck in der Arbeit, zum rythmischen Spiel der Kräfte,
zum Aufbau von Gegenständen, finden nur noch wenig Befriedigung.
Man sucht sich darum mehr und mehr ausserhalb der Arbeit auszu-
leben. Ein amerikanischer Techniker sagte vor kurzem, die beste
Verfassung für den Maschinenarbeiter sei ein Zustand des leich-
ten Wachtraums. Ein deutscher Gelehrter nannte es »sinnfremdes
Dösen«. Die schlimmste Ermüdungsursache bei der heutigen Industriearbeiterschaft ist die Langeweile. Die vorherrschende Form
der Ermüdung ist darum die nervöse Ermüdung, besonders dort, wo
das Arbeitstempo durch autokratische Betriebsdisziplin und raf-
finierte Akkordlohnsysteme beschleunigt wird. Die Folge ist dann
dass der Geist betäubt, aber die Nerven gereizt werden. Die Freizeit dient dann in erster Linie dazu, dass man Erlebnisse sucht,
die in möglichst schroffen Gegensatz zur automatisierten Eintönigkeit der Arbeit stehen. Der nervös ermüdete Mensch sucht vor
allen Dingen Eindrücke, die schnell, intensiv und in dauernder
Abwechselung starke Gefühle erregen. Und da er meist geistig ab-
gestumpft ist, sucht er diese Eindrücke nach der Linie des geringsten geistigen Widerstandes, mit anderen Worten, er sucht
möglichst viel Anregung der Gefühlswelt für eine möglichst geringe Anstrengung des Geistes. Man muss diese psychologischen
Zusammenhänge erkennen, um zu verstehen, was die volkstümlich-
sten Formen des heutigen Zerstreuungsbetriebs bedeuten, z.B.
das Kinodrama und die Jazzmusik. Der Sport ist nur noch zu einem
geringen Teil körperliche Selbstertüchtigung durch freies spon-
tanes Spiel. Zum grösseren Teil ist er eine riesige Geschäfts-
unternehmung

geworden, eine Art Industrie. Er bedeutet nur für verhältnismäßig wenige spielerische Ertüchtigung, für die allermeisten aber ister Ersatzbefriedigung des Kampf- und Geltungstriebs, denen das tägliche Betriebsleben die normale Befriedigung versagt. Der Sport wird immer mehr dem gleich, was die Zirkusspiele für den römischen Pöbel der Verfallszeit waren. Die Zeitungen und die populäre Romanliteratur passen sich in wachsendem Masse dem Bedürfnis gesteigerter Sinnesreizung bei verminderter geistiger Inanspruchnahme an. Sensation ist Trumpf, es wächst die Zahl der Leute, die in den Zeitungen nur noch die Aufsehen erregenden Überschriften und Schlagzeilen lesen. Auch die Methoden der politischen Werbung werden denen der Geschäftsreklame mit jedem Tage ähnlicher. Die Folge ist wachsende geistige Zerrissenheit und Oberflächlichkeit. Wachsende Sinnlosigkeit der Arbeit rächt sich durch wachsende Sinnlosigkeit der Musse, durch einen entsprechenden Qualitätsverlust der Kultur. Die Sinnentleerung des Arbeitslebens ist der Schlüssel zum Verständnis der Sinnentleerung des Lebens überhaupt. Der Mensch kommt aus der Industrie überhaupt nicht mehr heraus. Während der Arbeitszeit ist er Mittel zum Zweck für die Erzeugungsindustrie, Abends und Sonntags ist er Mittel zum Zweck für die Vergnügungsindustrie. Zum Glück ist der Mensch so beschaffen, dass er nicht nur Schicksal erleidet, sondern Schicksal zu gestalten, sich gegen das Schicksal aufzulehnen sucht. Der Ort, an dem der Industriearbeiter steht, ist der Ort des stärksten Drucks, darum aber auch der Ort stärksten Widerstands. Darum ist die wirksamste Kraft einer sinngebenden Lebensgestaltung für die heutigen Arbeitermassen nicht der Wille, sich mit ihrem Schicksal abzufinden, sondern der Wille, dieses Schicksal zu verbessern. Dieser Wille ist die stärkste geschichtsbildende Kraft unserer Tage. Er wirkt sich aus in dem sozialen Aufstieg der Arbeiterschaft. Das ist wohl die wichtigste

Massenerscheinung in der Geschichte der Menschheit seit hundert Jahren. Durch ihn sind die Lebensbedingungen von Hunderten von Millionen Menschen tiefer umgestaltet worden als je zuvor in der Geschichte. Vor hundert Jahren war der zwölfstündige Arbeitstag in der Industrie noch gang und gäbe, sogar vierzehn bis sechzehnstündige Arbeitstage. Kinder bis zu sieben Jahren hinunter wurden an Maschinen beschäftigt. Es gab keine Arbeiterschutzgesetze, keine Sozialversicherung gegen Arbeitslosigkeit, Krankheit, Unfälle oder Invalidität. Ein grosser Teil der Arbeiterbevölkerung war wie Bettler auf die private Wohltätigkeit angewiesen. Die Arbeiter waren vollkommen schutzlos der Willkür der Unternehmer ausgeliefert, in einem Verhältnis, das sich kaum von dem alten Verhältnis zwischen Herr und Knecht unterschied. Arbeiterorganisationen durften entweder garnicht gebildet werden, oder sie wurden in ihrer Tätigkeit so eingeengt, dass sie nur unter Verletzung oder Umgehung der Gesetze etwas erreichen konnten. Streiks galten als Verbrechen, die mit Hilfe von Polizei und Gericht bestraft, häufig auch mit Hilfe des Militärs gewalttätig unterdrückt wurden. In keinem Staate Europas hatten die Arbeiter das Wahlrecht, sie galten überall als Untertanen, nirgends als gleichberechtigte Staatsbürger. Der Antrieb zu den ungeheuren Veränderungen, die seither verwirklicht worden sind, kam letzten Endes aus der Auflehnung der Menschen gegen die Verdinglichung, gegen ihre Behandlung als blosse Gegenstände für die wirtschaftlichen Zwecke anderer. Dieses Streben nach einer menschenwürdigen Behandlung, nach gesellschaftlicher Anerkennung, Gleichberechtigung und Mitbestimmung, das ist die Kraft, die den Ausgleich für den Sinnverlust des Arbeitserlebnisses durch die Mechanisierung ermöglicht hat. Es ist freilich nicht so, als ob

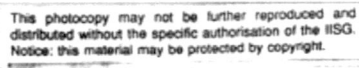

                                    aus
der letzte Rest des Arbeitsglücks/dem Leben des Industriearbeiters verschwunden wäre. Es ist im Gegenteil so, dass die Arbeitsfreudigkeit der Arbeitermassen gewöhnlich sehr stark unterschätzt wird. Denn der natürliche Drang des Menschen zur Arbeitsfreude ist unzerstörbar, schon deshalb, weil ein Mindestmass an Wertschätzung der eignen Arbeit zur Selbstachtung gehört, ohne die der Mensch nicht auskommen kann. Die Krise der Arbeitsfreude in der heutigen Industrie besteht darin, dass für die Mehrzahl der Arbeiter diese Befriedigung immer schwerer wird, sodass die Sinngebung und Sinnerfüllung immer mehr auf anderen Gebieten gesucht wird. Das kann auf verschiedene Art geschehen. Manche suchen und finden den erwünschten Ausgleich auf dem Gebiete rein persönlicher Lebensgestaltung, indem sie z.B. basteln, ein Gärtchen bebauen, wandern, in irgendeiner Selbstbildungstätigkeit ihre Wissbegierde zu befriedigen suchen, u.s.w. Die persönliche Lebensgestaltung im Sinne einer Auflehnung gegen die Einwirkungen der bestehenden Umwelt ist von der Jugendbewegung stark beeinflusst worden. Das gilt namentlich für jene Bestrebungen, die aus der Auflehnung des Grossstädters gegen die Entwurzelung aus der Natur entstehen. Die Flucht aus der Steinwüste des Grossstädter ins Grüne, aus der Tretmühle der Fabrik und des Kontors in die freie Welt selbstgewollter Gemeinschaft, zu Spiel, Gesang und Tanz, das bedeutet für den Industriearbeiter noch mehr als für den jugendlichen Wandervogel aus dem Bürgertum. Deshalb haben die von der ursprünglich bürgerlichen Jugendbewegung erstrebten neuen Lebensformen die Lebensgestaltung der erwachsenen Arbeiterschaft in viel weiteren Schichten beeinflusst als beim Bürgertum. Wenn der bürgerliche Mensch aus den Flegeljahren in den Beruf hineinwächst, dann verleugnet er auch bald seine jugendbewegte Vergangenheit, denn von nun ab steht sein Leben unter dem Gesetz des

Berufs mit all seinen persönlichen Befriedigungen, Sorgen und Interessen. Dann weicht der Gemeinschaftsgeist der Jugendgruppe dem Individualismus des bürgerlichen Berufslebens mit seinem Wettbewerb. Ganz anders steht es beim Arbeiter. Mit Ausnahme der ganz wenigen, denen der persönliche Aufstieg aus dem Proletariat gelingt, können die Arbeiter ihr Schicksal nur durch gemeinsames Vorgehen verbessern, eine höhere Sinngebung des Lebens nur durch die Richtung auf ein allgemein gesellschaftliches Ziel verwirklichen. Darum bedeutet die Solidarität für die Arbeiter ein Lebensgestaltungsprinzip ihr Leben lang, während das Gemeinschaftsgefühl des jugendbewegten Bürgers mit der Jugend zu Ende geht. Darum auch erscheint dem Arbeiter die Beziehung des Berufs zum Leben in einem anderen Licht als dem bürgerlichen Menschen. Wenn die Arbeit für den Industriearbeiter wieder einen lebensgestaltenden Sinn gewinnen soll, so kann es nicht mehr der Sinn des persönlichen Berufs sein, durch den der Mensch in dem engen, aber festen Kreis eines sein Leben erfüllenden Amtes verwurzelt wird. Es entspricht dem überpersönlichen Charakter der Arbeit selbst, dass der Sinn der Arbeit nur noch auf ein überpersönliches, gesellschaftliches Ziel bezogen werden kann. Das Arbeitserlebnis selbst führt den Industriearbeiter dazu, dieses Ziel von dem Gedanken des Einzelberufs und Einzelprodukts loszulösen. Er erblickt es statt dessen in dem Gedanken eines allgemeinmenschlichen Nutzens. Darum ist die Denkweise, die dem gesellschaftlichen Erlebnis des Industrievolkes entspricht, ebenso ausgeprägt von der Idee des gemeinschaftlichen Nutzens und des Dienstes an der Gesellschaft beherrscht, wie die Gedankenwelt des Mittelstandes von der Idee des persönlichen Selbstausdrucks und des privaten Gewinns im Beruf. Gewiss gehen manche alten Werte bei dieser Erweiterung des Gemeinschaftskreises von der Handwerkszunft zum Industriestaat

verloren. Aber diese Entwicklung ist ebenso unaufhaltsam wie
die Entwicklung vom Handwerk zum maschinellen Grossbetrieb. Das
grosse Problem dieser Zeit ist, wie an die Stelle der versunkenen
alten Werte des persönlichen Arbeitserlebnisses neue, höhere
Werte des kollektiven Arbeitserlebnisses treten können. Mir
scheint das Problem nur lösbar, wnn Industrie und Gesellschaft
so organisiert werden, dass die Arbeit, auch die eintönigste
und an sich uninteressanteste, erstens nie so lange dauert, dass
sie den Menschen in einen stumpfsinnigen Automaten verwandelt,
zweitens dass sie jedem Arbeitenden wirklich als Dienst an den
Lebensbedürfnissen der Allgemeinheit und nicht an dem Gewinn-
streben Einzelner erscheiben kann. Es ist nicht zu umgehen, dass
die Befriedigung der bestehenden Massenbedürfnisse beim jetzigen
Stand der Technik ein gewisses Mass an eintöniger Arbeit im
Dienst der Maschine fordert. Aber die gesellschaftlichen Folgen
dieser Arbeit wären lange nicht so schlimm wie sie sind, wenn
die Arbeitszeit kürzer wäre und die Arbeitsgelegenheit besser
verteilt. Zur Not könnte allgemeine Industriedienstpflicht für
ein paar Stunden am Tage die Bürde erleichtern, die jetzt einer
Schicht allein aufgewälzt wird. Darüber hinaus aber muss der
Sinnverlust der Berufsarbeit ausgeglichen werden durch eine Sinn-
steigerung der Arbeit überhaupt, jeder Arbeit also, auch solcher
Erwerbstätigkeit, die an sich weniger Selbstausdruck der Person
als Dienst an der Gemeinschaft ist. Darum geht das Streben der
Industriearbeiterschaft, mehr als das irgendeiner anderen Be-
völkerungsschicht, auf die Verwirklichung der Idealforderungen,
die die Weimarer Verfassung dem deutschen Volk als Ziel gewiesen
hat: Umordnung des Eigentumsrechts nach dem Grundsatz des Dienstes am gemeinen Besten, Förderung des gesellschaftlichen Fortschritts durch Ausdehnung der Gemeinwirtschaft, besonderer Schutz

der Arbeitskraft, sittlicher Pflicht aller Deutschen, zum Wohl der Gesamtheit zu arbeiten, Möglichkeit allen Deutschen, durch wirtschaftliche Arbeit ihren Unterhalt zu erwerben, Gleichberechtigung der Arbeiter und Angestellten bei der Regelung der Lohn- und Arbeitsbedingungen, organisierte Mitarbeit an der gesamten wirtschaftlichen Entwicklung, wachsendes Mitbestimmungsrecht in den Betrieben, kurzum, wie es in Artikel 151 der Reichsverfassung heisst: Einordnung des Wirtschaftslebens nach den Grundsätzen der Gerechtigkeit mit dem Ziel der Gewährleistung eines menschenwürdigen Daseins für alle.

Anlage 11

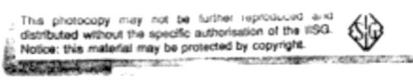

Fra**nkfu**rter Rundfunk

Mensch und Maschine

Zwiegespräche mit Werktätigen unter Leitung von Dr. Hendrik de Man.

Erster Abend (Donnerstag 9. I. 30)

Werte Hörer und Hörerinnen !

Heute ist die erste einer Reihe von Aussprachen, in denen Werktätige verschiedener Berufe über ihre Stellung zur Maschine aussagen werden. Ich habe vor, dabei an fünf Abenden Vertreter der wichtigsten Arten menschlicher Arbeit zu Wort kommen zu lassen.

Der Plan dieser Untersuchung in Gesprächsform ergab sich aus dem Vortrag, dem ich vor etwa 2 Monaten für den Südwestdeutschen Rundfunk über die Stellung des Arbeiters zur Maschine hielt. Ich versuchte darin, aufzuzeigen, wie notwendig es ist, in den von vielen Gelehrten und Schriftstellern geführten Prozess « Mensch gegen Maschine » die Hauptzeugen zu hören, nämlich die Menschen, die an Maschinen arbeiten. Ich versuchte ferner die Gründe darzulegen, weshalb die Arbeiter heutzutage im allgemeinen der Maschine weniger feindlich gegenüberstehen als früher. Ich vertrat dabei im wesentlichen folgende Schlussfolgerungen: Die wichtigsten Einwände des Arbeiters gegen die Maschine richten sich weniger gegen die technische Umwälzung der Arbeitsart an sich als gegen bestimmte soziale Begleiterscheinungen der Mechanisierung, weniger gegen die Herrschaft der Maschine über den Arbeiter als gegen die Herrschaft des Unternehmers über die Maschine. Ich wies ausserdem darauf hin, dass die Entseelung der Arbeit durch die Maschine heutzutage lange nicht mehr für alle Arbeiterschichten gilt, und dass es eine mit der Vervollkommnung der Maschine wachsende Arbeiterschicht gibt, die der Maschine eine Requalifizierung, eine Vergeistigung der Arbeit verdankt.

Viele Zuschriften, die ich nach diesem Vortrag namentlich von Arbeitern erhielt, stimmten meinen Schlussfolgerungen zu, andere meldeten entschiedenen Widerspruch. Aber auch dieser Widerspruch bestätigte mir, was ich schon in meinem Vortrag gesagt hatte, nämlich dass die Wirkungen der Maschine auf die Arbeiter verschiedener Berufsgruppen zu mannig-

(schlagwortmässiges)
faltig sind, um ein ~~fertiges~~ eindeutiges Gesamturteil zu ermöglichen. ~~Mit einseitigen Schlagworten ist dem Problem nicht beizukommen.~~ Ein gerechtes Endurteil ist nur möglich, wenn man zunächst die Tatsachen in ihrer ganzen Kompliziertheit und Widerspruchsfülle reden lässt.

Die beste Art aber, die Tatsachen reden zu lassen, ist – die Menschen reden zu lassen, die diese Tatsachen täglich am eigenen Leibe erleben. Das soll der Zweck dieser ~~Dialoggespräche~~ *Aussprachen* sein. Ich habe mich bemüht, Vertreter der verschiedensten Berufsgruppen und Anschauungen für die Teilnahme zu gewinnen. Dabei kommen zunächst vier Arten von Industriearbeitern in Frage:

Erstens, ~~handwerksmässige~~ Arbeiter –   Schreiner   Schreiner
Zweitens, Schwerarbeiter –   Arbeiten am Walzwerk
Drittens, ungelernte Arbeiter an der Maschine –   chem. Industrie am Laufband
Viertens, gelernte Arbeiter an der Maschine.   gelernte Arbeiter Schlosser

Bei jeder dieser vier Arten liegen die Verhältnisse in entscheidenden Punkten anders, und es soll Aufgabe dieser Aussprachen sein, zu zeigen, wie verschiedene Erlebnisse zu verschiedenen Meinungen führen.

Es sollen aber nicht nur Industriearbeiter zu Worte kommen. Das Problem Mensch und Maschine geht auch noch andere, sehr wichtige und zahlreiche Gruppen von Werktätigen an. Darum werden wir auch Vertreter der Angestelltenschaft, eine Hausfrau und einen Landwirt hören.

Ich bemerke nur noch, dass es sich nicht um ~~ausgesuchte~~ oder gar bestellte Kronzeugen handelt. Es liegt mir gerade an der aufklärenden Wirkung von Spruch und Widerspruch. Meine Partner in diesen Gesprächen sind ohne Rücksicht auf ihre Anschauungen *protokolls* von gewerkschaftlicher Seite ~~und von der Leitung der Akademie der Arbeit in Frankfurt~~ in Vorschlag gebracht worden, zum Teil haben sie sich aus eigener Initiative zur Teilnahme erboten. Ich habe ihnen keine anderen Weisungen gegeben als die, dass es uns auf wirklichkeitstreue Darstellung von selbsterlebten Tatsachen ankommt. Wir wollen weniger Plädoyers hören als Zeugenaussagen. ...

Als erster Zeuge kommt heute Abend ein Frankfurter Arbeiter zu Wort, der einen handwerksmässigen Beruf ausübt. Herr de Kort ist ~~Tischler~~ *Schreiner*. Er gehört somit zu jener Art von Arbeitern, die ein Handwerk gelernt haben. Als Lohnarbeiter sind sie freilich keine selbständigen Produzenten, wie die zünftigen Handwerker von ehemals. Aber ihre Lehre befähigt sie, mit Handwerkszeugen alle Verrichtungen zu vollbringen, die zur Fertigstellung eines Verbrauchsgegenstandes nötig sind. Darum kann man sie handwerksmässige Arbeiter nennen.

Die Holzbearbeitung gehört zu jenen Industrien, in denen die Maschinenverwendung in den letzten Jahren die erheblichsten Fortschritte gemacht hat. Herr de Kort hat diese Entwicklung am eigenen Leibe mitgelebt. Er hat eine zünftige Lehre als Schreiner absolviert, arbeitete dann einige Jahre im handwerksmässigen Kleinbetrieb, jetzt arbeitet er in einem maschinellen Grossbetrieb.

Nun, Herr De Kort, Sie sind ja direkt von ihrer Arbeit im Betrieb hierhergekommen. Sie brauchen also ihr Gedächtnis nicht sehr anzustrengen, um uns zu erzählen, worin ihre Arbeit besteht und was sie dabei an der ~~Maschine~~ erleben. ~~Erzählen Sie~~ In welcher Art Betrieb arbeiten Sie ?

Wir haben in ihnen einen Mann, der ~~Er ist las im Stande~~ dürfte also ~~~~ (in der Literatur behandelt ~~Stand ein, aus eigener Erfahrung~~ den so oft gemachten Vergleich zwischen ~~dem~~ Handwerks~~~~ und Fabriksarbeit ~~zu ziehen, man ziehen~~ aus eigener Erfahrung ziehen kann.

Mensch und Maschine.

Zwiegespräche mit Werktätigen unter Leitung von Dr. Hendrik de Man
(Südwestdeutscher Rundfunk, Januar – Februar 1930)

Schema der Fragen, die den Teilnehmern gestellt werden:

1) In welchem Betrieb arbeiten Sie ? Produktionszweig, Arbeiterzahl, sonstige Eigenarten.

2) Worin besteht Ihre Tätigkeit ? Berufsname, Beschreibung der Arbeitsaufgabe und der benutzten Arbeitsmittel (schriftlich niederzulegen, damit die Darstellung zugleich bündig und für den Laien verständlich sei). Art und Umfang von Teil - und Repetitivarbeit berücksichtigen.

3) Beruflicher Werdegang: Lehre und (falls einschlägig nur Vergleichszwecken) frühere Beschäftigung anderer Art.

4) Welche Anforderungen stellt Ihre Tätigkeit an Ihr Können: Berufskenntnisse - Aufmerksamkeit - Initiative - persönliche Urteilsbetätigung - Befriedigung des Erkenntnistriebes, des Spieltriebes, der schöpferischen Arbeitstriebe.

5) Allgemeine gefühlsmässige Einstellung zur Maschine aus eigenem Erleben: Kurze Angabe der Hauptgründe, weshalb die Gefühle feindlich oder freundlich sind

6) Im Einzelnen: Günstige Wirkungen der Maschinenbenutzung auf die Arbeitsfreude, etwa in bezug auf geringere Ermüdung, stärkere geistige Inanspruchnahme, Erleichterung der Arbeit durch Rhythmisierung, angenehmes Machtgefühl usw.

7) Im Einzelnen: Ungünstige Wirkungen auf die Arbeitsfreude, etwa in bezug auf Ermüdung (Muskeln und Nerven); Entgeistigung, Eintönigkeit der Bewegungen, Sinnlosigkeit der Teilarbeit

gehetztes Arbeitstempo (Akkordlohn, Vorgesetztensystem, laufendes Band), Lärm, Gefahr, sonstige gesundheitsschädliche Wirkungen, einschläfernde Wirkung des Rhythmus usw.

8) Mittelbare (soziale, nicht technische) Wirkungen der Maschine: Vor- und Nachteile der Arbeit im Grossbetrieb, Gefahr der Erwerbslosigkeit usw.

Anlage 12

Schema des Vortrags von Dr. Hendrik de Man:

Arbeitsfreude und Arbeitsunlust des Industriearbeiters.

Objektive Untersuchung der psychologischen Tatsachen führt zu der Erkenntnis, daß es weder vollkommene Arbeitslust noch vollkommene Arbeitsunlust gibt.

Es gibt keine Arbeit, die nur Lustgefühle auslöst, denn jede Arbeit bedingt grundsätzlich Arbeitsleid oder Askese, Opfer im Hinblick auf einen künftigen Zweck.

Es gibt keine Arbeit, die nur Unlustgefühle auslöst, denn es ergibt sich immer ein gewisses Mat an Instinktbefriedigung aus der Tatsache, daß jede Arbeit für den Arbeitenden einen äußeren Zweck und einen inneren Sinn hat.

Der äußere Zweck (z.B. der Erwerb), der eine künftige Befriedigung nach dem Arbeitsende verspricht, ist zwar ein wichtiger Antrieb zur Arbeit, aber an sich kein Grund zur Arbeitslust. Die Arbeitslust oder -unlust ist eine Empfindung, die im Verlauf der Arbeit entsteht. Sie hängt vom Arbeitsende nur insofern ab, wie die Vorstellung des Arbeitsendes als psychischer Tatbestand beim Arbeitenden Lust- oder Unlustgefühle erzeugt. In der heutigen industriellen Produktion ist dieses antizipatorische Gefühl selten ein wesentlicher Bestandteil der Arbeitsfreude, wie beim Bauern, beim Handwerker (Preissicker) oder bei der Hausfrau. Der Arbeiter empfindet die Notwendigkeit, einen Lohn zu verdienen, wie einen unliebsamen Zwang; in der Regel ist die Arbeitsfreude daher dort am größten, wo der Gedanke des Erwerbs am fernsten liegt. Auch der Unternehmer empfindet zumeist weniger Freude am Erwerb an sich als an der Befriedigung, die in der Ausübung von geistiger Initiative, dem Machtverlangen, des Schöpferwillens, der Freude an Verantwortung, Risiko und Abenteuer liegt.

Die Arbeitstätigkeit befriedigt Triebe, die jedem normalen Menschen eigen sind, insbesondere: Spiel-, Aufbau- und Geltungs-trieb. Die Arbeitsfreude, oder vielmehr der Drang zu ihr, ist ein natürlicher Zustand, der durch äußere Umstände zwar gehemmt oder befördert, nicht aber hervorgerufen oder aufgehoben werden kann.

Die Grenzen innerhalb welcher dieser Drang Befriedigung findet sind z. T. innerer (subjektiver) z.T. äußerer (objektiver) Art.

Die wichtigste und grundsätzlich unüberwindbare innere Grenze ist die Grenze der Wirkung des Lustprinzips überhaupt; keine Freude ohne Leiden, kein Erfolg ohne Verzicht, keine Lust ohne Unlust. Diese natürliche Spannung kann nur dadurch verringert werden, daß die Unlustgefühle des Verzichts (das Arbeitsleid) freiwillig als ethisch gebotenes Opfer empfunden werden. In dem Maß, in dem das unter dem Einfluß eines überlegenden Pflichtgefühls erfolgen kann, verwandelt sich Arbeitsunlust in Arbeitsfreude, Arbeitsfreude in Arbeitsglück. Normale Voraussetzung ist dabei das Gefühl freier, bewußter Pflichterkenntnis, weshalb diese höhere Form der Arbeitsfreude um so seltener wird, je mehr die Arbeit nach Ziel und Ausführungsart als äußerer Zwang empfunden wird, je mehr sie auf den Lohn statt auf das Produkt gerichtet ist.

Deshalb ergeben sich für die Massen der Arbeiterschaft die inneren Grenzen der Arbeitsfreude im wesentlichen aus den äußeren Grenzen, die in der Natur des Arbeitszweckes und der Arbeitsaufgabe begründet sind.

Diese äußeren Hemmungen sind dreierlei Art; technisch, innenbetrieblich-sozial, außerbetrieblich-sozial.

Außerbetrieblich-soziale Hemmungen entstehen beim Arbeiter vor allem daraus, daß die Arbeit, die er leistet und, durch Not auferlegtes Schicksal einer Klasse ist, die keine andern Existenzmittel hat und daher für Andere im Lohn zu arbeiten gezwungen ist. Angst vor der Arbeitslosigkeit, Verzweiflung an der Möglichkeit des sozialen Aufstiegs, Unsicherheit der Erwerbsgelegenheit, Erniedrigung durch die gesellschaftliche Geringschätzung der Funktion und Klasse, Abneigung gegen das "Dividendenschaffen" zu Gunsten einer anonymen Oberschicht, sind die wichtigsten Merkmale der dadurch geschaffenen Gefühlslage.

Die wichtigste innerbetrieblich-soziale Hemmung der Arbeit, die entsteht heutzutage aus der Betriebshierarchie; insbesondere aus der Tatsache, daß die Funktionen der technischen Arbeitsdisziplinierung mit den Funktionen der sozialen Machtbehauptung verquickt werden, und aus dem Widerspruch, der empfunden wird zwischen demokratischer Staatsorganisation und militärisch-bürokratischer Herrschaft im Betriebe.

Die heutige soziale Entwicklung geht dahin, diese sozialen Ursachen der Arbeitsunlust abzuschwächen, namentlich auf Grund des fortschreitenden Gewinns der Arbeiterschaft an Einfluß, Ansehen und Selbstrespekt, des verschärften sozialen Verantwortungsgefühls der andern sozialen Schichten und auf Grund der Institutionen, die der Arbeiterschaft wachsendem Mitbestimmungsrecht über ihre Arbeitsbedingungen gewähren.

Viel vervielfältiger ist die Wirkung der technischen Neuerungen der Arbeitsfreude, die gewöhnlich unter dem Sammelbegriff "Mechanisierung" gebracht werden.

Die schematische Auffassung, wonach die Fortschritte der maschinellen Industrie eine allgemeine Dequalifizierung und darum wachsende Arbeitsunlust erzeugen musste, hat sich als unhaltbar erwiesen. Sie galt als allgemeine Tendenz nur im Anfang der Mechanisierung in gewissen Industrien, doch aber heutzutage wesentliche Erscheinungen nicht mehr. Darum ist die ursprüngliche Feindschaft des Arbeiters gegen die Maschine ständig im Abbröckeln begriffen und zum Teil schon in Freundschaft verwandelt.

Heute muss man in Bezug auf die Qualifiziertheit der industriellen Arbeit unterscheiden zwischen den Arbeitsfunktionen, die über, und denen, die unter der Maschine stehen. Im Zusammenhang hiermit muss man unterscheiden zwischen zwei im technischen Fortschritt begründeten Tendenzen. Eine Tendenz zur Dequalifizierung und eine Tendenz zur Requalifizierung der Arbeit.

Die Dequalifizierung herrscht im ersten Stadium der maschinellen Entwicklung vor, wo ungelernte Maschinendiener Handwerker ersetzen.

Die Requalifizierung herrscht vor in den Produktionsreihen, wo die Maschinen vervollkommnet sind, daß sie zugleich eine Anzahl von manuellen Hilfsverrichtungen überflüssig machen und den mit der Maschine betrauten Arbeiter in einen Aufseher, Lenker und Meister der Maschine verwandeln. Es entsteht ein neuer Arbeitstypus, für den die wichtigsten technischen Neuerungen der Arbeitsfreude zugfallen.

Die Scheidelinie zwischen führend und ausführender Funktion im Verhältnis zur Maschine zieht sich also durch diese Arbeit selbst hindurch. Der Unterschied zwischen der qualifizierten und meist freudigen Arbeit der bevorzugten Schicht und der eintönigen Teil- und Repetierarbeit der Maschinendiener ist im Wachstum begriffen.

Daraus entsteht ein neues soziales und kulturelles Problem. Problem des "fünften Standes", dessen Arbeit mit völliger Unterlegung und dessen Lebensstil mit völliger Trennung der Arbeitssphäre von der Lebenssphäre (die Kirmis Heiligmacht), bedroht ist.

Auch dieses Problem ist grundsätzlich nicht unlösbar. Es kann stark gemildert werden durch eine labilere soziale Schichtung und freiere Aus-

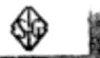

nachhaltiges Mitbestimmungsrecht über ihre Arbeitsbedingungen geführt.

Viel verwickelter ist die Wirkung der technischen Hemmungen der Arbeitsfreude, die gewöhnlich unter dem Sammelbegriff "Mechanisierung" gebracht werden.

Die schematische Auffassung, wonach die Fortschritte der maschinellen Industrie eine allgemeine Dequalifizierung und darum wachsende Arbeitsunlust erzeugen müsste, hat sich als unhaltbar erwiesen. Sie galt als allgemeine Tendenz nur im Anfang der Mechanisierung in gewissen Industrien, doch aber heutzutage wesentliche Erscheinungen nicht mehr. Darum ist die ursprüngliche Feindschaft des Arbeiters gegen die Maschine ständig im Abbröckeln begriffen und zum Teil schon in Freundschaft verwandelt.

Heute muss man in Bezug auf die Qualifiziertheit der industriellen Arbeit unterscheiden zwischen den Arbeitsfunktionen, die über, und denen, die unter der Maschine stehen. Im Zusammenhang hiermit muss man unterscheiden zwischen zwei im technischen Fortschritt begründeten Tendenzen, eine Tendenz zur Dequalifizierung und eine Tendenz zur Requalifizierung der Arbeit.

Die Dequalifizierung herrscht im ersten Stadium der maschinellen Entwicklung vor, wo ungelernte Maschinendiener Handwerker ersetzen.

Die Requalifizierung herrscht vor in den Produktionszweigen, wo die Maschinen vervollkommnet ist, dass sie zugleich eine Anzahl von manuellen Hilfsverrichtungen überflüssig machen und den mit der Maschine betrauten Arbeiter in einen Aufseher, Lenker und Meister der Maschine verwandeln. Es entsteht ein neuer Arbeitertypus, für den die wichtigsten

Anlage 13

De Mans Hauptwerk in neuer Gestalt!

Im 3.—5. Tausend erschien:

Hendrik de Man, Zur Psychologie des Sozialismus. Wesentlich umgearb. Neuauflage. br. M 12.—, Leinen M 15.—

Deutsche Allgemeine Zeitung: Ich halte das Werk von Hendrik de Man für die wichtigste Arbeit über das soziale Problem seit dem „Kapital" von Karl Marx. Keiner vor ihm hat die letztlich bewegenden Kräfte dieser Zeit so scharf gesehen und tief verstanden wie er. Keiner vor ihm hat das Ewige des sozialistischen Gedankens so innerlich ergriffen und überzeugend dargestellt. Keiner sollte sich künftig unterfangen, über Sozialismus und soziale Bewegung zu urteilen, der dieses Werk nicht studiert hat. (Graf Hermann Keyserling)

Germania, Berlin: Das Buch ist ein dringender Ruf um Mitarbeit an alle jene, die guten Willens sind; auch wir christlichen Demokraten sollten diesen Ruf nicht ungehört verhallen lassen. De Mans Werk ist eine große Leistung auch nach der Umfassenheit der Darstellung hin. De Man hat den Fehdehandschuh hingeworfen, nicht in Zorn und Haß, sondern in Liebe und Sorge. Nimmt man ihn auf, dann gut, dann kann Klärung und Fortschritt kommen. Liegen lassen kann man ihn nicht, denn die Ideen marschieren.

Vorwärts, Berlin: De Man macht im Namen der Wissenschaft von 1930 der Wissenschaft von 1850 den Prozeß. Dieser Prozeß ist nicht überflüssig. Der Stoß von de Man richtet sich gegen den schlagwortartigen Marxismus, gegen überaltete Ideen. Man denkt an die großen englischen disturber of old ideas — Zerstörer alter Ideen — an Shaw und Wells. Es ist sehr töricht, wenn Sozialisten dies Buch unter dem Gesichtspunkt des Kampfes um Namen werten, und wenn sie aus dem Kampfe um Namen herausrufen: Ein Buch nach dem Herzen der Unternehmer! Dies Buch ist ein Zeugnis von lebendigem Sozialismus und eine Mahnung an den Marxismus. Es ist mit seinem offenen Blick für die Tatsachen und Erscheinungen der sozialistischen Bewegung in der ganzen Welt wie kein anderes geeignet, die seltsame Anschauung zu zerstören, als ob der Sozialismus am Boden liege, der Marxismus aber lebendig sei.

Frankfurter Zeitung: Der Titel ist nicht gut gewählt; ich hätte vorgeschlagen: Bilanz des Sozialismus. (R. Drill)

Berliner Börsen-Courier: Sein Buch ist wohl die ernsthafteste Analyse des marxistischen Denkens und seiner Wirkungen, die bisher von bewußt sozialistischer Seite versucht wurde. Es ist das Buch einer Enttäuschung, der Abschied aus einer Gewißheit in ein Land der Hoffnung, auf dem die Sehnsucht nach Fülle, Farbe und Gerechtigkeit von der Skepsis der Erfahrungen begleitet wird. Der Schluß ist ein „Credo", ein persönliches Bekenntnis, das sich des Gewandes der gesicherten Wissenschaft entkleidet. Aber uns will scheinen, daß auch in diesem Weggeben und seiner offenen Motivierung eine Tat der Befreiung geschah, die in einem lauteren Beispiel die innere Lage Zahlloser kennzeichnet. (Theodor Heuß)

Die Weltbühne: Auf unsereinen wirkt das Buch wie der Frühling an der Bergstraße ... Es ist eine der letzten Abrechnungen mit dem neunzehnten Jahrhundert ... Es ruft den Menschen aus; es ruft das ewige „Heute und Hier" aus, die Kraft, den Glauben, das Gewissen, den Geist, das Leben. Es tut dies in einer schönen, noblen, vorsichtigen, gelassenen Sprache; in ihr wirken jahrzehntelange Zweifel und Kämpfe nach, aber es lebt in ihr auch fortglühende Begeisterung aus Jugendtagen, die einwandfrei erweist, daß dieser Mann einer der besten Sozialisten ist, die je im Meinungskampf das Wort genommen haben. (Wilhelm Michel)

Politischer Rundbrief des Hofgeismarkreises der Jungsozialisten: Für den, der sich um die Verwirklichung des Sozialismus müht, ist es überhaupt unmöglich, an diesem Buch vorüberzugehen. Es stellt den deutschen Sozialisten schlechtweg vor die Entscheidung

Neuere Schriften Hendrik de Mans

Antwort an Kautsky auf seine Kritik der „Psychologie des Sozialismus". br. M —.80

In die allgemeine Diskussion für und wider das heißumstrittene de Mansche Hauptwerk hat kürzlich auch der repräsentativste sozialdemokratische Marxist Karl Kautsky eingegriffen. Da de Man eine Entgegnung an gleicher Stelle versagt wurde, hat er in dieser Broschüre seine Erwiderung unter wortgetreuer Zitierung aller wesentlichen Stellen der Kautskyschen Kritik formuliert.

Die Intellektuellen und der Sozialismus. br. M 1.60

Ist die Abneigung der sozialdemokratischen Parteiführer gegen die Intellektuellen in ihren Reihen berechtigt? Sind Intellektuelle Proletarier? Ist proletarischer Klassenkampf und sozialistische Gesinnung identisch? De Man geht in dieser Schrift, die aus seinem Pfingstreferat 1926 vor der ersten Reichskonferenz sozialdemokratischer Akademiker in Weimar entstanden ist, all den Fragen nach, die den Intellektuellen bewegen, den nicht materielle Not, sondern das soziale Gewissen des geistigen Menschen zum Sozialismus treibt. Seit dem Dresdner Parteitag 1903 hat sich das Akademikerproblem zum Intellektuellenproblem ausgedehnt. Die Entwicklung innerhalb des staatlichen Beamtenapparates, die Rationalisierung in der Industrie, auch die Gewerkschaftsbürokratie bedingen die Entstehung eines neuen intellektuellen Mittelstandes.

Germania, Berlin: Wieder zeigt sich de Man als der psychologisch geschulte Lebensbeobachter, der mit offenem Blick, ohne Zagen und Beschönigen an die Tatsachen und Erscheinungen der sozialistischen Bewegung herangeht. Sein Beitrag zu diesem brennenden Problem wird über den engen Kreis, für den er bestimmt ist, auch bei den übrigen politischen Parteien Beachtung finden.

Der Arbeitgeber, Berlin: In diesem Referat bewegt sich der Sozialpsychologe und Soziologe auf ureigenem Boden, dem der Psyche des akademischen Sozialisten. De Man offenbart einen soziologischen Scharfsinn, wie ich ihn bisher nur selten vorfand. Er unterscheidet zwischen einer „Interessengemeinschaft" und einer reinen „Gesinnungsgemeinschaft". Gesinnung und Interesse, sieht er, schließen sich glatt aus. In dieser Reinheit der begrifflichen Unterscheidung steht de Man im sozialistischen Lager einzig da. Damit ist die weitere Unterscheidung eines Sozialismus der Interessen und der Gesinnung gegeben. Jener ist der Sozialismus der Partei und Gewerkschaft, kurz des Proletariats, dieser der allgemein menschliche. Die Akademiker nun gehören naturgemäß dem letzten an und ihre Aufgabe muß sein, die sozialistische Gesinnung in ihren Kreisen oder in ihrer „Klasse" zu verbreiten. Sie sollen als solche dem immer mehr zur bloßen Interessengruppe verflachenden Sozialismus der Partei, der notgedrungen mit dem „Staat" zu feilschen hat, ethische Motive und Werte einflößen. Das hochbedeutsame Büchlein ist unseren Lesern aufs dringlichste zu empfehlen. Man sieht daraus, daß wir in der geistigen Beurteilung und Beherrschung des Gedanken- und Ideenkomplexes, der mit dem Wort „Sozialismus" gegeben ist, mittels der soziologischen Methode an Stelle der bisherigen einseitig ökonomischen ein gut Stück weiterkommen.

Der freie Arbeiter: Wir erkennen, daß Hendrik de Man ein Denker ist, der zwar noch in zentralistischen und anderen Vorurteilen steckt, aber doch die Dogmen des Marxismus im wesentlichen forsch durchbricht. Worin er hauptsächlich von den Kirchengläubigen der Partei abweicht, das ist die psychologische (vom seelischen Element ausgehende und folgernde) Betrachtungsweise des Sozialismus, die er der ökonomischen, die bisher als die alleinseligmachende galt, gegenüberstellt. Mit mir wird jeder, der sich mit dem Studium der de Manschen Schriften befaßt, finden, daß man trotz Widerspruch daraus viel lernen

Anlage 14

MANIFESTO TO THE MEMBERS OF THE POB

In the present circumstances, your President can consult only his conscience in order to reply when you ask him counsel. The leader, left single at his battle station, does not have the right to shelter himself behind the desertion of others;
on the contrary, he has the right to take command, assuming himself the whole responsibility that this implies.
The role of a leader is not to follow his troops, but to lead them by showing them the way. Here is what I ask you to undertake:
Remain faithful to the interests that have been entrusted to you, see to the well-being of your members, the working of your associations, the execution of your administrative tasks.
Be among the first rank of those who struggle against poverty and demoralization, for the resumption of work and the return to normal life.
But do not believe that it is necessary to resist the Occupying Power; accept the fact of his victory and try rather to draw lessons therefrom so as to make of this the starting point for new social progress.
The war has led to the debacle of the parliamentary regime and of the capitalist plutocracy in the so-called democracies.
For the working classes and for socialism, this collapse of a decrepit world, far from being a disaster, is a deliverance.
Despite all that we have experienced of defeats, sufferings, and disillusions, the way is open for the two causes which sum up the aspirations of the people: European peace and social justice.
Peace has not been able to develop from the free understanding of sovereign nations and rival imperialisms: it will be able to emerge from a Europe united by arms, wherein the economic frontiers have been leveled.
Social justice has not been able to develop from a regime calling itself democratic but in which the money powers and the professional politicians in fact predominated, more and more incapable of any bold initiative, of any serious reform. It will be able to develop from a regime in which the authority of the State is strong enough to undercut the privileges of the propertied classes and to replace unemployment by the universal obligation to work.
For years the double-talk of the war-mongers had concealed from you that this regime, despite everything in it that strikes our mentality as foreign, has lessened class differences much more efficaciously than the self-styled democracies, where Capital continued to lay down the law.
Since then everyone has been able to see that the superior morale of the German army is due in large part to the greater social unity of the nation and to the resulting prestige of its authorities. In contrast, the pluto-democracies offer us the spectacle of authorities deserting their stations and of the rich crossing the border by car without worrying about what happens to the masses.
By linking their fate to the victory of arms, the democratic governments have accepted in advance the verdict of the war. This verdict is clear. It condemns the regimes where speeches take the place of actions, where responsibilities are dissipated in the babble of meetings, where the slogan of individual liberty serves as a cushion for Conservative egoism. It calls for an era in which an elite – preferring a lively and dangerous life to a torpid and easy one, and seeking responsibility instead of fleeing it – will build a new world. In this world, a communal spirit will prevail over class egoism, and labor will be the only source of dignity and of power. The socialist order will be thereby realized, not at all as the thing of one class or of one party, but as the good of all, in the name of a national solidarity that will soon be continental, if not world-wide.
Carry on, then, the economic activity of our associations, but consider the political role of the *Parti Ouvrier Belge* as finished. This role has been fruitful and glorious, but another mission awaits you henceforth.
Prepare to enter into the ranks of a movement of national resurrection, which will include all the vital forces of the nation, of its youth, of its veterans,

Der Autor

Dr. Andreas Gatzemann studierte in Deutschland Erziehungswissenschaften und Philosophie, worin er promovierte. Als Autor von Büchern in der historischen und erziehungswissenschaftlichen Biografieforschung ist er ein gefragter Gast bei Vorlesungen an Hochschulen und Universitäten nicht nur im deutschsprachigen Raum.
Andreas Gatzemann gehört zu den Philosophen unserer Zeit, die einen zunehmenden Werteverfall beklagen und dagegen eine klare Rechtskultur mit verbindlichen ethischen und christlichen Werten fordern.

novum EIN HERZ FÜR AUTOREN

Bewerten Sie dieses Buch auf unserer Homepage!

www.novumpro.com